증보판

선생님은 문법을 얼마나 알고 계십니까?

해박한 문법지식 없이 올바른 가르침도 없다

안재화

UUP

그 외 저서

『A Newest Guide to Teaching & Learning English』 (B/S, 2007)

『편저자가 몸소 체험한 초·중급 해외 어학연수 영어』 (B/S, 2008)

「삶의 흔적과 餘生의 길」 (울산대학교 출판부, 2011)

선생님은 문법을 얼마나 알고 계십니까?

■

- 2012년 9월 20일 **초판 인쇄**
- 2012년 9월 27일 **초판 발행**
- 2019년 1월 25일 **증보판 발행**
- **지은이** 안재화
- **펴낸이** 오연천
- **펴낸곳** **UUP**(울산대학교출판부) 680-749 울산광역시 남구 대학로 93(무거동) 울산대학교 출판부
- **전화** (052)259-2488 **팩스** (052)277-3011 ▪ **홈페이지** http://uup.ulsan.ac.kr
- **출판등록** 제370-1996-000001호(1996.3.13)
- ₩ 18,000

■

이 도서의 국립중앙도서관 출판도서목록(CIP)은,

e-CIP 홈페이지(http://www.nl.go.kr/ecip)에서 이용하실 수 있습니다.(CIP제어번호: CIP2019001219)

ISBN 978.89.7868.836.9 (93740)

머리말

문법 없는 인간의 언어란 없다.
기계의 작동원리를 모르고 기계를 운용할 수 없듯, 영문의 원리를 모르고서 그저 읽고 듣고 말하기만 한다고 해서 어찌 궁극적으로 깊이와 넓이를 갖출 잠재능력을 기대할 수 있겠는가. 그러한 욕구에도 불구하고 고교와 대학에서 36년간 영어를 가르쳐오면서 때때로 답답함을 시원하게 풀어주는 우리말 참고서를 보지 못했다. 특히 중등학교의 교사나 학원가의 강사로서 좀 더 세심하게 영어 교육자로서의 지식을 추구하고자 하였다면 누구나가 느끼는 심정이었을 것이다!

이론 지식의 바탕 없이 소위 어학공부의 four skills를 연마하기는커녕 간단한 영문표현도 쉽지 않음을 잘 알고 있지 않은가. TOEIC · TOEFL이니 하는 따위도 한약처방과 같은 꾸준한 학문적 자세로서의 문법지식이 바탕이 되어야 하는 것임을 해외 어학연수에서도 배웠다.

그러나 그 일부 수단이 되어야 할 우리의 중등 학습교재 및 그밖에도 문법 이론서란 게 모방과 답습과 피상적 설명만이 그득하여 결국 답답한 자가 우물을 팔 수밖에 없었다 — **그러하여 原典, 원어민 교수들의 자문, 해외 어학연수 및 우리말 주요 문헌을 통해** 주요 이론을 중심으로 독자들의 궁금증을 헤아리면서 誤用과 訛傳 · 간과하기 쉬운 막상 부딪히면 알쏭달쏭한 내용 · 기존의 이론서들이 전혀 언급을 하지 않았거나 결여하고 있는 내용에 관하여 10여 년간 하나하나 써 모았던 원고를 정리하여 늦게나마 드디어 졸저를 출간하게 되었다.

이 책은 기존의 참고서나 문제집의 구태의연한 설명을 탈피한 중 · 고급 영문법 이론서다. 누구에게나 상식적인 기초 지식은 어느 책에서라도 접할 수 있을 터이나 내 자신부터 궁금하거나 모르고 있었던 내용은 곧 영문법을 강의하는 모든 이들의 마음이라고 생각하였던 바, 마침내 오래 묵은 체증이 쏴 내려간 듯하다.
단언컨대, 오늘날 순수한 영문법 참고서가 결핍한 상태에서 영어강의나 독자적 학습에 보다 새롭고 알찬 **획기적 사건[저서]**이 될 것임을 자부한다.

어느 독자의 소감을 인용하는 바, 거의 모든 영어교사와 강사의 필독서임을 강추한다 함이 상기의 말을 입증하는 듯하다.

독자들의 신뢰와 요청에 힘을 입게 된다면 지금 잠자고 있는 『A Newest Guide to Teaching & Learning English』 응용 문제편도 탈바꿈한 모습으로 장차 다시금 빛을 보기를 기대한다.

끝으로 제반 어려운 여건에도 불구하고 원고를 편집, 출간에 이르기까지 그 간 노고를 아끼지 않은 UUP 김혜지 팀장과 이채선, 김설희 님께 깊이 감사드린다.

2018년 12월

저자 안재화

차례

Part Two / 251

부록 / 347

Part One

1. **수사**(numerals) **읽기**

수사는 기수와 서수로 나뉘며 기수란 one, two, … hundred … million …처럼 사람·사물·동물의 수를 세거나 정수를 일컬을 때 등에 쓰는 것을 말하고, 서수란 first, second, … hundredth … thousandth … millionth처럼 둘 이상 중에서 순서를 나타내는 말이다. 한편, 소수·분수 따위는 기수와 서수를 근거로 하여 만들어지므로 기수와 서수를 읽는 방법부터 정확히 아는 것이 중요하다.

(NB) 기수·서수를 일컬을 때와 once, twice(=**two times**라고도 함), three times, four times, … many times와 같이 「~회, ~번, ~배」를 일컬을 때를 혼동하지 말 것.

기수(cardinal number)

1) 0을 영어에선 naught / nought로, 미어에선 zero로 읽는다.

2) 100: one hundred / 200: two hundred
1,000: one thousand / 3,000: three thousand
10,000: ten thousand / 40,000: forty thousand
100,000: one hundred thousand / 500,000: five hundred thousand
1,000,000: one million / 2,000,000: two million(s)
10,000,000: ten million(s) / 20,000,000: twenty million(s)
100,000,000: one hundred million(s)
1,000,000,000: one billion
(영국에서도 1951년 이후부턴 billion이 10억으로 보편화 됨)
100억: ten billion(s)
1조(100만의 제곱): one trillion

° 위에서 보듯이 가령, million의 경우 two million people과 같이 다음에 바로 명사가 오거나 two million three hundred thousand(2,300,000)와 같이 우수리가 붙

을 때엔 million이 형용사적으로 쓰이기 때문에 -s를 붙이지 않으나, 200만 이상의 수일 때 우수리가 없으면 [즉, 우수리 없는 수(round number)] -s를 흔히 붙인다.

3) 21~99까지는 30, 40, … 90의 숫자들을 제외하고는 기수 · 서수 모두 하이픈(-)을 넣는다.

4) 101: one hundred and one
999: nine hundred and ninety-nine
1,001: one thousand and one
6,066: six thousand and sixty-six
6,606: six thousand six hundred and six
9,999: nine thousand nine hundred and ninety-nine
10,001: ten thousand and one
50,101: fifty thousand one hundred and one
100,001: one hundred thousand and one
123,456: one hundred and twenty-three thousand four hundred and fifty-six
800,618: eight hundred thousand six hundred and eighteen
999,999: nine hundred and ninety-nine thousand nine hundred and ninety-nine
1,000,001: one million **and** one **(백의 자리 숫자가 0)**
9,070,029: nine million seventy thousand and twenty-nine
12,345,678: twelve million three hundred and forty-five thousand six hundred and seventy-eight
123,456,789: one hundred and twenty-three million four hundred and fifty-six thousand seven hundred and eighty-nine
307,004,604: three hundred and seven million four thousand six hundred and four
1,234,567,890: one billion two hundred and thirty-four million five hundred and sixty-seven thousand eight hundred and ninety

° 이상에서 hundred 다음과 / 백의 자리수가 0이면 thousand 다음에도 (million도 같음) and를 넣는다. 그런데 미어에선 and를 생략하기도 한다.

◦ 수사 읽기처럼 쉬운 것도 없다. 세 자리씩 끊어서 우리말 그대로 읽되, 기본단위가 되는 **thousand**(10,000~999,999까지의 수)와 **million**(1,000,000~999,999, 999까지의 수)만 빠뜨리지 않도록 유의하면 된다. 가령, 123,456,789의 경우 123백만, 456천, 789로 읽으면 된다.
10억 이상의 수는 앞의 예처럼 **billion**, 조(兆) 이상이면 **trillion**이 들어간다.

5) 1,100~9,900까지 4자리 수로 끝 2자리가 0인 것은 one thousand one hundred ~ nine thousand nine hundred라고 하나 흔히 eleven hundred ~ninety-nine hundred 처럼 100을 단위로 하여 간결하게 표현한다.

◦ **기수에서 꼭 -s를 붙여야 하는 경우는 막연한 수를 나타낼 때이다.**

tens of = dozens of = scores of 수십의
hundreds of 수백의
thousands of 수천의
tens of thousands of 수만의
cf. tens of thousand 수만
hundreds of thousands of 수십만의
cf. hundreds of thousand 수십만
millions of 수백만의

cf. the months-old dispute between pharmacists and Oriental medical doctors — *The Korea Herald*
cf. We came back by[in] twos and threes. (관용구)
우리는 삼삼오오로[두세 사람씩] 짝을 지어 돌아 왔다.

서수(ordinal number)

◦ 문장에서 서수 앞에는 반드시 the를 붙인다.
(cf) Habit is a second(=another) nature.
이때의 a second는 another의 뜻이기 때문에 서수가 아니다.

° 서수는 간약형으로 많이 쓰인다: 1st, 2nd, 3rd, 4th, 91st, 108th, 402nd, 1,000th ···. 문장에선 물론 the를 붙인다.

° 4 ~ 20까지는 기수에 -th를 붙이고, 21부터는 양의 정수일 때 1자리 수만 서수로 한다: twenty-first, forty-fourth

° 서수 중에서 표현이나 철자 · 발음에 유의할 것들:

five → fifth[fifθ] / eight → eighth[eitθ]

nine → ninth[nainθ] / twelve → twelfth[twelfθ]

twenty → twentieth[twéntiiθ]

four → forty → fortieth[fɔ́:rtiiθ]

o **서수에서 보통 the와 one은 병용하지 않는다.** 다시 말해, 일상적으로 표현할 때 one hundredth, one hundred and first, one hundred and ninety-ninth, one thousandth ···로 쓰거나 말을 하지만, 문장 중에 쓰일 때에는 the one hundredth, the one hundred and first, ···, the one thousandth로 하지 않고 the hundredth, the hundred and first, ···, the thousandth로 표현한다. and까지 생략할 경우 the hundred-first가 된다.

121~199이면 the hundred twenty-first ~ the hundred ninety-ninth로 표현한다.

° **the one의 the는 [ðə]로 발음한다. (∵ one의 첫 발음이 모음자가 아니다)**

분수(fraction)

° 분자는 기수로, 분모는 서수로 읽되, 분자가 2이상이면 분모에 -s를 붙인다.

$\frac{1}{2}$: a half, one-half / $\frac{3}{4}$: three-fourths, three-quarters

$\frac{3}{11}$: three-elevenths / $\frac{2}{3}$: two-thirds

◦ 분자가 1이면 a/one 둘 다 쓴다. $\frac{1}{8}$, $\frac{1}{11}$과 같이 **분모의 첫 음이 모음이면 1은 an**/one을 쓴다.

◦ 대분수는 자연수 다음에 and를 넣는다.

$1\frac{1}{21}$: one and a[one] twenty-first

◦ 분모나 분자가 2자리 이상의 수이면 분모 · 분자를 기수로 읽고 사이에 **over(또는 by)**를 넣어 표현하기도 하는데, 오히려 많이 쓰인다.

$\frac{38}{57}$: thirty-eight fifty-sevenths, thirty-eight over fifty-seven

$\frac{63}{100}$: sixty-three hundredths, sixty-three over one hundred

$\frac{395}{734}$: three hundred (and) ninety-five over seven hundred (and) thirty-four

$\frac{7}{52}$: seven fifty-seconds, seven over fifty-two

◦ 기호로 되어있는 분수이면 $\frac{a}{b}$는 a **upon** b / a **over** b / a **(divided) by** b 로 읽는다.

◦ $\frac{1}{100}$ sec.: a[one] hundredth **of** a second

◦ $\frac{2}{3}$ mile: two-thirds **of** a mile

※ 분수에 있어서 분모 · 분자가 1자리수일지라도 over를 써서 둘 다 기수로 읽어도 된다.

eg) $\frac{1}{2}$: one over two

$\frac{3}{2}$: three over two 또는 three halves

▌소수(decimal)

° 소수점은 point로 읽는다.

0.5: nought point five (영), (zero) point five (미)

13.14: thirteen point **one four**

$3.1\dot{4}$: three point one **four recurring[repeating]**

$0.12\dot{3}\dot{4}$: zero point one two **thirty-four recurring[repeating]**

▌수식 읽는 법

2+3=5: Two plus[and] three equals[is] five.

5-3=2: Five minus three equals[is] two.

2×3=6: Two times[by] three equals[is] six.

6÷3=2: Six divided by three equals[is] two.

3×0=0: Three (multiplied) by zero equals[is] zero.

2+3=?: What's two plus three?

(cf) '9÷2'의 계산을 읽는 법: Nine divided by two equals **four point five** 또는 Nine divided by two equals **four and one half.**

'26÷4'의 계산을 읽는 법: 26 divided by 4 equals 6 point five.

또는 26 divided by 4 equals 6 **and two fourths[and one half].**

'11÷3'의 계산을 읽는 법: 11 divided by 3 equals 3 **point 6 recurring**. 또는 11 divided by 3 equals 3 **and two thirds**.

이상과 같이 '나머지 수'는 소수로 또는 대분수로 읽는데 소수가 알아듣기 쉬울 것 같다.

o zero는 nought로, plus는 and로, times는 by로도 쓴다.

o 동사는 be와 equals 외에 makes를 써도 된다.

o 수식 읽는 방법은 가감승제에 따라 다양하나 위의 방법이 가장 쉬울 것이다.

(cf) Three from five is[equals, leaves] two. (5 - 3 = 2)

Three into six goes two times[twice]. (6 ÷ 3 = 2)

▌기타(the others)

(연호)

1994: nineteen ninety-four

1905: nineteen **o**[ou] five (자연수 읽기와 혼동에 유의)

1900: nineteen **hundred**

19— : nineteen **blank[something]**

1990—99: nineteen ninety **to** ninety-nine

1990's: nineteen nineties (1990년대)

325 B.C.[b.c.]: three hundred and twenty-five before Christ

1000: one thousand

1001~1010: one thousand and one **to** one thousand and ten

1011: ten eleven

325: three hundred and twenty-five

2000: two thousand

* —, ~는 to 대신 through[thru]를 써도 된다.

(연월일)

Aug 11, 1946 / Aug 11th, 1946 / Aug the 11th, 1946

the eleventh[the 11th] of August, 1946

(시각)

6:05 a.m. = six five a.m. (문어체로는 in the morning으로 읽음)

6:05 p.m. = six five p.m. (문어체로는 in the afternoon으로 읽음)

the 6:35 p.m. KTX (오후 6시35분발 KTX)

cf. the KTX due (to arrive) at 6:35 p.m. (오후 6시 35분 (도)착 KTX)

18:00 = eighteen hundred

◦ 시각을 말하는 법을 문장을 통해서 연습해 보자. (먼저 구어체부터)

A: Do you have the time? (지금 몇 시냐?)

B: It's six.

It's six fifteen. (구어체란 미어에서 많이 쓰인다.)

It's six forty.

It's six thirty.

◦ 문어체(=영어에서 많이 쓰임)는 표현이 아주 다르지만 또한 흔히 쓰인다.

A: What time is it?

B: It's ten (minutes) past six (o'clock).

It's a quarter[=fifteen minutes] past six.

It's half past six. **(분수와 달리 a half가 아님)**

◦ **30분까지는 past를 쓰나 31분 이상이면 '몇시 몇분 전'으로 고쳐 말하되 이때는 to[of ; before]를 쓴다**. minute(s)는 생략해도 된다.

A: What's the time?

B: It's twenty to twelve. (11시 40분)

(전화번호)

273—5563: two seven three, five five six three[double five six three]

505—3001: five o[ou] five, three o o [double o] one

017—541—5563: o one seven, five four one, five five[double five] six three

o 사용부호는 ,나 — 둘 다 무방함.

(온도)

1℃: one degree centigrade[Celsius]

0℃: zero degree centigrade[Celsius]

32°F: thirty-two degrees Fahrenheit

-4℃: four degrees below zero centigrade

25.2℃: twenty-five point two degrees centigrade

(화폐)

$6.10: six dollars and ten (cents) (and도 생략해도 된다)

£6.10: six pounds and ten (pence) (역시 and 생략 가능)

° 1971년 십진법 사용부터 실링(s.)은 폐지. (£1=100p)

(cf) 중량단위의 pound는 단수는 lb, 복수는 lbs로 나타낸다.

₩10,000: ten thousand won

¥10,000: ten thousand yen

10fr.: ten francs (10프랑) — 2002. 2월 법정통화로서의 효력 종료.

10m.: ten marks (10마르크) — 2001. 12월 법정통화로서의 효력 종료.

€10.10: ten euros (and) ten (euro cents) 10유로 10유로 센트

* 유로화의 종류는 은행권(5 · 10 · 20 · 50 · 100 · 200 · 500 EURO)과 주화 (1 · 2 EURO, 1 · 2 · 5 · 10 · 20 · 50 EURO CENT)가 있다.

유로화의 약자 *or* **코드는 EUR이며, 그 logo는 €로 표시한다.**

° halfpenny[héipəni], halfpence[héipəns], twopence[tʌ́pəns], threepence[θrépəns/θrípəns]와 같이 발음에 아주 유의할 것.

° 1㎡: one square meter

1㎥: one cubic meter

2㎠: two square centimeters

° World War Ⅱ(Two로 읽음) / the Second World War

° Napoleon Ⅰ: Napoleon **the First**로 읽음(나폴레옹 1세)

※ 그러나 아들이 아버지의 이름을 그대로 딸 경우는 다르다.

Vernon Hall, **Jr.**: Vernon Hall Junior로 나타내며, Vernon Hall 2세라는 뜻이다.

° the __th of December: the blankth of December로 읽으며 12월 모일이라는 뜻이다.

° Hamlet Ⅱ. iii. 17: Hamlet, act two, scene three, line seventeen
(햄릿 제2막 제3장 17행)

cf. Shak. Ham. Ⅱ. iii. 17 (셰익스피어 햄릿 제2막 제3장 17행)

cf. Act Ⅲ, Scene ii: act three, scene two

° Matthew Ⅴ. 4: Matthew, chapter five, verse four (마태복음 제5장 제4절)

° Article 2: article two (제2조)

° P.5, l.10: page five, line ten (5페이지 10행)

° Vol.Ⅳ, Chap.1: volume four, chapter one (제4권 제1장)

이상에서 서수(the second act, the second article, the fourth volume, …)로도 읽을 수 있으나 기수로 읽는 것이 보통이다.

경주마 · 경주용 차 · 운동선수 등 움직이는 것들은 경기 전 서는 위치나 보는 방향(움직이지는 않지만 정거장이나 육상경기의 track도 기수로 표시함)이라든가, 경기가 시작되었거나 또 매번 선수구성의 변화로 고정된 순서란 게 없으므로 기수로서 선수의 back number 따위를 나타낸다.

그러나 앞에서 설명한 것 외에 주로 서수로 표현하는 것들 중에는 edition(책의 …판), issue(잡지 등 일정하게 간행된 출판물의 제 …호) 따위가 있음을 알아두자. 즉, the third edition(제3판), the second issue(제2호)이다.

2. 유의해야 할 의문문의 응답법

의문문은 일반적으로 **Yes-no question**(응답에 Yes나 No를 필요로 하는 의문문)과 **Wh-question**(의문사로 시작되는 의문문으로서 일명 Information question이라고도 함)으로 크게는 두 종류로 나눈다.

이를 근거로 하여 그 밖의 명칭들은 보다 학습내용의 이해를 돕기 위하여 편의상 세세하게 붙여진 이름에 불과하다. 이를테면 형태나 의미에 따라 보통[일반]의문문 · 부가 의문문 · 수사 의문문 따위가 있고, 또한 부정어(no · not · never 등)의 유무에 따라 부정 의문문과 긍정 의문문 따위로 구분한다.

1) (보통의문문이면서) 부정의문문에 대해서 답하는 법 — 긍정의문문에 대해서 답하는 법과 같다. **단, 다른 점은 Yes(아니오), No(예)의 뜻이 반대로** 된다. 그럼 긍정의문문과의 비교를 통해서 살펴본다.

<긍정의문문>

A: Are you hungry?

B: Yes, I'm hungry. / No, I'm not hungry.

<부정의문문>

A: Aren't you hungry? (배고프지 않느냐?)

B: Yes, I'm hungry. (**아니오**, 배고픕니다)

No, I'm not hungry. (**예**, 배고프지 않습니다)

<긍정의문문>

A: Do you love her?

B: Yes, I love her. / No, I don't love her.

<부정의문문>

A: Don't you love her? (너 그녀를 사랑하지 않느냐?)

B: Yes, I love her. (**아니야,** 사랑해)

No, I don't love her. (**그래,** 사랑하지 않아)

(cf) 부정의 진술[평서문]에 대한 응답의 경우도 마찬가지다.

A: He is not working hard.

B: Yes, he is working hard! (**아니야,** ~ **!**)

No, he is not working hard. (**그래/맞아,** ~)

<긍정의문문>

A: Have you ever loved her?

B: Yes, I've once loved her.

No, I've never loved her.

<부정의문문>

A: Haven't you ever loved her? (그녀를 사랑한 적이 없었니?)

B: Yes, I've once loved her. (**아니야**, 한때 사랑했었지)

No, I've never loved her. (**그래**, 전혀 사랑한 적이 없었어)

2) 부가의문문에서 긍정(평서문)+부정의문문일 때 — 긍정의문문에 대해서 답하는 법과 꼭 같다.

° 부가의문문이 긍정이든 부정이든 문미의 억양곡선이 2—3음조(즉, 의문의 뜻을 나타냄)가 된다.

A: She is junior to me, isn't she?

B: Yes, she is junior to you.

No, she isn't junior to you.

B의 답변은 결국 Is she junior to me? 에 대한 것과 같다.

A: You have already eaten lunch, haven't you?

B: Yes, I have already eaten lunch.

No, I haven't eaten lunch yet.

B의 답변은 결국 Have you eaten lunch yet?에 대한 것과 같다.

3) 부가의문문에서 부정(평서문)+긍정의문문일 때 — 부정의문문에 대해서 답하는 법과 꼭 같다. 역시 Yes(아니오), No(예)의 해석은 반대가 된다.

A: You haven't eaten lunch, have you? (점심식사 안했지요?)
B: Yes, I have eaten lunch. (아니오, 했어요)
No, I haven't eaten lunch. (예, 아직 안했어요)
B의 답변은 결국 Haven't you eaten lunch? 에 대한 것과 같다.

A: She isn't coming, is she? (그녀는 오지 않을 테지요?)
B: Yes, she is coming. (아니오, 올 거예요)
No, she isn't coming. (예, 안 올 거예요)
B의 답변은 결국 Isn't she coming? 에 대한 것과 같다.

◦ 이상에서 긍정 · 부정의문문이든, 부가의문문이 의문의 뜻을 가질 때이든 답하는 방법은 같다는 것을 알 수 있다.

4) 부가의문문이 긍정이든 부정이든 문미의 억양곡선이 3–1음조(즉, 상대방으로부터 同意의 뜻을 나타냄)가 될 때 답하는 법 — 평서문 부분이 긍정문이면 긍정으로, 부정문이면 부정으로 답하면 된다. 따라서 답은 둘이 있을 수가 없다.

A: He was late for his appointment, wasn't he?
그는 약속시각에 늦었지요?
B: Yes, he was late for his appointment.
예, 늦었습니다.

A: You must have hated it, didn't you?
B: Yes, I did. (=Yes, I hated it)
이와 같은 경우엔 Yes, I must ~ 의 답변은 어색하다.

A: He wasn't late for his appointment, was he?

B: No, he wasn't. [예, (약속시각에) 늦지 않았습니다]

5) 명령문 다음에 부가의문문은 흔히 will(부정형은 won't) you↗?를 쓴다.
이런 경우는 please~와 같은 의미로 본다.

A: Write me a letter, will[won't] you?

= Will you write me a letter? [Won't you~?]

= Please write me a letter.

= Write me a letter, please.

B: Yes, with pleasure 따위로 응답.

◦ 부정명령문은 보편성이 없기 때문에 쓰지 않도록 할 것.

6) 중문에선 부가의문문은 마지막 절의 주어와 동사에 일치시킨다.

A: He is poor, but you are rich, aren't you?

B: Yes, I am.

No, I am not rich, either. 따위로 응답.

7) 구어체에서 I am ~ 뒤엔 aren't I를 쓴다.

A: I am late, aren't I? (내가 늦었지?)

B: Yes, you are. / No, you are not.

◦ 문어체에서도 am I not? / ain't I? 는 거의 쓰지 않는다.
구어체에서 It's I보다 It’s me가 즐겨 쓰이는 것과 같다.

3. 수사(修辭) 의문문과 부가의문문

수사의문문(rhetorical question)이란 말하자면 반어적(反語的)표현으로서 긍정의문문이면 부정(否定)의 뜻을, 부정의문문이면 긍정의 뜻을 갖는 의문문을 말한다. 평서문으로 표현하는 것보다는 수사의문문을 사용함으로써 의미를 강조코자 할 때 쓰인다. 그런데, 수사의문문인 경우가 뚜렷한 것도 있지만, 보통의문문이냐 수사의문문이냐 하는 점은 대화의 상황이나 문맥으로 미뤄서 판단하는 것이 좋다. 수사의문문은 평서문의 뜻을 강조한 것이기 때문에 내용상으론 보통의 Wh-question이라고도 단정할 수 없다.

Who knows it? (누가 그걸 알겠는가?)
= Nobody knows it.
= (Only) God knows it.
(위의 글은 충분히 보통의문문일 수도 있다)

Who would have thought of it? (누가 그걸 생각(이나) 하였겠는가?)
= Nobody[No one] would have thought of it.

What is the use of wealth without health?
건강 없이 부가 무슨 소용이 있겠는가?
= Wealth is useless without health.

Who could have crossed the Alps but Napoleon?
나폴레옹이 아니고야 어느 누가 알프스 산맥을 넘을 수 있었겠는가?
= Nobody but Napoleon could have crossed the Alps.

Why should I apologize to him?(내가 왜 그에게 빌어야 하는가?)
= I don't have to apologize to him.
그에게 사과할[빌] 필요가 없다.

How can I answer him back?
내가 어떻게 그에게 (감히) 말대꾸를 할 수 있을까?
= I cannot answer him back.

Who doesn't know it? (그걸 모르는 사람이 어디 있어?)
=Everybody[Everyone] knows it.

What would I not give to see her?
그녀와 만날 수만 있다면 무엇을 주지 않겠는가?
= I would give anything (to her) if I could see her.

Isn't it funny? = It is very funny.

부가의문문(tag question) — 상대방의 주의를 환기시키어 어조[뜻]를 보통 의문문보다 강하게 나타내고자 할 때 일상생활상의 회화체로 주로 쓰이는 평서문에 부가된(덧붙여진) 의문문으로서 확실히 모르는 것에 대한 확인이나 동의를 구할 때 사용한다. 즉, (1) '긍정문 +부정의문문' (2) '부정문 + 긍정의문문'으로 된 의문문을 가리켜 붙여진 이름이다.

* 구두가 아닌 글의 형태에선 음조[억양]의 표시가 되어 있지 않음이 보통인데, 이는 의문의 뜻으로 간주하여 문미의 음조는 상승조(↗)이며, 구두의 경우 문미가 하강조(↘)이면 응답자로부터 질문자가 同意를 구하는 뜻이다.

* 부가의문문의 주어(=**대명사**)는 평서문의 주어와 일치하며 동사도 평서문과 형태 및 시제에 있어서 꼭 같다. 이를테면 be동사이면 be동사를, 조동사이면 조동사를, 일반동사이면 상황에 따라 do · does · did를 각각 쓰면 된다. (부언컨대, 평서문이 현재진행형 및 과거진행형이면 be동사를, 완료형이면 상황에 따라 have · has · had를, 미래형들이면 will을 쓰면 된다) 그런데 have동사는 미어에선 일반동사로 취급하나, 영어에선 「가지다」의 뜻일 때는 「have동사」로 취급 하므로 그대로 have동사를 사용한다.

(eg) You have a mobile (phone), haven't you? (영어식)
You have a mobile (phone), don't you? (미어식)

(cf) A: Have you a cell (phone)? (영어식)

B: Yes, I have. / No, I haven't.

A: Do you have a cell (phone)? (미어식)

B: Yes, I do. / No, I don't.

(cf) A: Did you have a good time at her birthday party?

B: Yes, I[we] did. / No, I[we] didn't.

◦ 부가의문문이든 그 밖의 어떤 경우에라도 mayn't는 쓰지 말 것.

They may be here next week, mayn't they? (×)

They may be here next week, may they not? (○)

◦ may~not 조차도 사용 빈도가 낮다.

o 앞 장(章)에서도 설명하였으나 부가의문문을 한 번 더 요약한다.

A: 'Michael' is a really common name, isn't it?↗

B: Yes, it is. / No, it isn't.

이런 경우는 보통[일반] 긍정의문문과 응답하는 요령이 꼭 같다. 즉,

A: Is 'Michael' a really common name?

B: Yes, it is. / No, it isn't.

A: 'Michael' isn't a really common name, is it?↗

B: *Yes, it is.* (아니오, 참 흔한 이름이에요)

No, it isn't. (예, 그다지 흔한 이름이 아니지요)

이와 같이 '부정문 + 긍정의문문'이면 Yes와 No의 우리말 뜻을 반대로 해석하므로 보통[일반] 부정의문문의 경우와 꼭 같다. 즉,

A: Isn't 'Michael' a really common name?

B: Yes, it is. (아니오, 참 흔한 이름이에요)

No, it isn't. (예, 그다지 흔한 이름이 아니지요)

(cf) A: 'Michael' **is** a really common name, isn't it?↘

B: Yes, it is. (예, 그렇습니다)

A: ‘Michael’ **isn't** a really common name, is it?↘

B: No, it isn't. (예, 흔하지 않습니다)

(주의) B의 경우에도 흔히 우리말 표현은 ‘예, 그렇습니다’라고 하는데, 이는 언어 문화의 차이에 기인하는 바, 영문과 우리말 표현을 혼동하는 일이 없도록 퍽 주의를 요한다. 그리고 부가의문부가 **하강조**이면 同意를 구하는 경우이므로 응답은 긍정이면 긍정으로, 부정이면 부정으로 답한다.

*** 그 외 주의해야 할 부가의문문의 예**

o 평서문의 주어가 This/That, These/Those이면 부가의문부의 주어는 각각 it, they로 받는다.

eg) This is a good item of news, isn't it?

These are good items of news, aren't they?

o I think that he is serious, **isn't he**? (주절의 주어가 1인칭에 유의)

o 앞 절에 준 부정어가 있으면 그 자체에 부정의 뜻이 있으므로 부가 의문부는 긍정의문문이 된다.

eg) He seldom goes to his hometown, does he?

o You <u>have to</u> go to work now, <u>don't</u> you?

o They <u>used to</u> live here, <u>didn't</u> they?

o You <u>had better</u> leave for Seoul at once, <u>hadn't</u> you?

(had better의 had는 가정법 과거형의 조동사)

o <u>There was</u> once a cottage around here, <u>wasn't there</u>?

4. 의지미래(volitional future)와 단순미래(simple future)

오늘날 우리 사회 전반에 걸쳐 생활영어의 미명하에 구어체라는 말이 자주 회자되고 있는데 순수한 구어체의 문장은 실제 열 손가락도 다 못 꼽을 정도이다. 그나마도 문어체에 대한 이해가 없이는 말하기 능력도 한계가 있음을 명심해야 할 것이다. 특히 TOEFL · TOEIC 학습이나 지필고사에 대비하는 경우엔 말할 나위가 없다. 한 본보기로서 미래시제에 있어서 will을 선호하는 미어(American English)만을 이해하고 will/shall을 공유하는 영어(British English)는 소홀히 하고서야 미래시제를 완전히 이해한다고 볼 수 없기 때문에 둘 다 알아둠이 마땅할 것이다.

그러면 의지미래와 단순미래에 다 같이 쓰이는 will/shall에 대하여 알아본다. will/shall의 용법은 복잡하고 까다로워 과거의 도표식 대로라면 학습자들이 영어공부에 있어서 애를 먹는 것 중의 하나이다. 따라서 도표를 보고 will/shall의 용법을 완전히 익힌다는 것은 (필자의 경험에 의하면) 자칫 혼동만 일으키거나 잊어버리기 쉽고, 또 실제 적용이 제대로 되지 않아 어쩌면 필요 이상의 시간과 정력의 낭비만 초래하는 결과가 되고 말 것이다. 의지미래와 단순미래에 있어서 도표식 설명은 과거의 잔재일 뿐이다. shall의 쓰임새에 대해서만 확실히 이해를 해두면 그 밖의 경우엔 will로서 통용될 수 있다는 것이다. (will/shall이 순수하게 의지 및 단순미래를 나타낼 경우에 한해서만 설명하되 그 밖의 용법에 대해서는 어려움이 없기 때문에 각자의 노력에 맡긴다)

° 단순미래(=무의지미래): 어떤 사람(=주어)의 의지나 의사와는 상관없는 미래.
 의지미래: 어떤 사람의 의지나 의사가 내포되어 있는 미래.

그러므로 단순미래에 있어서는 어떤 상태나 행위가 그 사람의 의지[의사]에 관계없이 당연히 일어나게 마련이고, 의지미래에 있어서는 어떤 행위가 그 사람의 의지[의사] 여하에 따라서 행해질 수도 있고 그렇지 않을 수도 있다.

eg) I shall be twenty years old next year. [미어식: I will be ~]
 You will be twenty years old next year.
 He[She; They] will be twenty years old next year.

여기서 「내년에 20살이 되는 것」은 각 주어의 사람들의 의지와는 전혀 관계가 없다. 따라서 위 예문들의 shall/will은 단순미래에 해당된다.

cf) He will go to Busan tomorrow.

앞 예문은 단순미래일 수도 있고, 의지미래일 수도 있다. 약속·행사·사업관계 등으로 인하여 어쩔 수 없이 꼭 가야할 경우라면 단순미래가 되고, 가지 않아도 될 일에, 혹은 누가 가지 말라고 함에도 불구하고 스스로 가고 싶어서 간다면 의지미래가 된다.

° 의지미래의 경우 「의지」의 주체는 3가지가 있다.

① 주어의 의지(모든 인칭에 will을 쓴다)

I will try it again.

He will have his own way.

He says that he will not (=refuse to) work.

I would rather die than live in dishonor.

If I could, I would.

You would not do such a mean thing. (넌 그런 비열한 짓은 하지 않겠지)

② 말하는 사람(=화자; 발언자 / speaker)의 의지

이 경우는 서술문일 때다. 그리고 주어가 1인칭이면 1)의「주어의 의지」와 일치한다.

I will leave, rain or thunder. (I 자신의 의지)

He[You] shall leave, rain or thunder.

= I will let him[you] leave, rain or thunder.

She shall know it.

= I will let her know it.

= I will tell it to her.

It shall be done at once.

= I will let it be done at once.

= I will do it at once.

화자의 의지란 곧 「I의 의지」를 말하며, 주어가 2 · 3인칭이면 모두 I will~로 바꿔 쓸 수 있고 우리말로 해석할 때도 I will~식으로 함에 주의를 요한다.

(뒷면에 다시 설명)

③ 상대방(hearer)의 의지

이 경우는 의문문에 해당되며 상대방의 의지란 곧 「you의 의지」를 말하며, 주어가 1 · 3인칭이면 모두 Will you~?로 바꿔 쓸 수 있고, 해석할 때엔 반드시 you의 의사가 반영되어야 한다. 그리고 참고삼아 부언하건대, 특히 ③의 경우는 형태상으로는 미래이지만 그 뜻에 있어서는 주어가 1 · 3인칭이면 각자의 행동에 대하여 현재에 you의 지시를 바라고 있음을 강하게 나타내고, 주어가 you이면 미래의 뜻 외에 상대방에게 의향 · 의뢰 · 권유 등의 뜻을 강하게 나타낼 때가 많다.

Shall I have this toy? / Shall we go now?

When shall he go? / When shall it be finished?

Which will you take? / Will you pass me the salt?

Won't you dine with me on Saturday?

지금까지 미래시제에 대한 개념과 의지미래에 있어서 '의지의 주체'에 대하여 알아 보았다. 그러나 혼란만 야기하는 우유부단한 표현들을 답습할 것이 아니라 기존의 이론에 대하여 이미 상당한 부분이 단호히 수정 · 정리되었어야 한다. 앞에서는 다른 차원에서 언급한 바 있지만 가장 좋은 것은 영국적인 문어체를 준거로 하면서도 경우에 따라서는 구어적인 미어도 중시함으로써 영미(英美)에서 다 같이 통용될 수 있는 공통적인 요소를 찾는 것이다. 왜냐하면, 영국 영어가 전통적인 규범을 조금씩 깨고 오히려 미어식 표현을 수용하는 경향으로 차츰 변화를 보이고 있기 때문이다.

그렇다면 현대 영어(present-day English)에서 shall은 미래시제를 나타낼 땐 거의 쓰이지 않거나 쓸 수 있는 경우에도 그나마 다른 어(구)로 대체함으로써 현재 대체로 쓰이고 있는 곳은 1인칭 의문문에 한해서 겨우 두 가지 정도이다. 그럼 그 구체적인 예를 들어본다.

1) According to the opinion polls, I will/shall win quite easily.
   When will/shall we know the results of the election?
   두 글은 단순미래 · 1인칭 · 평서문/의문문이나 will을 쓴다. 특히 영국 영어의 전통적인 규범에서는 이런 경우 will을 금하고 있으나 오늘날엔 (미어는 특히) 구시대적인 것이라 하여 크게 무시하고 있다.

2) 의지미래 · 2/3인칭 · 평서문에서 화자의 의지를 나타낼 때는 (앞면의 ②)항을 말함) 권위의식을 갖는다거나 노골적인 감정의 표출과 같은 극(한)적인 상황이 아닌 한 이제는 shall은 거의 쓰이지 않는다. 고풍적이고 권위주의적이며 딱딱한 표현이라는 것이다.

   You will have it. (○) (단순미래)
   You shall have it. (×)
   = I will let you have it. (×)
   = I will give it to you. (×)　(∵ 바꿔 쓸 필요가 없다)
   「어차피 당신이 그걸 갖게 될 테니까」 아예 단순미래로 표현하는 이유도 그럴 듯하다. 부정의 경우도 마찬가지다.
   결과적으로 이젠 '화자의 의지'라는 표현은 없어져야 한다.

3) 단순미래 · 2인칭 · 의문문에서도 Shall you~? 대신 Will you~?를 쓴다.
   Shall you be late? → Will you be late?

4) 단순미래에서 2/3인칭에 1인칭이 결합될 때에도 will을 쓴다. (이 때 어순은 2-3-1인칭이며, 주어가 복수어이면 1-2-3인칭의 순서로 표현한다)
   You[He] and I will be freshmen next year.
   We, you and they will be freshmen next year.

5) 그러면, 미래시제에서 오로지 **shall**을 쓰는 경우는?

①(부가의문문에서 설명한 바와 같이)

Let's로 시작되는 명령법 다음의 부가의문문에서 사용.

Let's have dinner out tonight, shall we?

° shall we?는 형태는 미래이나 사실 제안을 표시함.

② 의지미래 · 1/3인칭 · 의문문으로서 hearer의 의지를 표시할 때.

Shall I[we] deliver the goods to your home address?

= Will you let me[us] deliver the goods …?

= Do you want me[us] to deliver the goods … ?

= Would you like me[us] to deliver the goods … ?

Shall I have this toy?

= Will you let me have this toy?

= Will you give me this toy?

= Do you want me to have this toy?

= Would you like me to have this toy?

When shall he go?

= When will you let him go?

= When shall I let him go?

= When do you want him to go?

= When would you like him to go? 등

When shall it be finished?

= When will you finish it? (○)

= When will you let it be finished? (△)

= When do you want to finish it? (○)

= When do you want it to be finished? (△)

= When would you like to finish it? (○) 등

Shall he have it?

= Will you let him have it?

= Will you give it to him?

= Shall I let him have it?

= Shall I give it to him?

= Do you want him to have it?

= Would you like him to have it? 등

o 문어체를 중시할 경우 1인칭 · 단순미래와 1인칭 · 의문문에는 shall을 쓰고, 그 외엔 무조건 will을 쓰면 된다. 물론, Let's~의 부가의문형은 Let's~, shall we? 로서 간혹 출제가 되기도 하는 문장이다.

* **Let's ~ 는 Let us ~ 가 아니므로** 상황[뜻]에 따라 구별할 것.

(eg) Let's go. 갑시다.

Let us go. 우리들을 가게 해 주십시오[보내 주십시오].

(You가 생략된 형태)

* 구어체에선 1인칭 · 단순미래에서도 will을 사용한다.

A: We'll soon be in Korea, won't we?

B: Yes, we'll be there in about twenty minutes, sir.

— 「*The Korea Herald*」 해설판(Oct 11, 1994)

° 그 외에 shall이 쓰이는 경우가 있기는 하나 미래시제가 아니다.

(Part Two 참조)

※ 이미 구어체에서는 1인칭 · 의문문에서조차 will을 사용한다.

가령, 소개로 만난 낯선 그녀와의 blind date를 가진 후에 다시 만나고 싶을 경우, Will I see you again? 으로 표현하기도 한다.

— MBC 「아침 영어」 방송(Sept 17, 1994)

*** 결론적으로 말하면 Let's (not) ~, shall we? 라든가 shall의 특수용법의 경우를 제외 하고는 이젠 사실상 대화상으론 단순미래와 의지미래의 구별이 없어지고, 문어체와 구어체도 가릴 필요가 없게 되었다.**

그러나 각종 시험문제에선 여전히 전통영어 [규범문법]의 문어체가 실재하고 있음을 결코 간과할 수는 없을 것이다.

5. So+S+V, So+V+S, Neither+V+S

이들의 공통점은 같은 어구의 반복을 피하고 문장을 간결하게 표현하는데 있다. 주어의 인칭과 수(단수·복수를 말함), 앞 문장의 동사 종류 및 시제에 따라 응답하면 된다. 유의할 점은 우리말과 영문 표현의 현저한 차이점이다.

1) So + S + V

이 경우는 A가 말한 내용에 대하여 B가 그러한 사실을 그대로 인정할 때 사용한다. A문장의 주어와 B문장의 주어는 같은 사람[사물·동물]이다.

o So +S +V에서 So는 Yes, Indeed등의 의미를 갖는다.

A: You are a fool to have done such a thing.

B: So I am. (=Yes, I am a fool ~)
(=Indeed, I am a fool ~)
(그래, 맞아 / 정말 그래!)

A: Those whom the gods love die young.

B: So they do. (they = those whom the gods love)
(do = die young)
(그래, 맞아. / 정말 그래!)

A: All history confirms the doctrine that those who rely upon the sword shall perish by it.(shall이 쓰인 것은 예언적 의미를 나타내기 때문)

B: So it does. (it = all history / does = confirms ~)

A: It is foolish of you to have done such a thing.

B: So it is. (= Yes, it is foolish of me ~)
(= It is indeed foolish of me ~)

A: I am a fool to have done such a thing.

B: So you are. (= Yes, you are a fool ~)
(= You are indeed a fool ~)

A: She looks tired from long walking.

B: So she does. (= Yes, she looks tired ~)

(=Indeed, ~)

(= She indeed looks tired ~)

일반동사이면 do 동사(do / does / did)를 경우에 따라 쓴다.

A: He has a great deal of property. (영국식)

B: So he has.(영국식) / So he does. (미국식)

(= Yes, he has ~), (= Indeed, he has ~)

cf. A: He has got a great deal of property. (미국식)

B: So he has. (= Yes, he has got ~)

여기서 has got는 완료상의 뜻은 전혀 없으나 형태상으로 have +ed형 (= 과거분사형)으로 되어 있기 때문에 So he has가 된다.

* 영미의 原典에는 과거분사를 p.p.라 하지 않고 '-ed form'으로, 현재분사는 '-ing form'으로 표현함. 우리 문법책 상의 표현은 실제 맞지 않다.
둘 다 영문의 initial을 따면 p.p.가되기 때문이다.

Teacher: Your son must study a little harder.

Father: So he must (= Yes, he must study ~)

네, 맞습니다. 정말 그렇군요(그래야겠군요)!

o 조동사이면 그 조동사를 그대로 쓴다. 단, 1인칭 단순미래일 땐 앞의 미래시제 부분을 참고할 것.

A: If I work hard, I shall surely succeed.

B: So you will.

(= Yes, you will surely succeed if you work hard)

Brother: Father often wakes up late and eats breakfast alone.

Sister: So he does.

(= Yes, he often wakes up ~)

A: You've spilled coffee on your dress.

B: (Oh dear!) So I have.

(= Yes, I've spilled coffee on my dress)

A: It's past midnight.

B: (looking at watch) So it is!

(= Yes, it's past ~)

(= Indeed, it's past ~!)

2) So + V + S

이 경우는 A가 말한 내용에 대하여 B가 자신이나 C · D…도 공감의 표시로 맞장구칠 때 사용한다. A문장의 주어와 B문장의 주어는 다른 사람[사물 · 동물]이다. Neither +V +S와 반대되는 경우로서 So +V +S 가 긍정문에 대해서, Neither +V +S는 부정문에 대해서 응답하는 것이다. **그런데 둘 다 우리말 표현은 같으나 영문 표현은 문장마다 다르다는 점에 극히 주의를 요한다.**

A: I am a fool to have done such a thing.

B: So am I. (나도 그래)

(= I am a fool(,) too to have done such a thing)

(= I am also a fool to have done ~)

o So +V +S에서 So는 too, also의 의미를 갖는다.

o too는 보통 문미에 두나 직접 관계되는 말 뒤에 두는 것이 의미의 혼동을 일으키지 않는다.

o too 앞에 ,는 찍지 않아도 된다.

A: She <u>looks</u> tired from long walking.

B: So does he. (그도 그래)

(=He also looks tired from ~)

(=He looks tired, too from ~)

(=He too looks tired from ~)

(=He looks tired from long walking, too)

※ 이 때 응답으로 So do I 는 아주 어색하다. 동사 look 때문이다.

o So[Neither]+V +S 구문은 주어가 같은 말(≠같은 사람)이 아니거나 B글의 주어가 1인칭이 아닌 한 다음과 같이 표현할 수도 있다.

She looks tired from long walking, and so does he.

= Both he and she look tired from long walking.

결국 A · B 두 사람이 하는 말을 A 혼자서 말하는 격이다.

A: He has a great deal of property.

B: So has she. / So does she. (그녀도 그래)

(= She has ~, too)

(= She also [too]has ~)

A: Mother was very afraid (that) you might be late.

B: So was Father. (아버지도 그래<그랬어>)

(= Father was very afraid, too (that) you ~)

(= Father was also very afraid ~)

(= Father too was very afraid ~)

A: I've got to be home by ten o'clock)

B: So have I. (나도 그래)

(= I've got to be home by ten o'clock, too)

(= I also have got to ~)

(= I've got to, too)

A: If I were rich, I could travel around the world.

B: So could I. (나도 그래←나도 그럴 수 있을 거야)

(= I could also travel ~)

(= I also could travel ~)

(= I could travel around the world, too)

A: They are moving to York.

B: So are we. (우리도 그래)

(= We are also moving ~)

(= We are moving to York, too)

(= We too are moving to York)

A: Mr. Ahn has been teaching English for more than thirty years.

B: So has my wife. (내 아내도 그래)

(= My wife has also been teaching ~)

(= My wife has been teaching ~, too)

A: He had lost his mother before he got married.

B: So had I (나도 그래←나도 그랬어)

(= I had also lost my mother before I got married)

(= I had lost my mother, too before I ~)

A: I know that he was divorced from his wife.

B: (Oh!) So do I. (나도 그렇게 알고 있어)

(= I know, too that he was…)

(= I also know that he was…)

o 이제까지 학습한 So +S +V / So +V +S 및 이어 설명할 Neither +V +S에 있어서 응답 형식을 항목별로 요약해 보면, 주어의 인칭과 수/ 앞 문장의 동사의 종류 및 시제에 유의만 하면 된다.

※주어의 인칭과 수/ 앞 문장의 동사의 종류 및 시제에 유의만 하면 된다.

앞글의 동사의 종류나 시제가	So [Neither] ~의 동사는
be동사이면	be동사이다(주어와 시제에 따라 구별할 것)
조동사이면	조동사이다(시제에 맞출 것)
일반동사이면	do, does, did이다(주어와 시제에 따라 구별)
have동사(가지다)이면	have, has, had 이다(* 영국식)
미래시제(미래형 · 미래진행형 · 미래완료형 · 미래완료진행형)이면	will이다(1인칭 · 단순미래일 땐 shall도 구별해서 쓸 것)
현재진행형 · 과거진행형이면	be동사의 현재형 · 과거형이다 (주어에 맞출 것)
현재완료형 · 현재완료진행형이면	have, has이다(주어에 따라 구별할 것)
과거완료형 · 과거완료진행형이면	had이다

o have 동사는 미어에선 일반동사로 취급하며, 영어에서도 「가지(고 있)다」의 뜻이 아닐 때에는 역시 일반동사로 취급한다.

3) Neither + V + S (둘 다 부정할 때 쓰인다)

A: I don’t like pork.

B: Neither do I. (나도 그래)

(= I don’t like it, either)

A: My wife doesn't like pork.

B: Neither do I.

≠ My wife doesn't like pork, and neither do I.

∵ 말하는 주체가 달라지기 때문이다.

(cf) A: John didn't see the accident.

B: Neither did Mary. (메리도 그래)

(= Mary didn't see it(,) either)

→ John didn't see the accident, and neither did Mary.

= John didn't see the accident, and Mary didn't, either.

= Neither John nor Mary saw the accident.

→ John didn't see the accident, nor did Mary.

= John didn't see the accident, and Mary didn't either.

* Neither + V + S 구문의 요약

(1) 부정어(구) + V + S의 어순의 도치.

(그러므로 간혹 학생들의 질문 사항이기도 한데 So + S + V의 표현은 있어도 Neither + S + V는 없다)

(2) 부정문이기 때문에 too[also]가 아닌 either를 쓴다.

(3) not + either = neither

(4) and + neither(부사) = nor(등위 접속사)

(5) 양자 부정일 때에도 우리말 표현은 긍정 때와 같으나 영문의 표현은 전혀 다르다.

6. **전체부정**(complete negation)**과 부분부정**(partial negation)

not이 all · every · both · every 결합어(everybody[one] · everything · everywhere) · always · necessarily · altogether · wholly · entirely · completely · quite · fully · generally · exactly · absolutely(전혀)와 함께 쓰이면 「모두가…**은(는)** 아니다; 반드시 …**(만)은** 아니다」와 같은 뜻이 되는데, 이를 **부분부정**이라고 한다.

전체부정(=완전부정; 전면부정)이란 not이 any · either · any-결합어와 함께 쓰일 때를 말한다. 그리고 no · no-결합어 · none · neither · never · not (at all 따위를 수반) 자체가 전체부정을 나타낸다.

The rich are not always happy. (부분부정)
부자라고 해서 반드시 행복한 것은 아니다. (행복하다고는 말할 수 없다)

He did **not** drink **any** alcohol. (전체부정)
= He drank **no** alcohol.

I am not tired at all (a bit, in the least) (전체부정)

I don't quite understand. (부분부정)
나는 완전히 이해하지는 못한다. (완전히 알지는 못한다)
(≠ I don't understand at all) — 전혀 모른다.

Your answer is not quite correct.
당신의 답은 완전히 맞은 것은 아니다.
(≠Your answer is quite incorrect)
당신의 답은 완전히 틀린다.

No bad man can be truly happy. (완전부정)
어느 악인도 진정으로 행복할 수 없다.

It is not absolutely impossible. (부분부정)
그것은 전혀 불가능한 것**만은[도]** 아니다.

This cannot be bought everywhere. (부분부정)
이것은 아무데서나 살 수 있는 것은 아니다.
This cannot be bought anywhere. (완전부정)
이것은 아무데서도 사지 못한다.

He is not altogether honest. (부분부정)
그가 아주 정직하다는 것은 아니다.
He is not honest at all. (완전부정)

He does not always get up early. (부분부정)
He never gets up early. (완전부정)

It is not necessarily so. (부분부정)
반드시 그런 것**도** 아니다.

o not necessarily 와 not always가 항상 같은 것은 아니다 — 사전참조

I do not wholly agree with them. (부분부정)
그들에게 전적으로 동의 할 수는 없다.

He is not entirely ignorant. (부분부정)
그가 전혀 무식하다는 것은 아니다.

그런데, 전체부정과 부분부정에서의 요점은 두 부정의 형태가 상대적 관계를 이루는 경우이다. 이러한 관점에서 주로 다뤄지는 것이 both(둘일 때)와 all(셋이상 · 복수) · every(셋 이상 · 단수)이다.

이들이 긍정문과 부분부정에 쓰인다면 이들에 대응하는 전체부정은 예문을 들어 가면서 비교 · 설명코자 한다.

(긍정) I love both of them. 그들 둘 다 사랑한다[퍽 좋아한다].

cf. I love either of them. 그 두 사람 중 한사람을 사랑한다.

(부분부정) I don't love both of them. 그들 둘 다 사랑하지는 않는다.

(=사랑하는 것은 아니다)

(전체부정) I don't love either of them. 그들 둘 다 사랑하지 않는다.

= I love neither of them.

o either는 둘 중 하나를 뜻한다. 그러나 not과 결합하면 '둘 중 하나도 ~이 아니다'의 뜻이 되므로, not + either =neither와 같다.

o I don't love both of them.

= I love one of them, but not the other.

(그들 두 사람 중 한 사람은 사랑하나 한 사람은 그렇지 않다)

이들 부정은 상관접속사에서도 꼭 같이 적용된다.

He has met (both) her mother and father.

He has met (either) her mother or father.

He hasn't met both her mother and father.

(어머니와 아버지를 두 분 다 만난 것은 아니다)

= He has met one, but not the other.

He hasn't met either her mother or father.

= He has met neither her mother nor father.

He has met both (of) his parents.

He has met either of his parents.

He hasn't met both (of) his parents.

He hasn't met either of his parents.

=He has met neither of his parents.

He has read every book in the library.

He hasn't read every book in the library. (부분부정)

그는 도서관의 모든 책을 다 읽은 것은 아니다.

He hasn't read any book in the library. (완전부정)

=He has read no book in the library. (not +any = no)

He knows everything.

He doesn't know everything.

그가 무엇이든 다 알고 있는 것은 아니다.

He doesn't know anything.

= He knows nothing.

Everybody likes him. (긍정)

Everybody doesn't like him. (부분부정)

=Not everybody likes him. (*앞 문장보다 어조가 더 강함)

Nobody likes him. (완전부정)

o Anybody doesn't like him. (×)

부정문에서 주어에[문두에] 보통 any를 쓰지 않기 때문임.

o every에는 형용사의 용법 밖에 없기 때문에 홀로 쓰이지 못한다.

He has read all (the) books in the library.

He hasn't read all (the) books in the library.

He hasn't read any book(s) in the library.
=He has read no book(s) in the library.

I love all of them.
(* 이 때 them은 셋 이상을 뜻하며 둘일 땐 both of them)

cf. I love one of them. (* 둘일 땐 either of them)
I don't love all of them. (* 둘일 땐 both of them)
I don't love any of them. (* 둘일 땐 either of them)
= I love none of them. (* 둘일 땐 neither of them)

o none 보다는 not ~ any가 일반적임.

<그 밖의 문형 연습>

o He is a well-known writer both in Britain and on the Continent.
o David both loves Joan and wants to marry her.
o Mary both washed the dishes and dried them.
o Both Mary and Peter washed the dishes, and dried them.

o Either the room is too small or the piano is too large.
o You may either stand up or sit down.
o Either She or her sister will be staying with us.
o You must either sing or dance.

o David neither loves Joan nor wants to marry her.

=David neither loves Joan nor does he want to ~.

o Sam neither has long hair, nor wear jeans.

=Sam neither has long hair, nor does he wear jeans.

o Mary was neither happy nor sad.

=Mary was neither happy nor was she sad.

o Neither Peter nor his wife wanted it.

7. **부사의 위치** (1)

동사와의 관계에 있어서의 위치가 설명의 주요 대상이 된다. 일반적으로는 「be/조동사 +부사」·「부사 +일반동사」라고 하지만, 상황에 따라 일정한 것만은 아니다.

부사의 위치에 대한 기준은 편의에 따라 동사의 종류 그리고 부사의 종류에 따라 정한다. 부사의 기능·의미·형태에 따라 여러 종류로 나눠진다. 그러나 중요한 점은 「부사의 위치」에서 다뤄지는 부사가 어떤 것들이며 그 사용법을 잘 익히는 것이다.

학습자들에게 주로 의문의 대상이 되는 것은 빈도(이 중에서 회수를 뚜렷이 알 수 없는 것들을 가리킴)·정도·양태(모양이나 상태를 나타내는 부사)를 의미하는 것들이 바로 취급대상이다. 그 외 장소·때 등을 의미하는 부사들은 보통 문미에 두므로 별로 문제가 안 된다.

물론, 때를 나다내는 부사들은 문두에 자주 두기도 한다. 빈도부사 중에서도 회수가 뚜렷한 것(once · twice · hourly · weekly · monthly · yearly/annually 따위)은 역시 문미에 둔다.

그런데 빈도·정도·양태부사 외에 「부사의 위치」에서 빼놓을 수 없는 것이 전치사적부사이다. 즉, on · off · in · up · down · over · through…와 같은 부사들이 「타동사+부사+목적어」 구문에서 보듯이, 특별히 타동사가 부사와 결합하여 타동사구(흔히 관용구로 통함)를 이뤄 목적어를 취함으로써 부사가 마치 전치사와 같은 기능을 갖는 것을 말한다.

(물론, 이들은 자동사와 결합하여 순전히 부사나 전치사로 쓰이기도 한다)

그럼 부사의 위치에 대하여 일반원칙을 열거하면 다음과 같다.

1. S +V 문형이면 동사 뒤에 둔다. 즉 이 경우는 1형식 문장으로서 자동사를 수식할 때이다.

He works hard to succeed in life.

He is working hard.

We walked home / up.

He went home quickly.

2. 타동사를 수식하는 경우엔 어조에 따라 목적어 뒤 또는 타동사 앞에 자유로이 둔다.

He speaks English fluently.

He fluently speaks English.

단, 목적어 부분이 길면 타동사 다음에 둔다.

예)「그는 관찰한 것을 명확하게 설명했다」를 영역해본다.

He explained clearly what he had observed. (○)

He explained what he had observed clearly. (×)

— clearly가had observed를 수식하는 결과가 되어 주어진 글과 내용이 달라진다.

He met again the lady who wore a pink overcoat.

— 이런 경우는 또한 피수식어와 수식어를 가장 가까이 나란히 두기 위함이다.

3. 「be +보어/분사(타동사)」·「have +과거분사」·「조동사 +본동사」이면 대개 사이에 둔다.

They are quite happy. / He is quite a gentleman.

They are seriously considering him for the post.

I was greatly surprised at the news.

She was/got happily married to him. (get +과거분사도 수동태)

The soprano had really delighted her audience.

He has nevertheless refused to accept our excuse.

I could hardly understand what he said.

그러나 어구의 생략으로 인해서 be동사 · 조동사 등이 문미에 오면 부사는 그 앞에 둔다.

A: Are you usually at home on Sundays?

B: Yes, I <u>usually ám.</u>

A: Do you usually stay at home on Sundays?

B: Yes, I usually dó. (do는 stay ~의 대동사)

She has been economical, and she always wíll.

Do you sometimes have enough time for pleasure at weekend ?
Yes, I sometimes dó. (do는 have ~의 대동사: 미국식)
Have you sometimes enough time for pleasure at weekend ?
Yes, I sometimes háve. (「가지다」의 뜻일 때 have동사: 영국식)

Have you often visited him in hospital ?
Yes, I often háve.

4. 특히 always · usually · often/frequently · sometimes · occasionally · seldom/rarely · never와 같은 회수를 정확히 알 수 없는 빈도부사 및 정도 부사 중에서 quite · almost · nearly · rather · hardly/scarcely/barely와 같은 말은 be/조동사가 있으면 그 뒤에, 일반 동사이면 그 앞에 둔다.
(3항에 내포되나 1 · 2항과는 대조 · 비교가 됨)

cf. I feel rather tired. (이 경우는 rather가 형용사 tired를 수식)
I am often tired in the springtime.
I often feel tired in the springtime.
He hardly works.
She rarely breaks her word.

5. 한 문장 내에 조동사가 둘 이상이면 보통 첫 조동사 뒤에 부사를 두지만, 본 동사와 부사의 뜻이 밀접한 관계를 이룰 땐 본동사 앞에 둔다. 부사어구가 문중에 있을 때엔 본동사 앞에 둔다.

o 문장에 따라 S+V, S+V+V, S+V+V+V, S+V+V+V+V와 같이 동사가 2개 이상일 때 마지막의 본동사(main verb)를 제외한 앞의 것(들)은 그 문장에서는 모두 조동사로 간주한다.

I have always been studying English very hard.

This job will never be finished.

He has lately been elected for Congress.

This bridge may actually have been designed by Brunel.

This bridge may have been partly designed by Brunel.

He must have been heartily welcomed by us.

My answer may have to some extent displeased them.

The room must have been quite carefully searched by the police.

6. 부사가 문장 구성요소와 독립하여 문장 전체를 수식할 때, 이를 독립부사(disjunct)라고 하며, 그 위치는 문두에 놓이나 문중·문미에도 둔다. 문두와 문미에 둘 땐 부사의 앞뒤에 ,를 찍는다. 독립부사의 위치는 임의적이나, It is ~ of …구문으로 전환되는 경우는 흔히 동사 앞에 둔다.

부사가 다른 품사나 동사만 수식할 때와는 엄연히 구별된다. 이와 같은 경우의 부사는 수식부사 또는 부가사(附加詞; adjunct)라고 한다. 수식부사의 경우와는 달리 독립부사는 It ~ that 형식주어 구문, It is ~ of… 구문, 혹은 If-절 등등으로 나타낼 수 있다. 바꿔 말해서, 이러한 구문으로 문장전환이 가능할 경우 그 부사는 문 전체를 수식하는 독립부사이다. 해석을 해보아도 분명히 뉘앙스(nuance)를 느끼게 된다.

Frankly, I am tired.

→I am tired, frankly.

→ If I speak frankly, I am tired.

cf.) He admitted his error frankly. (frankly는 동사를 수식하는 부가사)

* 다음 설명 참조

Generally, the Germans are taller than the French.

→ If we speak generally, the Germans ~.

He will probably come back next week.

→Probably he will come back next week.

→ It is probable that he will come back next week.

o perhaps / maybe / possibly의 경우도 같은 형태로 표현할 수 있으며, possibly는 it is possible that ~ 로 바꾼다.

Truly, it is an important affair.

→It is true that it is an important affair.

cf.) It is a truly important affair.

이때의 truly는 important를 수식하는 부가사.

Tell me truly. (이 때는 tell을 수식하는 부가사)

* 여기서 알 수 있는 것은 독립부사가 따로 있지 않고 경우에 따라 같은 말(양태 · 정도부사)이 독립부사도 되고 부가사도 된다는 점이다.

다음에 흔히 볼 수 있는 예를 더 들어본다.

Happily, he did not die. (독립부사—반드시 ,를 찍는다)

=He did not die, happily. (독립부사)

o 독립부사를 문미에 둘 땐 그 앞에 휴지(pause)를 둔다. 즉, 끊어 읽는다.

→ We were[felt] happy that he did not die.

→ It was our happiness that he did not die.

(cf) He did not die happily. (die를 수식하는 부가사)

Fortunately, he did not die.

=It was fortunate that he did not die.

Unfortunately, they could never meet again.

→ It was unfortunate that they could never ~.

He evidently thought so.

→ It was evident that he thought so.

She foolishly trusted the swindler.

→ It was foolish of her to trust the swindler

He has thoughtfully written me a letter to ask after my parents.

→ It is thoughtful of him to have written me ~.

She kindly helped me with my work.

→ It was kind of her to help me ~.

※ 긍정문에서는 독립부사를 문중에 둘 때 일반동사이면 앞에, be동사 · 조동사가 있으면 그 뒤에 두지만, 부정문에서는 문중의 경우 반드시 주어 다음에 두어야 한다.

They can probably find their way here. (○)

They probably can find their way here. (×)

They probably can't find their way here. (○)

They can't probably find their way here. (×)

He was probably unhappy. (○)

He probably wasn't unhappy. (○)

7. 전치사적 부사(prepositional adverb)의 경우에는 바로 앞에서 언급된 -ly형 부사들과는 달리 목적어와의 관계에 있어서의 부사의 위치를 말한다.
이에는「타동사 +목적어 +부사」와「타동사 +부사+목적어」의 두 유형이 있다.

A) 전치사적 부사(이하 PA로 약칭함)가 목적어 다음에 오는 경우.
부사가 목적어 앞에 올 경우와 구분하기 위하여 PA라고 하지만, 뒤에 올 경우엔 단순히「부사」이다.

(1) 목적어가 it (복수형 them 포함) 및 인칭대명사의 목적격일 때.

Please turn it off.

I will put you up for presidency.(당신을 대통령/총장 후보로 추천하겠어요)

cf. They called on the dean[him]. (on: 전치사)

They called the dean[him]on. (×)

They called up the dean. (called up = summoned)

They called the dean[him]up. (up: 부사)

They called up him. (×)

(∵up: 전치사적 부사, him은 인칭 대명사의 목적격)

(2) PA가 등위접속사로 다른 PA와 결합될 때.

I switched the light on and off. (○)

I switched on and off the light. (×)

(3) PA가 앞에 나오면 습관상 오해를 일으키기 쉬울 때.

The doctor looked Tom over. (의사는 Tom을 진찰했다)

cf. The doctor looked over Tom. 으로 표현하면 「의사는 Tom의 어깨너머로 저쪽을 보았다」가 되어 「진찰하다」와 뜻이 전혀 달라진다.

그리고 앞글은 looked가 타동사이고 3형식인데 비하여, 뒤의 것은 looked가 자동사이고 over는 전치사, over Tom은 부사구가 되어 1형식이다.

요컨대, 동사가 타동사이냐, 자동사이냐를 잘 구별해야 할 것이다. 그 이유는 의미가 전혀 달라지기 때문이다.

다음 두 글도 꼭 같은 경우이다.

Get the stool right away! (걸상을 당장 치워라!)

Get off the stool — it's just been painted!

(걸상 가까이 가지마라. 방금 칠을 해놨어!)

(4) PA와 밀접한 관계를 이루는 전치사(특히 방향을 나타내는 것)가 따를 때.

They took the boy away from his parents.

He put his head out of the window.

o 이런 경우 away와 from, out과 of는 불가분의 관계를 이룬다.

(5) 과장어구(hyperbole)일 때, 말하자면 과장법(hyperbolism)에선 목적어 다음에 PA를 두는 것이 관용구처럼 관습화 되고 있다.

I was { crying my eyes out. (○)
laughing my head off. (○)
sobbing my heart out. (○) }

I was { crying out my eyes. (×)
laughing off my head. (×)
sobbing out my heart. (×) }

(6) 비록 동사구(관용구)는 아닐지라도, <u>부사</u> 다음에 전치사의 목적어가 생략된 것으로도 볼 수 있을 때.

They pulled the cart along. (along the road, etc)

Move the furniture out. (out of the room, etc)

o	<u>along</u> <u>the road</u>	<u>out of</u> <u>the room</u>
	전치사 + 목적어	전치사구 + 목적어
	└ 부사구 ┘	└ 부사구 ┘

(7) 목적어가 재귀대명사일 때 — 대개 전치사와 연결되는 경우가 많으므로 부사가 주로 목적어 다음에 놓인다.

He gave himself over to grief.

The student gave herself up to despair.

B) <u>PA가 목적어 앞에 오는 경우.</u>

사실 PA라 함은 이런 경우를 두고 말한다. 그런데 <u>목적어가 명사일 땐 PA를</u>

앞에 두기도 하고 부사를 목적어 뒤에도 둔다고 하나, A)항을 제외하고는 앞에 두는 것이 보다 보편적이며 무난하다. 이유를 열거해본다.

① 어조[음조]의 유연성.
② 사전적 표기의 보편성.
③ 다음과 같은 경우엔 PA를 목적어 앞에 두기 때문이다. 바꿔 말해서, 부사를 목적어 뒤에 두면 틀리거나 구문과 뜻이 달라진다.

(1) 二語동사[two-word verb — 「타동사 + 전치사적 부사」의 결합을 말하며 흔히 동사구(phrasal verb)로 통한다] 중에서는 PA가 목적어(명사) 앞에 오는 것이 있다.

They had given up hope. (○)
They had given hope up. (×)
They laid down their arms. (무기를 버리다, 항복하다)

cf. She laid the doll down carefully. (인형을 조심스레 눕히다)
이 경우엔 이어동사가 아니다. 즉, 동사구(관용구)로서의 「그만두다; (내)버리다」의 뜻이 전혀 없다.

(2) 목적어가 동명사일 때.
He gave up smoking. (O)
He gave smoking up. (×)

(3) 목적어가 절을 포함하든가 길 때.
He picked up the pen which lay on the desk.
He picked up the pen lying on the desk.

(4) 동사가 다른 동사와 등위접속사로 이어져서 목적어를 공유(共有)할 때.
The doctor cleaned and sewed up wounds.

(5) 목적어가 지시대명사 · 부정대명사일 때.

I pointed out that[this] of the matter.

I have already packed up everything.

※ PA · 부사 · 전치사의 관계에 대하여 좀 더 알아본다. (Part Two참조)

8. 분리부정사(split infinitive)

「to +부사 +Root」와 같이 to 와 부정사(不定詞)의 사이에 부사가 들어가는 것을 말하는데, 부사가 부정사(=Root)를 수식한다는 것을 분명하게 나타내어 문장의 뜻을 명확하게 하기 위함이다. 그러나 영미 문법학자들 사이엔 논란의 대상이 되기도 하나 원어민들 사이에 통용되고 있는 현실에 착안한다면 전혀 무시할 수만은 없다. 특별한 경우를 제외하곤 그다지 문법공부의 중요 대상은 아니다.

다음의 예를 비교해보자:

①「부사의 위치」에 대한 일반원칙의 경우

She has <u>consciously</u> <u>tried</u> to stop worrying about her career.

② 분리부정사의 경우

She has tried to <u>consciously</u> <u>stop</u> worrying about her career.

말하는 이가 stop을 수식함을 의도적으로 나타내고자 한다면 부사의 위치는 그 외엔 있을 수가 없다. 만약 문미에 둔다면 worry를 수식하는 것처럼 오해가 일어나기 때문이다.

She was the first person to <u>ever</u> <u>live</u> in that house.

특히 이 문장에선, ever가 live를 수식하려면 이 외엔 놓일 자리도 없다.

9. 기타 사항

지금까지 부사와 동사와의 관계 · PA 및 분리부정사에 대하여 살펴보았다.

한 문장 내에서 부사가 형용사 · 부사를 수식하거나 명사를 강조할 땐 보통의 경우에 대개 피수식어 바로 앞에 두기 때문에 극히 일부를 제외하고 별로 어려움이 없다. 그런즉 평범한 내용에 대한 설명은 생략하고, 이젠 개별적으로 주의를 요하는 부사의 위치를 살펴보고자 한다.

(1) enough: 형용사 · 부사 · 동사를 반드시 뒤에서 수식한다.

He is stupid enough to do it.

He spoke clearly enough.

I can't praise him enough. (그를 아무리 칭찬해도 부족하다)

명사의 경우는 앞 · 뒤에 놓이나 위치에 따라 품사가 달라진다.

I have enough money with me. (형용사)

=I have money enough with me. (부사)

o 명사가 관사 없이 형용사적으로 쓰인 경우 enough는 반드시 명사 뒤에 둔다.

You are fool(=foolish) enough to borrow money from him.

o 관용구에서는 명사 앞에만 둔다. (그러나 명사를 수식하므로 형용사)

Take enough care of yourself.

You must pay enough attention to your behavior.

(2) indeed: 부사를 수식할 땐 앞 · 뒤에 둔다.

She spoke very clearly indeed (indeed는 very를 수반함에 유의)

형용사를 수식할 땐 앞 · 뒤에 둔다.

The play was indeed excellent.

The play was excellent indeed.

Indeed the play was excellent. (문장 전체를 강조)

o indeed와 같은 부사가 문 전체를 강조 · 수식할 땐 독립부사의 기능을 갖으나 그 자체로선 어법상으로 문장전환은 불가하다. maybe · perhaps 따위도 같다.

(3) often이 very · quite · too · so와 같이 쓰이면 문두나 문미에 둔다.

How often ~? 의 경우엔 문두에만 둔다.

I have visited him quite often.

Quite often I have visited him.

How often does the bus leave?

Don't bother him too often.

I meet her very often on the way to school.

(문중으로 오해하지 말 것. on ~의 부사구와는 무관)

= On the way to school I meet her very often.

= Very often I meet her on the way to school.

(4) only: 수식받는 어구 앞에 두는 것이 혼동할 염려가 없다.
단, 문미의 어구를 수식 할 땐 앞 · 뒤에 둔다.
피수식어는 문장강세를 둔다[강하게 읽는다].

Only Í met her in the park yesterday. (딴 사람이 아니라 나만 ~)

I only mét her in the park yesterday. (만나기만 했을 뿐이다)

● I met only hér in the park yesterday.
(그녀만 만났다 / 만난 사람은 그녀뿐이었다)

◎ I met her only in the párk yesterday. (공원에서만 만났다)

o 구 · 절을 수식할 땐 구는 핵심어(내용어), 절은 접속사에 강세를 둔다.

The athletic meet will be postponed only whén it rains.

I met her in the park only yésterday[yésterday only].
(내가 그녀를 공원에서 만난 것은 오로지 어제였다)

o 구어체엔 only를 동사 앞에 두고서 수식 · 강조하는 말에 문강세를 둔다.

● I only met hér in the park yesterday.

◎ I only met her in the párk yesterday. (등등)

(5) alone: only의 뜻으로 쓰일 때 보통 수식하는 말 다음에 둔다.

그러나 타동사의 목적어를 수식할 땐 뒤에 두지 못한다.

Yóu alone (=Only yóu) can do it.

Man cannot live by bréad alone. (성경 구절엔 shall not)

cf. You can do it alone. [do를 수식. (「혼자 (서)」의 뜻]

I believe that alone. (×)

Thát alone I believe. (○)

= I believe only thát / thát only.

(6) also: only와 용법이 같으나, 주어와의 관계에선 주어 뒤에 둔다.

John, also, [,too,] phoned Mary today. (John도 전화했다)

cf) John phoned Mary today, too. (John은 오늘도 Mary에게 전화했다)

(7) still: 부정평서문에선 주어 뒤에 놓임에 특별히 유의할 것.

그 밖의 경우엔 일반원칙에 준한다.

He still can't drive a car.

= He can't drive a car yet.

He still hasn't finished his homework.

=He hasn't yet finished his homework.

=He hasn't finished his homework yet.

He still isn't getting better. (그의 병세는 아직도 호전되지 않고 있다)

o still이 문미에 놓이면 뜻이 다르다.

He is still standing there. (여전히 서 있다 / 아직도 서 있다)

He is standing still there. (꼼짝 않고 서 있다 / 가만히 서 있다)

cf. He still loves her.

=He loves her still. (아직도)

(예외적으로 still을 목적어 다음에 둘 때도 있다)

(8) sometimes · occasionally · now · then · soon · lately · once · first · afterwards …는 문두 · 문중 · 문미에 두루 쓰이는데, 문장[절]에 따라 어조 · 문맥 등에 맞추어 자유로이 적당한 곳에 두면 된다. 그러나 이들 중에서 now · then · first는 위치에 따라 뜻이 달라지므로 한번쯤은 사전을 살펴봐야 한다.

(9) 문미에 장소와 일정한 때를 나타내는 부사어구가 병행할 때엔 장소를 나타내는 부사어구를 앞에 둔다. 그리고 때(시간)를 나타내는 부사어구는 문두에 두기도 한다.

I met with him on the street yesterday. (평범한 어조)

Yesterday I met with ~. (yesterday를 약간 강조하는 의미)

(10) used to 와 have to / have got to 는 조동사라도 그 앞에 부사를 둔다.

I often used to forget my wife's birthday.

I really have (got) to fax this story right now to meet the deadline.

cf. You had better always study English hard.

You ought to always study English hard.

You are always to study English hard.

The meeting is finally to be held this week.

※ 앞의 3항에서, 어구의 생략으로 인하여 be동사 · 조동사라 할지라도 문미에 오면 부사를 그 앞에 둔다고 하였다. 그러나 used to · have (got) to · ought to라든가 반드시 to를 취하는 동사(즉, 동사 + to)의 경우에 있어서 to 이하를 생략함으로써 to가 절이나 문미에 올 때엔 부사의 위치는 to 다음에 둔다.

A: Did you ever visit her after she had retired?

B: I used to sometimes, but not recently.

I intended to often enough, but seldom managed to.

o seldom을 문미에 두지 않는 이유는 부정의 뜻을 지닌 부사이기 때문이다.

8. **부사의 위치** (2)

지금까지는 보통의 경우에 있어서의 부사의 위치를 알아보았다.
이젠 강조·도치구문과 같은 특수한 경우에 있어서의 부사의 위치를 알아본다.

1. So[Neither]+V +S / So +S +V 구문은 앞에서 상설(詳說)함.
2. **동사를 강조하면** (동사가 둘 이상이면 첫째 조동사) be동사·조동사의 경우라도 앞에 둔다.

He usually is late for a meeting. (비강조문: He is usually late ~)

I always do keep my word. (비강조문: I always keep ~)

(일반동사이면 do를 넣음; 그러나 강조 외엔 문법상 오류로 간주한다)

(나는 항상 약속을 꼭 지킨다)

I never will believe you. (비강조문: I will never ~)

(앞으로 다시는 네 말을 믿지 않겠다)

(cf) **believe in**: ~의 인격 · 존재 · 가치 · 효과를 믿다

(eg) I believe in you / God / democracy / aspirin.

The rumor definitely must have been spread by you.

(비강조문: The rumor must definitely ~)

No man ever has climbed up the cliff.

(비강조문: No man has ever climbed ~)

o 그러나 **특별히 동사를 강조하는 경우가 아닌 한** 일반원칙을 따른다.

3. 부사를 글머리에 두어 강조코자 할 때.

이때는 동시에 도치(구)문이 된다. (S +V의 형태는 정치(구)문이라 함)

On and on I ran. **(* 긍정문에다 주어가 대명사이면 V+S로 도치되지 않음)**

(비강조문: I ran on and on)

Down comes the rain in torrents. (=cats and dogs)

(비강조문: The rain comes down ~)

Back he has come again. [S(대명사)+V]: 음조리듬을 맞추기 위함이다.

(비강조문: He has come back again)

Away went the car at full speed. [부사+V +S(명사)]

(비강조문: The car went away ~)

Off he went. [부사 + S(대명사) + V]

Off went Cheol-su. **[* 부사 + V + S(주어가 명사이면 도치)]**

Never [Little] have I dreamed that I meet you again.

(비강조문: I have never[little] dreamed that ~)

*** 부정어 + V + S(명사 및 대명사)**

Not a word **do** I **want** to say.

(본동사인 want가 일반동사이므로 주어와 시제에 따라 do가 들어간다)

(비강조문: I do not want to say a word)

Not a word would I like to say.

(둘 이상의 동사가 있으면 앞의 조동사만 주어 앞에 두면 된다. 이 문장은 조동사 would like to +본동사 say이므로 would를 도치시킨 것이다)

(비강조문: I would not like to say a word)

Not only does he study hard but (he also) loves sports.

(비강조문: He not only studies hard but (also) loves sports)

No sooner had I left home than it began to rain.

=Hardly[=Scarcely] had I left home when [before] it began to rain.

=As soon as I left home, it began to rain.

(비강조문: I had no sooner left home than it began to rain)

Not till [until] I lost health did I realize the value of it.

= It was not till I lost health that I realized the ~.

= I didn't realize the value of health till I lost it. (비강조문)

= Only when [after] I lost health did I realize the value of it.

(only는 간접적으로 부정의 뜻을 내포하고 있어 도치구문이 따른다)

= I realized the value of health only when [after] I lost it.

Well do I remember the sight.

(비강조문: I remember the sight well)

Bitterly did we repent our decision.

(비강조문: We repented our decision bitterly = We bitterly repented ~)

Too fast do you walk for me to catch up with.

(비강조문: You walk too fast for me to catch up with)

Slowly enough do you walk for me to catch up with.

(비강조문: You walk slowly enough for me to catch up with)

So high have prices risen that many people are badly off.

(비강조문: Prices have risen so high that many people ~)

So innocent is she that every boy loves her.

(비강조문: She is so innocent that every boy loves her)

= So great is her innocence that ~.

= Such is her innocence that ~.

o 이상의 예문에서 다음 사항을 다시 강조한다.

1) PA(또는 PA와 비슷한 성질을 지니는 부사(away · back 따위))가 문두에 놓이면 V + S(명사) / S(대명사) + V가 된다.

2) 부정의 부사(구)가 문두에 놓이면 V + S가 된다.

3) PA가 아닌 다른 부사어구가 문두에 놓이면 역시 V + S가 된다.

4. 그 밖의 구문

「There+be+주어」 구문.

주의) There is <u>the book[your book]</u> on the table. (×)

The book[Your book] is on the table. (○)

There is a book on the table. (○)

= A book is on the table.

o <u>명시된 사물</u>에는 There + be 구문을 쓰지 않는다.

o There are[is] <u>a book</u>, a pen and a few pencils on the desk.

There are가 되어야 하나 구어체에선 <u>최초의 단수</u>와 일치시켜 There's 또는There is… 로 쓰는 경향이 많다.

o Here/There ~ 표현들은 사전을 통해서 그 뜻을 정확히 이해할 것.

Here / There comes our bus.

Here / There he comes.

Here comes our teacher. = Our teacher comes here.

Here you are. Here it is. (you는 사람에, it는 사물에 중점)

There goes our train. / There goes the bell.

Here we are (at the airport).   cf.) Here I am.

Here is news for you.

The more(we have), the better(it will be).

(많으면 많을수록 좋다 — 多多益善)

o (Just) as food nourishes our body, so (do) books nourish our mind.

(so 이하는 보통 도치시킴)

so를 생략하면 S +V구문이 된다.

9. '부정어 + 비교급' 구문의 이해

o I have no more than 1,000 won.
=I have only 1,000 won. (=as little as)

o I have no less than 10,000 won.
=I have as much as 10,000 won.

o I have not more than 1,000 won.
=I have 1,000 won at most.
=I don't have more than 1,000 won.

o I have not less than 10,000 won.
=I have 10,000 won at least.

※ 부정어(no, not) +more는 「부정 or 적다」의 뜻이 되고, 부정어 +less는 「긍정 or 많다」의 뜻이 된다.

o A whale is no more a fish than a horse (is).
= A whale is not a fish any more than a horse (is).
= (Just)as a horse is not a fish, so is not a whale.
→ Neither a horse nor a whale is a fish.
(A가 …이 아님은 B가 …이 아님과 같다
= B가 …이 아님과 같이 A도 …이 아니다)

o A whale is **no less** a mammal **than** a horse (is).
= **(Just) as** a horse is a mammal, **so** is a whale.
→ **Both** a horse **and** a whale are mammals.

o No less a statesman than Lincoln can't be found today.
= So great a statesman as Lincoln can't be found today.
= A great statesman like Lincoln can't be found today.

o I an not as[so]rich as you. (○)
You are richer than I [me]. (○) (me는 구어체의 표현)
I am not richer than you. (△) (not as ~ as가 보통)
I am less rich than you. (×)

※ -er, -est의 비교변화를 하는 형용사는 less ~ than의 구문을 쓰지 않는다.
cf.) I don't have as much money as you. (○)
I have less money than you. (△)
I don't have as many books as you. (○)
I have fewer books than you. (△)
You have more money/books than I[me]. (○)

cf.) I am not as [so] beautiful as you. (○)
You are more beautiful than me [I]. (○)
I am less beautiful than you. (△)
I am not more beautiful than you. (△)
※ more, most로 비교변화를 하는 형용사도 not as ~ as를 많이 쓴다.

o I am no less beautiful than you.
=I am (quite) as beautiful as you.

I have no less money than you.
=I have as much money as you.

o I am not less beautiful than you.
=I am perhaps more beautiful than you.
너 못지않게 아름답다. / 어쩌면 너보다 더 아름다울지도 모른다.

o He is no less a person than the President.

=He is none[no] other but the President.

=He is none[no] other than the President.

=He is a person no other than the President.

=He is the President himself.

o I have no other friend than you.

=I have no friend but you.

=I don't have any friend but you.

o no[none] other than: 「~에 지나지 않은」의 뜻도 있다.

What he said was no other than a lie.

그가 말한 것은 거짓말에 불과하였다.

What he said was no other than this.

그가 말한 것은 고작 이것이었다.

The house was no other than a den of drugsters.

그 집은 마약자들의 소굴에 지나지 않았다.

o He is no better than a beggar. (거지나 다름없다)

=He is little better than a beggar.

=He is as good as a beggar.

=He is practically the same as a beggar.

=He is almost a beggar.

cf) The invalid is **no better than** he was yesterday.

그 환자는 어제와 다름이 없다.

He is **not better than** a minor official. (~에 지나지 않다, ~에 불과하다)

=He is no[not]more than ~.

=He is only[at most]a minor official.

o He is **no happier than** before. **(*우리말 뜻에 꼭 유의)**

=He is not happy as (he was not happy) before.

He is **not happier than** before. (△)

=He is not as[so]happy as (he was happy) before. (○)

o He knows better than to do such a thing.

=He is wiser than to do such a thing.

=He is wise enough not to do such a thing.

=He is not so foolish as to do such a thing.

=He is not such a fool as to do such a thing.

(그는 그런 것을 하지 않을 만큼 이제 철이 들었다)

(그는 그런 것을 할 정도의 바보가 아니다)

o He is not so much a statesman as a scholar.

=He is not a statesman so much as a scholar.

=He is rather[more]a scholar than a statesman.

=He is a scholar rather[more] than a statesman.

=He is less a statesman than a scholar.

=He is a statesman less than a scholar.

A child is not so much wise as clever.

=A child is not wise so much as clever.

=A child is less wise than clever.

=A child is wise less than clever.

=A child is clever rather than wise.

=A child is more[rather]clever than wise.

o 동일 인[물]의 성질비교 : more + 원급 + than ~

cf) Child A is cleverer than Child B.

o 두 사람[사물 · 동물]과의 비교: 비교급 + than ~

o He cannot so much as write his own name in Chinese characters.

= He cannot even write his own name ~.

10. 비교구문에서 유의해야 할 표현들

o Anna is cleverer[more clever] than Susan.

Anna is the cleverest [the most clever] student of all in the class.
=Anna is the cleverest [the most clever] of all students in the class.

o far-farther-farthest는 거리에, far-further-furthest는 정도를 나타낼 때 쓴다고 하나 지금은 거리에도 흔히 further / furthest를 쓰고 있다.

예) My house is furthest from the station.

o My elder/older sister is an artist.
His eldest/oldest son is still at school. (미어: in school)

o He is the older/the elder of the two sons.
형제자매를 나타낼 땐 영어에서 elder처럼 미어에선 older도 구어에서 잘 쓴다.

o 아들과 대비하여 아버지를 지칭할 땐 elder를 쓴다.
즉, 아들을 William Pitt the younger/the younger Pitt, 아버지(=大피트)는 William Pitt the elder/the elder Pitt로 나타낸다.

o 존경 · 경칭 · 지위가 선배 · 고참의 뜻을 나타낼 때, 또 명사로 쓰일 때(해당되는 뜻은 사전을 참조할 것) elder를 쓴다.
eg) He is an elder statesman. (정계의 원로 = 원로 정치인)

o My brother is three years older than me.
than 다음에 주격 대신에 목적격을 보통 쓰기도 한다. (미 구어체)
그러나 주절의 동사가 타동사이면 주격이냐 목적격이냐에 따라 뜻이 달라지기

때문에 주 · 목적격을 구별함이 무난하다. 다음 두 글을 비교해본다:

He loves you better than I (love you).

He loves you better than (he loves) me.

o real · right · wrong · like는 more/most를 붙인다.

She is more like her grandmother.

o -er/-est로 변화하는 형용사가 서술적(보어)으로 쓰이고 종속절로서 than-절이 따르면 more +원급 +than ~이 된다.

John is more mad than Bob is.

It would be difficult to find a man more brave than he is.

He is more wealthy than I thought.

o 형용사와 형태가 같은 부사는 -er/-est를 붙인다.

You have to work harder / faster / longer.

그 밖에 late · quick · early등이 있다.

o -ly형의 부사는 more/most를 붙인다.

quickly –more quickly –most quickly

o soon – sooner – soonest **(다음의 경우를 제외하곤 최상급은 쓰이지 않는다)**

1) 특정의 형용사를 수식할 때.

the soonest possible date / the ~ available time

2) 속담 · 격언이나 텔렉스 · 전보 따위에.

Least said, soonest mended. (속담) 말수가 적으면 고치기도 쉽다.

Send prices soonest. (=as soon as possible)

o often의 경우는 보통 more/most를 사용한다.

o 부사일 땐, 비교급과는 달리 원급은 -ly형을 쓰는 것이 무난하다.

That's <u>easier</u> said than done. (=more easily)

Speak clearer! (=more clearly)

그러나, Speak clear! (×)

Speak clearly! (○)

He drove the car slowly. (○)

He drove the car slow. (×)

He goes/walks/drives/runs/speaks/works slow[slowly] (○)

He speaks/works it slow. (×)

o the +비교급 +of the two / for +어구 = because[since] +절

He is the younger of the two brothers.

I like him all the better[more] for his faults.

= I like him all the better[more] because he has his faults.

o (셋 이상 끼리 비교의 대상이 없이) 동일인[사물]에 대한 형용사의 최상급엔 the를 붙이지 않는다(=**절대 최상급**).

I am happiest when I am with my son.

cf) I am the happiest man (of all) in our village.

(=I am the happiest of all men ~)

This lake is deepest at this point.

cf) This lake is the deepest (one) / (of all) } in Corea.

This is the deepest lake (of all) in Corea.

=This is the deepest of all lakes in Corea.

o 다음과 같은 경우의 most는 very · extremely의 뜻을 갖는다.

Della is a most efficient clerk. (a most = a very ; an extremely)
You are very helpful and most kind.
They are most efficient clerks. (the를 붙이면 최상급)
He is most efficient.
cf) He is the most efficient clerk (of all).

o 라틴어 비교급[Latin comparative (degree)]
영어에 차용된 라틴계의 형용사(어미가 -(i)or인 것)가 그 자체로서 비교급의 의미를 갖는 것을 말한다. than 대신에 to를 쓴다.

A is senior to B.
= ① A is of higher rank than B
② A is older than B

A is junior to B.
= ① A is of lower rank than B
② A is younger than B

A is superior to B in English.
= A is better than B in English.
A is inferior to B in English.
= A is worse than B in English.

o 절대 비교급(absolute comparative)
A와 B의 상대적 비교가 아니고, 단순히 정도의 높고 낮음을 나타내는 비교급을 말한다. 그러므로 그 자체가 비교의 대상이 없이도 으레 비교급으로 쓰인다.
an older man (=a rather old man = rather an old man)
a higher education.

a better hotel

a finer restaurant

the upper / lower class

the younger(=young) generation

a higher-class(=high-class) café

o 부사의 최상급엔 the를 붙이지 않는다.

The sea-gull sees farthest[furthest] who flies highest.

(who의 사용은 sea-gull을 의인화)

11. 의사보어[유사보어, 준주격보어]란?

2형식 문장의 일반 주격보어와는 달리, 완전자동사에 수반된 명사·형용사가 보어 구실을 하는 것을 말한다. 이러한 경우는 명사·형용사가 없이도 완전한 문장이기는 하나 주어의 상태를 보다 구체적으로 보충 설명하기 위함이다. 그래서 의사보어(pseudo-complement; 擬似補語)도 넓은 의미에서의 보어로 취급되어 2형식 문장을 이룬다. 의사보어는 또한 문장을 간결하게 나타내기도 한다.

He went a friend, but came back an enemy.

(← When he went he was a friend, but when he came back he was an enemy)

The poet died a beggar in his shabby house.

(← When the poet died in his shabby house, he was a beggar)

He died quite young.

(← When he died, he was quite young)

He was born a poet. (그는 타고난 시인이었다)

(← He was born to be/become a poet)

=He was born, (growing up), and became a poet.

=He was born, (being grown-up), and ~

He was born poor, living unhappily, and died nameless.

(← When he was born he was poor, living unhappily, and when he died he was nameless)

(그는 가난하게 태어나서 불행하게 살다가 이름 없이 죽었다)

12. 문장전환(Conversion *or* Transformation of Sentences)

주어진 문장을 내용은 같되 다른 형태로 바꾸는 것을 말한다.
이를테면, 단문 · 중문 · 복문끼리의 전환, 비교구문 (원급 · 비교급 · 최상급) 끼리의 전환, 직접화법과 간접화법간의 전환, 가정법과 직설법간의 전환, 능동태와 수동태 간의 전환 등 해당되지 않는 것이 거의 없을 만큼 그 범위가 넓고 문장들이 다양하다. 따라서 문장전환이라고 하여 이들을 한꺼번에 취급하지 않고 따로따로 취급하는 것은 그 때문이다. 그런데 이들 중에서 동시에 취급해야할 것이 있으니 그게 바로 준동사 (단문의 형태) 와 중문 · 복문과의 관계이다.
좁은 의미에 있어서의 문장전환이란 사실 이를 두고 말한다.
본서에서 설명코자 하는 것도 이것이다. 문장전환의 커다란 중요성과 목적은 한 내용을 다양한 영문으로 표현할 수 있는 능력을 기르기 위함이다.

1. 문장 전환의 방법에는 어의(적)(語義(的))전환과 어법(적)(語法(的)=文法(的)) 전환으로 나눌 수 있다. 전자는 문법적인 규칙에 의하지 않고 (=준동사를 사용하지 않음을 말함) 순전히 어구의 뜻에 따라 대개 복문을 단문으로 전환하는 것을 말한다.

Let's depart after we have supper.
→Let's depart after supper.

Let's depart after the sun sets.
→Let's depart after sunset.

We departed after the sun (had) set.
→We departed after sunset.

She asked me how old /tall I was.
→She asked me my age / height.

I'll wait here till my mother arrives.

→I'll wait here till my mother's arrival.

어법적 전환은 준동사를 사용하여 문법적 규칙에 따라 중·복문을 단문으로 바꾸는 것을 말한다. 또는 반대로 준동사로 되어 있는 단문을 중·복문으로 바꾸는 것이다. 이둘 중에서 거의 취급되는 것이 바로 어법적 전환이다. 그러면 어법적 전환에 대하여 상세히 설명코자 한다. 준동사야말로 모든 문법이론의 근간이 되기 때문이다. 다시 말해서 (적어도 필자의 경험에 의하면) 준동사의 이해 여하에 따라 모든 문법이론도 이해할 수 있느냐 없느냐가 된다.

2. 체계적이며 정확한 지식을 갖추기 위해서는 이론을 먼저 파악하고 실제에 접근해야 하듯이, 문장전환에 대한 이론을 확실히 알려면 이에 사용되는 각종 용어의 개념부터 먼저 이해하는 것이 절대적으로 필요하다.

1) 문장의 종류에 대하여

i) 서술형태 또는 용법에 따른 종류

① 평서문 (=서술문) — 긍정문과 부정문

② 의문문

③ 명령문

④ 감탄문(What ~!, How ~!)

eg) It's very[so] cold. (형용사)

→ How cold it is!

The KTX runs very[so] fast. (부사)

→ How fast the KTX runs!

It's a very cold day. (단수명사)

= It's *so* cold a day.

→ *What a* cold day it is!

→ *How* cold *a* day it is!

These are very[so] cute pets. (복수명사)

→ What cute pets these are! (* 감탄문에서 what은 형용사)

⑤ 기원문(May ~!): May you live long! / May God bless you!

ii) 구조상에 의한 종류

① 단문(單文): 한 절로 이뤄진 문장, 즉 1주부 + 1술부로 이뤄진 문장.
단문은 술어동사(=동사)의 용법에 따라 문(장)의 5형식으로 나뉜다.

eg) A girl of mine / is a singer.

Girl A, Girl B, Girl C and Girl D / are all singers.

[주어가 몇 개이든 1V(=한 개의 동사)이면 단문이다)

Seeing the police, / he ran away.

My dear students, you are here to learn!

② 중문(重文): 등위절 + 등위절로 이뤄진 문장.

o 등위절: 등위 접속사로 연결된 절

o 등위접속사: 등위절과 등위절을 연결하는 접속사로서 and · but · or · for (앞에 반드시 ,를 찍을 것) · so (=and so) · nor를 말한다.

o yet +절이면 yet도 but과 같은 등위접속사로서 그 문은 중문이다.

eg) The story may be strange, yet (it is) true.

(등위절) (등위접속사) (등위절)

③ 복문(複文): 주절 + 종속절 [종속절 + 주절] 로 이뤄진 문장.

o 종속절: 자체로선 충분한 뜻을 갖지 못하고 반드시 주절에 종속되어 주절의 뜻을 도와주는 구실을 하는 절, 바꿔 말해서 종속속사에 의해 이끌리는 절 (=명사절 · 형용사절 · 부사절을 말함).

o 종속접속사: 종속절을 이끄는 접속사로서 등위접속사를 제외한 그 밖의 접속사.

명사절 · 형용사절 · 부사절을 이끄는 것들로 나눠지나 그 수효는 꽤 많으며 문맥에 따라서는 한 접속사가 두세 가지 기능을 갖는데 단문이 중문보다 복문과 훨씬 더 밀접한 관계를 갖는 것도 바로 이 때문에서이다.

④ 혼문(混文): 중문 내에 복문이 포함된 문장. 즉, 본문 + 등위절 (등위절+복문)로 되어 있는 문장.

혼문은 단문으로의 문장전환의 범주에 들지 않으므로 문법공부의 취급 대상은 아니다.

When he was still a boy, his parents died **and** he had to quit his studies.

(종속절) (주절) (등위절)

(복문)

o 이 문장은 and를 중심으로 두 부분으로 이뤄져 있다. 즉, 복문 + and +등위절로서 크게는 중문으로서 복문 부분이 하나의 등위절이 된다.

2) 주어에 대하여

① 문법상의 주어 = 문(장)의 주어 = 주어

② 의미상의 주어: 준동사가 나타내는 [준동사로서 표시되는] 행위나 상황의 주체가 되는 말.

그러니까 의미상의 주어(sense subject)에는 부정사 · 동명사 · 분사의 의미상의 주어가 있다. 가령, I want to go에서 I는 문법상의 주어겸 to go의 의미상의 주어이며, I want him to go에선 I는 문법상의 주어이고 to go의 의미상의 주어는 him이다.

o 비인칭 주어(=It) · 가주어(=It) · 진주어란 말은 별개의 것으로서 주어란 위의 2가지를 일컫는다. 비인칭 주어로서의 It 이란 날씨 · 때 · 거리 · 명암 · 막연한 상황 따위를 나타낼 때 주어로 쓰이는 It을 말한다.

3) 동사에 대하여,

동사는 분류기준에 따라 여러 가지로 나눠지는데, 가령 학습내용[목적]이 영문의 5형식을 이해코자 한다면 목적어 유무에 따라 타동사와 자동사로, 보어 유무에 따라 불완전동사와 완전동사로 나누고, 단문과 중 · 복문과의 관계를 이해코자 한다면 정동사(定動詞)와 부정동사(不定動詞)로 나누고, 중학교의 초보과정에서 맨 먼저 듣게 되는 바 속성에 따른 종류를 말할 때에는 **be동사 · 조동사 · 일반동사**로 나눈다. 그렇다면 동사의 종류는 그 근본이 이 **세 가지**를 기본으로 하고 있다는 걸 알 수 있다. 따라서 be동사와 조동사 외에도 스무개 정도의 모든 동사의 명칭은 일반동사들이 학습내용에 따라 그 때 그때 다른 이름으로 불려지는 것들에 불과하다.

그럼 문장전환의 예비단계로서 바로 정동사와 부정동사를 설명코자 한다.

① 정동사(finite verb): 주어의 인칭과 수(단수 · 복수), 시제(현재 · 과거 · 미래), 법(직설법 · 명령법 · 가정법), 태(능동태 · 수동태)에 따라 변하는 동사.
모든 (술어) 동사는 정동사이다.

② 부정동사(non-finite /infinite verb): 소위 **준동사(準動詞)** 라고도 하는데, 오히려 이 말이 널리 쓰인다. 준동사란 시제 · 법 · 태에 있어서 주어의 인칭이나 수에 의해서는 변하지 않는 동사.
말하자면, 어떠한 주어의 경우라도 그 형태가 일정불변한 동사이다. 그래서 **준동사란 부정사 · 동명사 · 분사**를 가리킨다.

I am glad to meet you.

I was glad to meet you.

I shall be glad to meet you.

He will be glad to meet you

I should be glad to meet you. (가정법)

She is glad to meet you.

They are/were glad to meet you.

I want to meet you.

I wanted to meet you.

I have wanted to meet you.

She wants to meet you.

부정사의 경우를 간단한 예로 들어 보았는데 be 동사인 am이나 일반동사인 want는 상황에 따라 기본형(base form)을 중심으로 형태가 바뀌나, to meet 만은 그 형태가 변함이 없다. 동명사와 분사의 문장들도 이치는 꼭 같다.
앞의 예문을 다시 동명사에 적용해 본다.

I am glad of meeting you.

I was glad of meeting you.

I shall be glad of meeting you.

He[She] will be glad of meeting you.

They are/were glad of meeting you.

주어와 시제에 따라 술어동사는 형태가 바뀌어도 동명사(*Root-ing형이 주어·보어·목적어로 쓰이면 동명사라 부른다. 동사로서 명사의 성질을 동시에 갖기 때문이다) meeting은 변함이 없다.

4) 준동사의 시제에 대하여 — 준동사는 술어동사의 시제(=문의 시제)와의 관계에 따라 ① 단순형과 ② 완료형으로 나뉜다.

단순부정사 (to +Root): 술어동사의 시제와 부정사의 시제가 같은 것.

o hope · intend · expect · promise · wish와 같은 미래의 뜻을 지닌 동사들이 현재시제이면 부정사의 시제는 미래를 나타낸다.
(cf. remember/forget + to do도 미래)

I expect him to come = I expect that he will come.

단순동명사 (Root +ing): 술어동사의 시제와 동명사의 시제가 같은 것.

o remember/forget의 현재형 +동명사이면, 과거의 사실을 나타낸다.
forget가 현재형이면「지금은 생각나지 않는다」로 해석한다.

I remember/forget lending her some money before.
= I remember/forget that I lent her some money before.

단순분사 (Root +ing): 술어동사의 시제와 분사의 시제가 같은 것.

완료부정사(to have +과거분사): 술어동사의 시제보다 부정사의 시제가 하나 앞서는 것. 즉, 술어동사가 현재이면 부정사의 시제는 복문으로 전환할 경우 종속절의 동사가 과거형(문맥에 따라 즉, 완료형을 취하는 부사어구가 따르거나 또는 부사어구가 없이도 의미 여하에 따라 현재완료상(相)이 될 때도 흔히 있다), 술어동사가 과거이면 부정사의 시제는 종속절에서 과거완료상이 되는 것을 말한다. 완료동명사/분사의 경우도 마찬가지이다.
(※동사의 相(aspect)에 대해선 태(voice)에서 설명)

o 약속 · 희망 · 기대 · 의도를 나타내는 동사의 과거형+완료부정사이면 그 행위가 과거에 실현되지 않았음을 나타낸다.

He wished to have married her.
=He had wished to marry her.
→ He wished to marry her, but he couldn't.

cf) was[were]to + 완료형도 마찬가지이다.
He was to have returned home yesterday.
→ He was to return home yesterday, but he didn't[couldn't].

완료동명사(having +과거분사): 술어동사의 시제보다 동명사의 시제가 하나 앞서는 것.

완료분사(having +과거분사): 술어동사의 시제보다 분사의 시제가 하나 앞서는 것.

o 단순형과 완료형이 되는 경우: ①중문은 등위절이 둘이든 셋이든 보통 시제가

서로 같기 때문에 단순형이 된다.

「그런데 미리 말해두는 바, 복문과 단문과의 관계가 훨씬 밀접하기 때문에 준동사를 이용한 단문으로서의 전환에 있어서는 복문과의 관계에서 제반 이론들을 설명함을 항상 명심하기 바란다」

② 복문을 단문으로 바꿀 때, 주 · 종절이 시제가 같거나 주절이 현재일 때 종속절의 시제가 미래이면 준동사는 단순형이 되고, 종속절의 시제가 주절보다 앞서면 완료형이 된다.

5) 종속절에 대하여

절의 종류에는 ①구조상으론 주절 · 종속절 / 등위절 ②기능상으론 명사절 · 형용사절 · 부사절이 있는데, 이들이 바로 종속절로서 흔히 **영문법상의 3가지 절**이라고 한다. 그러므로 '절의 명칭'을 말한다는 것은 바로 이 세 가지를 의미하며, ①의 명칭들은 문장의 종류 내지 구조를 논할 때를 제외하고는 언급되지 않는다.

o 명사절: 주어 · 보어 · 목적어(목적어라고 하면 일반적으로 타동사와 전치사의 목적어 둘 뿐이다) 구실을 하면 명사절이다.

o 형용사절: 명사를 수식하는 것으로서 곧 관계사가 이끄는 절을 말한다
(단, what · 복합관계대명사 · 복합관계부사 절은 제외)

o 부사절: 구나 절중에서 가장 많이 쓰이는 것이 부사구[절]이다. 그런데, 품사 · 구 · 절의 개념에 대해서 말을 잘하면서도 문장상으로는 형용사구[절]나 부사구[절]를 구별하지 못하는 학생들이 적지 않다. 부사구[절]는 수식 — 피수식의 관계보다는 부사구(=to + Root의 형태를 말함)가 나타내는 의미를, 그리고 부사절은 그것이 담고 있는 내용을 보면 아주 쉽게 알 수 있다. (뒷면에 부사절/구에 대하여 상세히 설명)

3. 복문을 단문으로 바꿀 경우의 구의 형태.

복문을 단문으로 바꾼다는 것은 곧 종속절을 구로 바꾼다는 말이다. 그렇다면 복문에서 종속절의 주어가 단문에선 준동사의 의미상 주어가 되고, 종속절의 시제는 또 준동사의 시제가 되며, 복문에서 주절의 주어는 단문에서 문(장)의 주어가 되고, 주절의 시제[술어동사]는 곧 단문에서 문(장)의 시제 [술어동사]가 된다.

따라서 복문에서 주 · 종절의 주어가 같으면 단문에서도 문의 주어와 준동사의 의미상 주어도 같아서 준동사의 의미상 주어를 표시하지 않는 것도 그 때문이다. 주 · 종절의 주어가 다르면 단문에서도 문의 주어와 준동사의 의미상 주어도 다르기 때문에 반드시 준동사의 의미상 주어(=행위의 주체)를 표시하지 않으면 바꿔 쓰기는 틀려버린다.

그런데 이해를 잘하지 못하는 학생들이 부딪히는 곳은 종속절을 구로 바꿀 때, 어떠한 구의 형태로 바꿔 써야 할 것인가를 모른다는 점이다. 그런데, 종속절의 종류 · 내용 · 형태 등에 따라 구의 형태는 퍽 다양하여 수학공식처럼 단정적으로 말하기는 어렵다.

그 기본 형태를 살펴보면 다음과 같다.

1) 명사절

종속절에 따라 「to +Root」/ 동명사로 바꾸거나 혹은 명사를 사용하여 어의적 전환을 할 때도 있다.

동명사를 쓸 경우는 동명사를 목적어로 취하는 동사 및 be proud of · insist on · be ashamed of 따위와 같은 숙어의 암기가 필수요건이다.

to-부정사의 경우도 이를 목적어로 취하는 동사를 알고 있어야 한다.

I hope that I shall see you again. (명사절)

∵ that-절이 hope의 목적어이기 때문.

→I hope to see you again. (∴ to see도 hope의 목적어가 되는 명사구)

I don't know how I should do it.

→I don't know how to do it.

o 의문사가 이끄는 명사절은 「의문사 + to + Root」

She is proud that she is beautiful.

(이 문장에서 「is proud」가 타동사구의 기능[의미]을 갖기 때문에 that- 절은 그 목적으로서의 명사절이다)

→She is proud of (her) being beautiful (동명사에 의한 어법적 전환)

(that-절이 구로 바뀜에 있어서 동명사를 취할 수밖에 없는 이유는 proud란 형용사는 뒤에 어구가 따를 땐 'be proud of + 어구'의 형태에 의하여 of 다음에는 전치사의 목적어로서 being이라는 동명사가 따르기 때문이다)

→ She is proud of her beauty. (추상명사에 의한 어의적 전환)

(이 문장은 her being beautiful = her beauty로서 her beauty는 'to + Root'의 형태도 아니며 또한 'Root + ing'와 같은 동명사나 분사의 형태도 아니다. 그러므로 어의적 전환이라고 하는 것이다. 이와 같이 beautiful → beauty의 관계처럼 어떤 형용사나 동사가 그 본디의 명사형을 갖고 있는 말은 바로 그 명사를 이용하여 어의적 전환에 의해서 단문으로 고치는 게 오히려 더 좋은 문장이 될 수 있다)

※ (복문을 단문으로 바꿀 때)「to-부정사」를 보어나 목적으로 취하는 동사.

① to + Root를 보어로 취하는 동사(어구).

이들 동사(어구)는 복문에선 It ~ that의 형식을 취하고 단문에선 that-절(진주어)의 주어가 단문의 주어가 된다.

seem, look, appear, be said, be thought, be supposed, be reported, be known, be meant, be believed, be considered, prove, turn out, happen to, chance to 등.

It seems that you are really happy.

→ You seem to be really happy.

② to + Root를 보어(=목적어 + to do일 때) 또는 목적어로 취하는 동사.

hope, expect, promise, allow, forbid, ask, fear, advise, beg, urge, request, declare, assert, admit, find, think, believe, suppose, know, desire, imagine, deny, feel, guess, judge, mean, report, order, command, decide, determine, resolve, intend, propose, forget, remember, consider, pretend, regret, require, demand, recommend 등.

I remember that I shall see you next Sunday.

→ I remember to see you next Sunday.

(* 단문으로의 전환 원리 — 접속사는 무조건 없애고 종속절의 주어 I는 주절의 주어 I와 같기 때문에 역시 없애야만 하고 조동사도 또한 무시해 버리고 나면 종속절은 자연적으로 'to + Root'의 형태, 즉 'to see'만 남게 되는 것이다)

I intend that I will carry out the plan.

→ I intend to carry out the plan.

I expect that he will arrive on time.

→ I expect him to arrive on time.

③ 동명사를 목적어로 취하는 동사.

deny, admit, regret, intend, suggest, propose, forget, remember, imagine, mind, report, fear 등.

※ finish, enjoy, avoid, give up 따위는 복문 ↔ 단문의 관계에 있어선 해당되지 않는 것들임을 분명히 구별해야 한다.

I remember that I saw you before.

→ I remember seeing you before.

I intend that I will carry out the plan.

→ I intend carrying out the plan.

위에서 사용빈도가 높은 동사들을 열거하였지만 각 타동사의 용법에 대해서는 사전이나 책에서 예문들을 통해서 끊임없이 익히는 것이 최선의 방법이다.

o to +Root이냐 동명사이냐에 따라 준동사의 시제나 뜻이 다른가 하면(forget · remember 따위), 타동사의 뜻에 따라 to + Root나 동명사를 취하기도하고

(regret 따위), to + R/동명사 어느 것이든 타동사의 뜻과 준동사의 뜻 · 시제가 같은 타동사들이 있다 (intend 따위).

o 위에 대략 열거된 타동사 중에는 목적어 없이 바로 준동사를 취하는 것과, 목적어 + 준동사인 것과, 두 가지 경우에 다 해당하는 것과, 혹은 타동사 다음에 「전치사 +목적어 +준동사」의 형태를 갖는 것 등 타동사에 따라서 그 용법 내지는 구문이 다양하다는 것을 명심하여 단문 · 복문의 표현에 주의해야 한다.

I hope that I shall succeed in life.

→ I hope to succeed in life.

I hope that you will succeed in life.

→ I hope for you to succeed in life.

o 주 · 종절의 주어가 다를 때 hope의 경우 to-부정사의 의미상 주어의 표시에 특별히 주의할 것. 그 외에도 ask/intend for + 목적어 + to do 따위가 있는데, 이는 미구어체의 표현이며 (일반적으로 for 생략), 또 arrange / ache for + 목적어 + to do 따위는 for를 넣어야 하는데, 이는 마치 prepare for/wait for + 목 + to do의 구문처럼 관용구이기 때문이다. 이들은 문장전환의 예는 퍽 드물다.

o 「to-infinitive와 동명사를 둘 다 목적어로 취하는 동사」라고 하여 동사들을 대부분의 참고서에서 거의 공통적으로 열거해 놨는데, 이는 학습자들로 하여금 자칫 오해와 실수를 불러일으키기 십상이다. 앞에서도 언급되었지만 좀 더 구체적으로 예를 들어 보건대, 주 · 종절이 주어가 같으냐 다르냐에 따라 동명사/to +Root를 마구 같이 쓸 수 없는 타동사들이 많기 때문이다.

He reports that he (has) witnessed the scene.

→ He reports having witnessed the scene. (동명사)

The police reported that the traffic was heavy.

→ The police reported the traffic to be heavy. (to +R)

→ It was reported by the police that the traffic ~.

→ The traffic was reported to be heavy by the police.

2) 형용사절

「to-Root」/또는 「전치사 +명사」의 형태로서 어의적 전환을 할 경우도 있다.

He has no friend who will help him. (형용사절)

→ He has no friend to help him. (형용사구)

= He has no friend for his help. (이와 같은 경우의 his는 의미상의 목적격이다)

o 단, 다음과 같은 경우엔 분사로서 형용사구가 되어 복문이 단문으로 바뀐다.

That lady who gazes on[at] you is my sister.

(주격관계대명사 +현재동사)

→ That lady gazing on[at] you is my sister.

(관계사를 없애고 Root-ing)

That singer who is singing now is my sister. (주격관계대명사 +진행형)

→ That singer singing now is my sister. (관계사와 be 동사를 생략)

This was the letter which was written to her by me.

→ This was the letter written to her by me.

This is the letter which has been written to her by me.

→ This is the letter written to her by me.

o 위와 같이「주격관계대명사 +수동태」에서도 과거분사만 남기면 형용사절이 형용사구로 바뀐다.

This is the place where I was born.

→ This is the place of my birth. (어의적 전환)

This is the day when I was born.

→ This is the day <u>of my birth</u>. (어의적 전환)

3) 부사절

「to +Root」/ 분사구문 / 그리고 「전치사(구) +명사」의 형태로서 어의적전환을 할 때도 있다.

Study hard <u>so that you may succeed in life</u>.

→ Study hard <u>to succeed in life</u>.

<u>Because I was ill</u>, I absented myself from school.

→ <u>Being ill</u>, I absented myself from school.

→ <u>Because of illness</u> I absented myself from school. (어의 전환)

o 부사절이 to +R, 분사구문이 되는 경우를 알아본다. 이에 대한 이해는 부사절 · 부사적 용법의 to-부정사(이하 '부사구'로 약칭) · 분사구문(분사구문을 함께 비교하는 이유는 역시 부사구이기 때문)의 내용이나 의미를 비교하여 공통요소를 찾아내면 된다. 그러나 모든 부사절이 내용 또는 접속사에 따라 어법적 전환에 의해서든 어의적 전환에 의해서든 단문으로 바뀌지 않는 경우도 꽤 많다.

① 부사절의 내용

A) 때:

after, as, before, once, since, till/until, when, whenever, while, as soon as, as long as/ so long as, immediately/ directly/ instantly/the moment/ the minute/the instant (that), hardly/scarcely ~when/before, no sooner ~ than, not until/till, as often as 등이 이끄는 절.

B) 장소: where, wherever가 이끄는 절.

C) 이유 · 원인: because, as, since, seeing(that), now(that), in that, inasmuch as 등이 이끄는 절.

o 영국의 두 권위 있는 통계자료에 의하면 주절과 종속절의 위치에 있어서 as-절

의 경우, 주절의 뒤에 놓이는 예가 오히려 더 많다 (무작위로 추출한 문장 중에서 전체의 58%), because-절은 전체의 96%, 그리고 since-절도 61%를 차지한다.

o 원인의 경우는 주로 as, because, since에 이끌리며, 주절의 내용이 감정을 나타낼 때이다.

D) 목적: so that, in order that, for fear that, lest (should +Root 또는 Root가 따름)가 이끄는 절.

E) 조건: if, unless, as[so] long as, in case, if only, assuming (that), given (that), in the event that, on condition (that), provided/providing (that), supposing/suppose (that), but that (=if …not), whether…or not이 이끄는 절.

F) 양보: though, although, (even)if, even though, whereas, while, grant/granted/granting that, admitting that, 복합관계부사, no matter + 의문부사, 복합관계대명사 등이 이끄는 절.

G) 결과: ,so that이 이끄는 절.

H) 정도: so…that, such…that이 이끄는 절.

I) 대조: while, whereas가 이끄는 절.

(eg) I teach physics, while my wife teaches chemistry.
I ignore them, whereas my wife is always worried about what they think of us.

J) 제외: but that, except (that), excepting (that), save that, but(등위절의 ,but과 구별)이 이끄는 절.

(eg) Nothing would satisfy the child but that you give her a candy.
It never rains but it pours.

K) 비교: as…<u>as</u>, 비교급 + <u>than</u>이 이끄는 절.

L) 양태: as · as if/though · the + 비교급, the + 비교급 등이 이끄는 절

(eg) Please do it (exactly) as I said.

(Just) as a moth is attracted by a light, so is a fish fascinated by a bait.

He looks as if he's getting better.

She treats me as if (I'm / I was / I were) a stranger.

She treated me as if (I was / I were / I had been) a stranger

He died in honor rather than lived in dishonor.

The harder he worked, the happier he felt.

=As he worked harder, (so) he felt happier.

② 부사구의 의미

부사구는 형용사 · 동 사 · 부사 · 문 전체를 수식하되, 여러 가지 의미를 나타내기도 하고 단순히 앞의 말을 수식만 할 때도 있다.

A) 목적을 나타낸다. ((in order) to ~ / (so as) to ~)

We eat to live. (to live 는 eat를 수식하되, 목적을 뜻함)

B) 이유 · 원인을 나타낸다.

He must be rich to buy that.

(to buy는 rich를 수식하되, 이유 내지는 판단의 근거를 나타낸다)

He was sorrowful to hear that.

(to hear는 sorrowful을 수식하되, 원인을 나타낸다)

o '원인'은 기쁨 · 슬픔 · 놀람 따위의 감정을 나타내는 형용사 · 동사 뒤에 부정사가 놓이는 경우이다.

C) 조건을 나타낸다.

I shall/should be happy to meet you now. (happy수식, 조건을 뜻함)

You will/would be punished to do so. (punished수식, 조건을 뜻함)

D) 결과를 나타낸다. (중문과 밀접한 관계를 갖는다)

o only to ~의 형태로 어떤 행위가 기대와는 어긋나는 결과를 초래할 경우이다.

He tried hard only to fail.

(=He tried hard, but failed)

o 어떤 행위나 상황이 기대와는 어긋나거나 불행으로 끝나지 않더라도 to-부정사가 앞의 행동이나 상황에 이어지는 결과를 나타낸 경우이다 (to ~의 형태).

One morning Byron woke up to find himself famous.

(=One morning Byron woke up and found himself famous)

o never to ~의 형태로 역시 결과를 나타낸다.

The old good days have gone never to return.

(=The old good days have gone and will never return)

He went to America never to return.

(= He went to America and never returned)

E) so ~ as to 및 enough to ~ / too…to ~의 형태로 정도를 나타낸다.

I got up so early as to be in time.

= I got up early enough to be in time.

(= I got up so early that I was in time)

F) 단순히 형용사를 수식한다.

The water in this well is not good to drink.

This book is difficult to read.

He is eager to enjoy sports.

G) 문장 전체를 수식한다. 이를 독립부정사 또는 절대 부정사라고 하며, 대개 조건의 뜻을 가진다.

To hear him speak English, you might take him for an American.

(= If you heard him speak English, ~)

To be frank with you, he doesn't care much for your plan.

(= If I am frank with you, ~)

※ to-부정사의 부사적 용법 중 '양보'에 대하여

각종 참고자료에 의하면 부사구가 양보의 의미를 갖는 예는 극히 한정되어 있고, 전혀 언급하지 않는 것이 대다수이다. 본서에서도 아예 인정하려고 하지 않는다. 이를 확신하는 근거는 보편성에 의거하고자 함이다. 이론(예문)과 더불어 실제 문제들에 있어서 복문을 단문으로 전환할 경우 양보의 부사절은 분사를 이용한 부사구(=분사구문)로 표현하고 있음을 볼 때, to + Root의 양보의 의미는 거의 객관성 · 보편성이 없음을 알 수 있다.

③ 분사구문이 나타내는 의미

분사구문이란 분사에 의하여 부사절이 부사구가 된 것을 말한다.

(* 복문을 분사구문으로의 전환방법은 극히 간단하여 설명상의 문장들이나, 그래도 이해가 부족하면 기초문법 참고서를 참조할 것)

(중문의 경우는 한 등위절이 분사에 의하여 구로 바뀌는데, 이러한 구는 보어 구실을 한다) 그러면 분사구문이 나타내는 의미는 다음과 같다:

[( )안은 분사구문과 주로 관계되는 접속사; 분사와 주문과의 관계를 뚜렷이 나타내기 위해 분사 앞에 접속사를 그대로 두기도 한다. (eg)He was drowned **while** bathing in the lake; I will leave **whether** the weather being fine or bad; She speaks English fluently **as if** being a native-speaker of English. *분사구문에서 whether나 as if 등이 쓰인 예는 특수한 경우이다]

A) 때 (when · while · after · as soon as · since)

B) 이유 · 원인 (because · as · since)

C) 조건 (if)

D) 양보 (though · although · even if · even though)

E) 부대 상황(attended circumstances)

a) 동시동작[행위의 동시성]— 이는 대개 한 주어에 두(세)행위[동작]가 동시에 일어나는 것을 말하며, 관계되는 접속사는 as/while이다.

As[While]he took off his hat, he smiled on[at] me.

=Taking off his hat, he smiled on[at] me.

o 동시동작의 경우는 흔히 「with + 목적어(명사) + 현재분사/과거분사」의 형식으로 쓰이기도 한다. 목적어 다음에 부사(구),형용사가 놓이는 예도 있는데, 이는 원래 부사(=전치사적 부사) · 부사구 앞에는 과거분사, 형용사 앞에는 being이 생략된 형태이다.

The detective came in the room with his shoes (put) on.

I often sleep with television (turned) on.

Don't talk with your mouth (being) full.

I often take a walk with a book (carried) in my hand.

(=with book in hand 와 같이 관사와 소유격을 생략해도 된다)

o 분사가 생략된 경우엔 사실 분사구문이라기 보다는 그저 부사구일 뿐이다.

o 같은 주어가 아니라도 두 상황이 동시에 일어나는 경우 with를 넣기도 한다.

As night came on, we hurried back home.

= Night coming on, we hurried back home.

= With night coming on, we hurried back home.

He walked on and on with his dog running beside him.

= He walked on and on, his dog running beside him.

= He walked on and on, and his dog ran beside him.

o 동시동작이라 하여 as/while만 꼭 쓰라는 법은 없다. 다시 말해, 분사구문의 의미가 무엇이든 절로 바꾸고자 할 때 대개 and의 사용이 가능하다는 점이다.

Smiling brightly, she shook hands with me.

=As[While]she smiled brightly, she shook hands with me.

=She smiled brightly and shook hands with me.

cf. He is ill, being absent from work.

= He is ill, and[so](he is) absent from work.

그러나, He is absent from work, being ill.

= He is absent from work, for he is ill.

(분사구문이 주문(主文)의 내용에 대한 이유를 설명할 때)

* Being ill, 이 문두에 놓일 때와 비교를 해볼 것.

Working hard, he got bad points in SAT.

= Though he worked hard, he got~

= He worked hard, but (he) got~

(분사구문과 주문의 내용이 반대나 대조관계를 이룰 때)

b) 연속동작[행위의 연속성]— 두(세) 행위가 연속적으로 일어나는 것을 말하며, 분사구문을 절로 환원할 때 and를 쓴다.

Starting from home at six, we arrived there in five hours.

=We started from home at six, arriving there in five hours.

=We started from home at six and arrived there in five hours.

분사구문이 부사절과 직접적인 관계를 가지는 경우는 A)~D)까지라 말할 수 있다.

E)의 부대상황 중 연속동작은 중문과 호환관계(互換關係)를 가지며, 동시동작의 문장은 별도로 취급한다든가(with ~로 나타낼 때), 아니면「때」를 나타내는 경우에 내포되는 것으로 간주해도 될 것이다. 왜냐하면 의미 · 어감의 차이는 있을지라도「때」의 접속사에 as / while이 들어있기 때문이다.

이상과 같이 부사절 — 부사구 — 분사구문의 내용이나 의미를 파악해 보았는 바, 부사절을 구로 바꾸고자 할 때 부사구와 분사구문 중 어느 것을 선택할 수 있는지는 자명해진다.
그러면 이제 그 관계를 알아본다. 즉, 공통요소를 찾되 부사구나 분사구문 중에 해당사항이 없으면 그 부사절은 어법적 전환에 의해서는 단문으로 바꿔 쓰지 않고 보통 복문의 형태로 쓰인다는 것을 알 수 있다. 가령 「장소」·「비교」를 나타내는 부사절을 보면 부사구에도 분사구문에도 장소 · 비교를 나타내는 의미가 없으므로 이와 같은 내용의 부사절은 단문과는 관계 없이 보통 복문 그대로 쓰인다.

A)「때」의 부사절 → 분사구문으로

When [While] I was walking along the riverbank, I happened to meet an old friend of mine. → Walking along the riverbank, I happened to meet ~.

When[After] she had finished her day's work, she went home.
→ Having finished her day's work, she went home.

When[As soon as, After] she finished her day's work, she went home.
→Finishing her day's work, she went home.

B)「이유 · 원인」의 부사절 → to + R/분사구문으로

(※주 · 종(속)절의 주어가 다를 땐 분사구문으로 바꾸는 게 일반적이다)

Because[As, Since] he was absent, I visited his home after school.
→He being absent, I visited his home after school. (△)
(* Part Two, 11장 의 끝 *표 부분 설명 참조)

Because he was ill, he was absent.
→ Being ill, he was absent.
(* 주어가 같아도 감정을 나타내는 형용사 · 동사가 아닐 때엔 분사구문이며 / 단, 감정의 형용사 · 동사일 경우엔 복문의 형태에 따라 둘 다 가능)

I am very glad because I see you! → I am very glad to see you!

Because I see you, I am very glad! → Seeing you, I am very glad!

(cf) I am very glad that I see you!→ I am very glad to see you!

→ I am very glad of seeing you!

Because he owns a foreign-made deluxe car, he must be very well-off!

→ Owning a foreign-made deluxe car, he must be very well-off!

He must be very well-off, because he owns a foreign-made deluxe car!

→ He must be very well-off, owning a foreign-made deluxe car!

→ He must be very well-off to own a foreign-made deluxe car!

→ To own a foreign-made deluxe car, he must be very well-off! (X)

[* 부사절이 이유(판단의 근거)를 나타낼 때 단문에서 주로 to-부정사로 바꿔 씀을 보는 데 분사구문도 당연히 가능하다. 그러나 절의 위치에 따라 쓰는 게 원칙인데 To own ~, he must ~로 바꿔 버리면 to-부정사가 마치 전문을 수식하는 독립부정사처럼 보인다]

C)「목적」의 부사절 → to + R로

I woke up early so that[in order that] I might be in time there.

→ I woke up early (so as) to[(in order)to] be in time there.

D)「조건」의 부사절 → 분사구문으로

(※ 두 절의 주어가 같으면 직설법은 분사구문, 가정법은 to + Root를 비교적 취한다)

If you turn right there, you can see our Busan branch office.

→Turning right there, you can see our Busan branch office.

I should be happy if I had married her!

→I should be happy to have married her!

If you swear on the Bible, I'll believe you.

→ You swearing on the Bible, I'll believe you.

(* 직설법인데다 주·종속절의 주어가 다르므로 으레 분사구문이 타당하다)

E)「양보」의 부사절 → 분사구문으로

Though[Although] he did his best, he failed again.

→Doing his best, he failed again.

F)「결과」의 부사절(,so + that) →분사구문으로

(,so +that에서 that을 생략하면 등위절의 기능을 갖는다)

I woke up early, so that I was in time there.

→ Waking up early, I was in time there. (O)

→ I woke up early, being in time there. (△)

G)「정도」의 부사절(so ~ that / such ~ that) → to + R로

(구체적으로 표시하면 so ~ as to / enough to ~ / too…to ~ 이다)

I woke up so early that I was in time there. (긍정의 경우)

→ I woke up so early as to be in time there.

→ I woke up early enough to be in time there.

I woke up so late that I could not be in time there. (부정의 경우)

→ I woke up too late to [be able to] be in time there.

I was such a (great) fool that I would risk my life! (such + 명사 + that)

→ I was such a (great) fool as to risk my life!

(cf) I was so great a fool that I would risk my life!

→I was so great a fool as to risk my life!

o 부정형(否定形)은 긍정형에 not만 붙이면 되므로 기본공식 형에서는 생략한다. 준동사들의 부정형은 그들 바로 앞에 not을 붙이면 된다(←종속절이 부정문일 때).

4. 중문을 단문으로 고치는 방법

중문을 단문으로 전환했을 때의 형태는 to-부정사에 대하여는 앞에서 설명하였다(「부사구의 의미」에서). to-부정사를 취할 때에도 물론 분사구문이 가능하다. 중문→단문으로의 전환에 있어선 to-부정사는 문장에 따라 선별해야 하지만, 분사구문은 전환이 가능한 등위접속사이면 다 통한다. 그런데 분사구문으로 할 경우 각각의 등위절을 어떻게 처리할 것인가는 예문을 통해 알아본다.

o They were tired, so (they) went to bed early.

→(Being)tired, they went to bed early. (○)

→They were tired, going to bed early. (△)

이와 같은 표현은 possible but unusual하기 때문에 보편성에 입각하여 쓰지 않도록 한다. 말하자면, 등위접속사가 so일 땐 앞의 등위절을 분사구문으로 한다.

o They went to bed early, <u>for</u> they were tired.

→They went to bed early, (being) tired.

(for이면 뒤의 절을 분사구문으로)

o They left early <u>and</u> arrived there in time. (and이면 둘 다)

→Leaving early, they arrived there in time.

→They left early, arriving there in time.

o He went out and slammed the door.

→Going out, he slammed the door.

→He went out, slamming the door.

※ 그런데, and일 때에도 복문의 종속절과의 상관성을 고려할 경우 앞의 등위절을 분사구문으로 고치는 것이 타당하다. 다음 예를 보자.

When he saw me, he ran away. →Seeing me, he ran away.

He saw me and ran away. →Seeing me, he ran away.

o They tried hard, <u>but</u> failed. (but이면 앞의 등위절)

→Trying hard, they failed.

→They tried hard only to fail.

o I got up at 6 and had breakfast at 7 and went to office at 8.

→Getting up at 6 and having breakfast at 7, I went to office at 8.

(셋 이상의 등위절이 and로 연결될 때)

o I have come to know her by chance and (have) loved her very much, but she doesn't love me.

→ I having <u>come</u> to know her by chance and (having) <u>loved</u> her very much, she doesn't love me. (△)

(∵ 문법적으로도 어색할 뿐, 중문 그대로 또는 Though I have come to know her by chance and (have) loved her very much, she~의 복문이 더 자연스런 표현이다)

5. 분사구문을 다시 절로 바꿀 경우

접속사가 달라도 분사구문으로 바꾸면 한 가지 형태가 된다. 그렇다면, 이를 거꾸로 말해보자. 즉, 분사구문을 절로 바꾸게 되면 접속사가 다른 절이 여러 개가 나온다는 말이 된다. 그러므로 참고서나 문제집에서 어떤 예문이나 문제에 있어서 한 가지 답만 기술해 놓았다하여 답이 하나 밖에 없다고 생각하면 잘못이다. 여러 개의 접속사 중에서 가장 적절한 것을 선택했을 뿐이다.

다음에 아주 전형적인 예를 들어본다.

o Seeing me, he ran away.

→When he saw me, ha ran away.

→As soon as he saw me, he ran away.

→After he saw me, he ran away.

→As/Because/Since he saw me, he ran away.

→He saw me and ran away.

→He ran away, for he saw me. 등

* 어떠한 분사구문도 적어도 2~3개의 절은 나온다.

o Seeing me, he didn't run away.

→Though/Although he saw me, he didn't run away.

→He saw me, but he didn't run away. 등

o Turning to the left, you will find the inter-city bus stop.

→If you turn to the left, you will find ~

→Turn to the left, and you will find ~

o Not working hard in youth, you will not get on in life.

→If you don't work hard in youth, you will not ~

→In case you don't work hard in youth, you will not ~

→Unless you work hard in youth, you will not ~

6. 분사구문의 뜻을 강조하는 as it is / as one does.

「사실상 ; 이와 같이」로 해석하며, 분사구문을 강조하기 위한 삽입절이다. <이유 · 원인>표시의 분사구문에서 가끔 쓰이는 표현이다. 다시 절로 바꿀 땐 이러한 삽입절은 무시한다; 원래부터 생략이 가능한 중복어구이기 때문이다.

o (Being) written, as it is, in an easy style, this book is suitable for beginners.

(사실/이와 같이 쉬운 문체로 씌어져 있기 때문에 ~)

분사가 be동사 (이 글은 수동태) · 주문의 시제가 현재이므로 is, 분사의 의미상 주어가 this book이므로 it이다.

→As it is written in an easy style, this book is suitable ~

→As this book is written in an easy style, it is suitable ~

(같은 주어가 되풀이 될 때 명사를 먼저, 대명사를 뒤에 쓰는 것이 원칙)

o Living, as I do, so remote from towns, I rarely have visitors.

분사가 일반동사(living) · 주문의 시제가 현재(have), 분사의 의미상 주어는 I이므로 as I do를 쓴다.

→As I live so remote from towns, I rarely ~

o Standing, as it does, on the hill, my house commands a wonderful view.

분사가 일반동사(standing) · 주문의 시제가 현재, 분사의 의미상 주어가 my house (3인칭 단수)이므로 as it does가 된다.

→As my house stands on th hill, it commands ~

13. S + V + IO + DO와 수동태에 관하여

태(voice)란 주어와 동사와의 주객관계를 나타내는 동사의 형태를 말한다. 영어의 시제(tense)에는 의미상으로 볼 땐 현재 · 과거 · 미래의 3시제가 있는데, 이들 시제에는 또한 진행형 · 완료형 · 완료진행형이 있어 3시제는 그 자신 단순형을 포함하여 각각 4개씩의 문장형태를 갖는다. 따라서 능동태(active voice)에서는 전형적인 경우 한 타동사가 12개의 문장형태를 취하며, 이 중에서 수동태(passive voice)에 쓰이는 표현은 8개의 문형이다. (흔히 '12시제'나 '8시제'라고 말하는 것은 틀린 표현이다)

수동태에서 4개의 문장(미래진행형 · 현재완료진행형 · 과거완료진행형 · 미래완료진행형)이 쓰이지 않는 이유는 be being · been being과 같이 be가 연속적으로 중복됨으로써 일어나는 어색함을 피하고자 하거나 표현의 용장함(redundancy) 때문에 능동태를 선호하든가, 특별히 수동태를 쓸 경우에도 미래진행형의 수동태는 미래형, 현재완료진행형의 수동태는 현재완료형, 과거완료진행형의 수동태는 과거완료형, 미래완료진행형의 수동태는 미래완료형의 수동태가 각각 대신해서 쓰이기 때문이다.

본서에선 태에 관한 기초적인 사항은 생략하고 4형식의 문장을 수동태로 바꿀 때와 그 외 유의사항에 관해서 설명하기로 한다.

1) 4형식 문장을 수동태로 바꿀 때

4형식 문의 동사는 수여동사(dative verb)로서 2중의 목적어를 취하기 때문에 수동태에서는 일반적으로 간접목적어(**~에게 · ~께**의 여격조사가 붙는 말)를 주어로 하는 것과 직접목적어(**~을 · ~를**의 목적격조사가 붙는 말)를 주어로 하는 것의 2개의 문장이 성립되는데, 간접목적어(이하 IO로 약기함)를 주어로 할 때와 직접목적어(이하 DO로 약기함)를 주어로 할 때에도 IO앞에 일정한 전치사가 생략됐을 경우에는 3형식 문장이 되고, DO가 주어일 때 IO앞에 일정한 전치사가 있으면, 1형식 문장으로 바뀐다.

(IO · DO라는 개념은 4형식 문장일 때만이 있을 뿐이지 일단 수동태로 바뀌었

을 땐 이미 IO · DO가 아니라 그저 주어 혹은 목적어일 뿐이다. 또 S +V +IO +DO → S +V +DO +전치사 +IO의 3형식 문장으로 바뀐 때에도 IO · DO의 개념은 없어지고 그저 S +V +O +부사구일 뿐이다)

eg) My father gave me this watch.
S V IO DO

그러나 3형식(능동태)으로 바뀌면,

My father gave this watch to me.
S V O 부사구

또한 수동태로 바뀔 때에도,

I was given this watch by my father. (3형식)
S V O 부사구

This watch was given me by my father. (3형식)
S V O 부사구

This watch was given to me by my father. (1형식)
S V(완전자동사) 부사구 부사구

그런데 **4형식 문장**이라고 해서 무조건 2개의 수동태가 성립되는 것은 아니다. 다시 말해서, 수여동사의 목적어 일지라도 ① IO · DO 둘 다 ② IO만 ③ DO만 수동태에서 주어가 되는가 하면 ④ 둘 다 수동태의 주어가 되지 않는 예도 있다.
이러한 근거는 ⓐ 문법적 규칙 ⓑ 언어 관습(usage) ⓒ IO를 DO의 뒤에 둘 경우 IO앞에 to를 취하는 동사 — 이상의 3가지 조건에 우선 부합되느냐 못되느냐에 따라 결정된다. 심지어 문법적 규칙에 어긋남이 없고 ⓒ에 해당되는 동사일지라도 표현이 부자연 · 용장(redundant)하다하여 언어 관습상으로 수동태를 그다지 사용하지 않든가, 또는 행위의 주체는 인간이라는 점에서, 사물이나 특히 추상명사 따위를 주어로 삼고 행위자(agent)인 인간을 by 다음에[문미에] 두는 것을 피하고, 인주구문(人主構文: 사람을 나타내는 말이 주어인 문장)을 선호함으로써 역시 언어 관습상으로는 능동태가 훨씬 많이 쓰인다.
물론, 이야기의 초점을 어디 두느냐에 따라 강조적 의미를 나타내고자 할 때엔 흔히 그 말을 주어로 삼아 수동태를 쓰기도 한다.

eg) Brother: Mother gave me a present.

Sister: (Mother gave) me (a present), too.

→Í was given (a present), too.

He said that, if any visitor were to ask, no information should be given.

이와 같은 경우엔 행위자(We/You)보다는 information에 초점이 두어지는 바 강조적 의미로서 수동태가 보다 적절한 예다.

4형식 문장을 수동태로 바꿀 경우, 또 한 가지 유의할 점은, 수여동사로 쓰이고 IO를 DO의 뒤에 둘 때 IO 앞에 to만을 취하는 동사일지라도 언어 관습적인 측면은 완전히 배제하고서라도 그 동사가 갖는 특성 때문에 2개의 수동태가 성립되지 않는 예도 꽤 많다는 점까지 고려한다면, 앞에서 언급된 3가지 조건도 필요조건에 불과하며 충분조건은 아니라는 것이다. 다시 말하자면, 동사의 특성에 따라 다르며 IO는 사람 · 동물이어야 하며 DO는 추상명사가 아니어야 하는 점들까지도 갖춰야한다. 그렇다면, 문법적인 측면에서만 볼 때에는 2개의 수통태가 가능한 4형식 문장은 우리가 쉽사리 인식하고 있는 바와는 달리 그 수효는 능동태와 비교하면 상대적으로 극히 한정적임을 알 수 있다. 먼저 용법에 따른 주요 해당 동사부터 살펴보자. 이는 4형식 문장의 수동태로의 전환과 직결되는 것이기 때문이다.

① V + IO + DO 형	②V + DO +전치사 + IO형 (= V +O + 부사구)	③V + IO + 전치사 + DO형 (V + O + 부사구)
accord A B	accord B to A	
afford	afford ... to	
allot	allot ... to	
award	award ... to	
allow	allow ... to	
bring	bring ... to/for	
carry	carry ... to	
cause	cause ... to	
deal	deal ... to	
deny	deny ... to	
give	give ... to	
grant	grant ... to	
hand	hand ... to	
intend	intend ... to	
leave	leave ... to/for	
lend	lend ... to	
mean	mean ... to	
offer	offer ... to	
owe	owe ... to	
pass	pass ... to	
permit	permit ... to	
pay	pay ... to	
put	put ... to	
promise	promise ... to	
read	read ... to/for	
return	return ... to	
restore	restore ... to	
refuse	refuse ... to	
render	render ... to	
recommend	recommend ... to	
sell	sell ... to	
send	send ... to	
serve	serve ... to	
show	show ... to	
take	take ... to	
teach	teach ... to	
tell	throw ... to/at	
throw	wish ... to	
wish	write ... to	
write	yield ... to	
yield		

° take가 it을 주어로 하는 경우엔 수동태로 쓰이지 않는다.
예) It took me three days to read through this book.

① V + IO + DO 형	② V +DO + 전치사 +IO형 (= V + O +부사구)	③ V + IO +전치사 + DO형 (= V + O + 부사구)
assure A B build buy boil call cash catch choose cook do ensure fetch find get make order paint play pour prepare reach reserve save sing spare win	assure B for A build … for buy … for boil … for call … for cash … for catch … for choose … for cook … for do … for/to ensure … for fetch … for/to find … for get … for make … for/to order … for paint … for play … for/to(연주해주다) pour … for prepare … for reach … for reserve … for save … for sing … for/to spare … for win … for	
ask A B	ask B of A	
envy A B excuse A B forgive A B		envy A for B excuse A for B forgive A for B
cf) present A B[미어] furnish A B[미어] supply A B[미어] provide A B[미어]	present B to A furnish B to A supply B to/for A provide B to/for A	present A with B furnish A with B supply A with B provide A with B

* 위의 4동사는 근본적으로 수여동사가 아니나, 미어에선 4형식으로도 쓰인다. 보통 쓰이는 문형은 ②와 ③이다. 수동태도 ②와 ③에 준한다.

cf) Please throw me the ball = Please throw the ball to me.
We threw the cat a fish = We threw a fish to the cat.
Somebody has thrown me a stone.
=Somebody has thrown a stone at me.

He threw me a warning look.
=He threw a warning look at me.

He threw me a blow. = He threw a blow at me.

Do me a favor. = Do a favor for me.
do somebody good/harm = do good/harm to somebody

He left his son a fortune. (아들에게 막대한 유산을 남겼다)
= He left a fortune to his son.
(「유산을 남기다」의 뜻일 때에는 to를 IO앞에 둔다)

She left Jim a card. = She left a card for Jim.

A Miss Gim left you a message.
= A Miss Gim left a message for you.

Have you left me anything to eat?
= Have you left anything to eat for me?

We left him plenty of work.
= We left plenty of work for him.
(「물건 · 일을 남겨두다」의 뜻일 때는 IO앞에 for를 둔다)
(주의) …을 (누구에게)맡기다: Leave the papers with him.
…을 (장소에)맡기다: I have left my suitcase in the station.

「…을 깜박 잊고 (장소에) 두고 오다」의 뜻도 된다.

(장소에 따라 전치사가 달라진다: I have left my umbrella on[in] the train/the bus)

They made me a good offer.

= They made a good offer to me.

Father made me a nice toy.

= Father made a nice toy for me.

May I ask you a favor/a question?

=May I ask a favor/a question of you?

May I ask you your name? (O)

May I ask your name of you? (X)

May I ask your name? (O)

<주의 사항>

o IO가 재귀대명사이면 3형식으로 바꾸지 못한다.

Don't give yourself airs. (O)

Don't give airs to yourself. (X)

o IO가 무생물이면 4형식이 될 수 없다.

We must buy this room a new carpet. (X)

We must buy a new carpet for this room. (O)

o DO가 대명사이면 3형식으로 표시한다.

He gave it to me. / He bought it for me.

o DO의 소유격 + 명사가 IO의 자신에 관한 사항이면 3형식은 쓰지 않는다.

– 앞의 ask 예문 참조.

o DO가 추상명사이면 give의 경우 3형식은 쓰지 않는다.

She gave me a nudge.

→ She nudged me. (O)

She gave a nudge to me. (X)

Seeing me, she gives me a warm smile. (O)

Seeing me, she gives a warm smile to me. (X)

My wife has given me flu. (O)

My wife has given flu to me. (X)

o envy · excuse · forgive의 용법에 주의한다.

May God forgive us our sins! <성서문체(biblical style)>

=May God forgive us for our sins!

=May God forgive our sins!

May God forgive our sins for us! (X)

I envy you your great success. (앞의 목적어는 해석상으론 불필요)

=I envy you for your great success.

=I envy your great success.

o save · spare의 용법에도 주의한다.

Save Mother some pie. (어머니 몫으로 파이를 좀 남겨두어라)

=Save some pie for Mother.

Please save me a place. (내 자리 좀 잡아놓아라)

=Please save a place for me.

That will save me 10,000 won.

=That will save 10,000 won for me.

Can you spare me a minute?

=Can you spare a minute for me?

1) 시간을 좀 내어주시겠습니까?

2) 자리를 좀 떠도 괜찮겠습니까?

(좌중이나 대화 시에 잠깐 자리를 비울 때 쓰는 표현)

=Will you please excuse me for a minute?

=May I excuse myself for a minute?

This machine saves us a lot of trouble. (O)

This machine saves us from a lot of trouble. (O)

This machine saves a lot of trouble for us. (X)

Please spare her the trouble. (그녀에게 그런 폐를 끼치지 마)

=Please spare her from the trouble.

o Will you play me a game of chess?

=Will you play a game of chess with me?

Will you play me a waltz?

=Will you play a waltz for/to me?

Don't try to play me a trick. (△)(인정하지 않는 학자도 있음)

=Don't try to play a trick on me. (O)(관용구가 주로 쓰임)

o He bears me a grudge. (4형식)

=He bears a grudge against me. (3형식)

She bore/has borne him three children. (4형식)

She bore/has borne three children to/for him. (X)

o The heroic deed cost him his life. (4형식)

The heroic deed cost his life to him. (X)

cf) These flowers cost (me) fifty pence.

The trip costs (us) a lot of money.

o 동사 cost는 어떤 경우에도 아예 3형식으로 또는 수동태로도 전환을 하지 않는다.

I'll bet you one million won /that your son will pass the exam./

(O) (O) (O) (4형식)

백만 원 걸고 내기하자 / 네 아들은 시험에 꼭 합격할 것이다/

They charged/fined me $10 for it. (fine: 벌금을 과하다) (4형식)

I struck him a hard[heavy] blow. (4형식)

o 직접목적어가 명사구(to +Root) · 명사절인 경우는 3형식으로 바꾸지 못한다.

그러면, 지금까지의 과정에서 보건대, 필요 · 충분조건을 다 갖춘 4형식 문형으로서 IO · DO 둘 다 수동태의 주어로 삼을 수 있는 수여동사의 수효는 과연 얼마일까? 예외적인 ask를 비롯하여 give · tell · teach · show · offer · hand · grant · pay · promise · serve · deny · accord · afford · refuse · award 정도에 지나지 않는다. 그 밖의 동사들은 IO와 DO 중에서 보통 하나가 수동태에서 주어로 쓰일 뿐이다. 그렇다면, ① IO를 주어로 삼는 것과 ② DO를 주어로 삼는 것을 가려야 하는데 이는 어렵지 않다. 수효가 적은 ①에 해당하는 것만 찾으면 된다. 즉, envy · forgive · save · spare정도이다.

※수여동사로 착각하기 쉬운 3형식으로 쓰이는 동사

[V +B(사물) +전치사 +A(사람) = V +B +부사구의 문형]

① 타동사 +B to A로 쓰는 경우:

introduce · announce · address · communicate · explain · donate · propose · suggest · hint · describe · demonstrate · mention · report · state · deliver 등.

eg) I will donate some money to an orphanage. (O)
I will donate an orphanage some money. (X)
He explained his difficulty to me. (O)
He explained me his difficulty. (X)
He explained to me the accident which he had witnessed. (O)
(목적어가 길면 흔히 도치가 된다)

② 타동사 + A with B 또는 B to A로 쓰는 경우:

trust · present · furnish 등.

eg) Trust me with the money. (O)
Trust the money to me. (O)
Trust me the money. (X)

③ 타동사 + A with B로 쓰는 경우

eg) God endowed her with many talents. (O)
God endowed her many talents. (X)

④ 타동사 +A with B 또는 B to[for] A로 쓰는 경우:

supply · provide 등.

eg) Nature supplied us with fresh air and water. (O)
Nature supplies fresh air and water to[for] us. (O)
Nature supplies us fresh air and water.
(미어에선 사용하나, 학교문법에서는 거의 쓰이지 않는다)

⑤ 타동사 +B of A로 쓰는 경우:

beg · inquire · demand · request · require 등.

eg) I beg a favor of you. (O)

I beg you a favor. (X)

I beg you for a favor. (O)

He inquired a question of me. (O)

He inquired me a question. (X)

o demand · require · request는 of 대신 from도 쓴다.

⑥ 타동사 +B on A로 쓰는 경우:

confer · inflict · impose · bestow 등.

eg) God bestowed many talents on her. (O)

God bestowed her many talents. (X)

I inflicted no injury on them. (O)

I inflicted them no injury. (X)

⑦ 타동사 +A for B 또는 B on A로 쓰는 경우

eg) Helen blamed John for their divorce. (O)

Helen blamed their divorce on John. (O)

Helen blamed John their divorce. (X)

⑧ 이 외에도 이루 다 열거할 수 없을 만큼 많다.

즉, 「타동사 +A for B」·「타동사 +A of B」·「타동사 +A on B」 등의 용법에 따르는 동사들을 말하는데, 이에 대해서는 사전을 통해서 꾸준히 익힐 수밖에 없다. 가령, 「thank A for B」·「warn A of B」·「inform A of B」·「congratulate A on B」·「remind A of B」 와 같이 끝이 없을 정도이다.

지금까지 4형식을 3형식으로 바꾸고자 함에 있어 제반 사항을 살펴보았다. 이는 곧 4형식 문장을 수동태로 바꾸고자 할 때 오류를 막기 위한 것으로서, 4형식 → 3형식에 대한 고찰은 4형식 → 수동태로의 전환에 대한 고찰을 의미한다. 여러 가지 제약적 조건에서 보아 4형식 문형이라고 해서 수동태에서 2개의 문장이 보편적으로 존재하지 않는다는 것을 알았다.

다시 요약컨대, 4형식 문장을 수동태로 바꿀 경우 조금 앞의 설명대로라면 문법적인 측면에서 볼 때에는 거의 다 DO를 주어로 삼을 수 있다는 말이 된다. 그러나 그 이전의 설명에 의할 것 같으면 언어 관습적인 측면까지도 고려할 때에는 실질적으로는 4형식은 물론 3·5형식까지도 뚜렷한 경우가 아니고는 주로 능동태를 그대로 사용할 뿐 굳이 수동태로 표현하지 않는다는 것을 한 대학교의 영어영문학과 원어민 교수에게 여러 가지 예문들을 통해서 한 번 더 확인한 바도 있다.

그러면, 이제 수동태에 관한 주의사항을 알아본다. 아울러 수동태가 오히려 요구·선호되는 경우도 알아본다.

2) 수동태에 있어서의 주의사항

①타동사일지라도 다음과 같은 동사나 구문은 수동태가 될 수 없다.
(4형식의 경우는 앞의 설명 참조)

o The TV actress, in reality, lived an unhappy <u>life</u> all her life of 40years. (동족목적어, 즉 파생어 관계로서 목적어가 어원이나 의미면에서 그 문장의 동사와 유사한 명사(=동사의 명사형)를 취할 때를 말함). 위 문장은 The TV actress really lived unhappily all her life of 40 years와 같다.

o She saw herself in the mirror. (재귀대명사)

o <u>언어관습 면에서</u> 추상명사는 수동태의 주어로 사용하지 않는 게 보통이다. (단, 문맥이나 추상명사의 속성에 따라 사용하기도 한다)
She gave me a nudge. → A nudge was given to me by her.

o DO의 소유격 +명사가 IO의 자신에 관한 사항이면 DO는 수동태의 주어가 될 수 없다.
We asked him his name.

o He lacks confidence.

o This auditorium holds 5,000 people.(「수용하다」의 뜻일 때)

o The dress does not fit/suit/become you.

o She resembles(=takes after) her mother.

o The trip to Africa cost me a good deal of money.

o She bore/has borne him three children.

o It took me three days to read through the book.

o 목적어가 상호대명사일 때
We could hardly see each other/one another in the dark.

o 목적어가 주어의 신체의 일부일 때
The bald doctor shook his head.

o 목적어가 부정사 · 동명사일 때
그러나 절(S +타동사 +명사절)일 경우엔 가주어 It을 이용하여 수동태로 바꾼다.
John believed that he was a good teacher.
=It was believed by John that he was a good teacher.
→He was believed by John to be a good teacher.
(by John은 문미에도 두는 게 보통임)
→That he was a good teacher was believed by John.(X)

만약, S +V +IO +DO(=명사절)의 형태이면 수동태에서 IO를 주어로만 삼는다.
그러나 이러한 문장들은 문법규칙에 어긋나지 않을 뿐이다.

John told me that she was a good teacher.

= I was told by John that she was a good teacher.

o 「타동사+목적어」가 결합하여 밀접한 어구(즉, 관용구)를 이룰 때.

The ship set sail.

We changed buses.

We shook hands with each other.

o They have/own/possess a nice house.

(「갖고 있다 · 소유하고 있다」의 뜻일 때)

cf) 그러나 다음과 같은 관용구에선 수동태를 쓸 수 있다.

All had a good time. = A good time was had by all.

He was possessed by /with the fear that she would leave him.

그리고 다음과 같은 구문에서도 수동태가 흔히 쓰인다.

The town was soon possessed by the enemy.

그 도시는 곧 적의 수중에 들어갔다.

People have little satisfaction from pop music.

→ There's little satisfaction to be had from pop music.

I wanted to buy sherry but there was none to be had.

(「there + 수동태」의 결합에서 have가 수동태로 쓰인다)

The book was nowhere to be had.

사실 이들 구문에서의 have는 get/obtain의 뜻이기도 하다. 그 외에 「남을 속이다 / 실망시키다」 따위의 뜻일 때에도 수동태를 쓴다.

o 사역동사 중에서 have 와 let은 그 자체로선 수동태로 쓰이지 못한다.

He let me do it.
=I was allowed to do it by him.
(내용만 같을 뿐 주어진 글의 수동태는 아니다)
=He let it be done by me.
(내용만 같을 뿐 이런 문형은 일반적으로 수동태가 아니다)

o He had me do it.
=I was got to do it by him
=He had it done by me.

make 와 get은 직접 수동태로 바꿀 수 있다.
He made me do it.
= I was made to do it by him.
(= He made it done by me)

He got me to do it.
= I was got to do it by him.
(= He got it done by me)
※ 내용이 같은 문장이라 할지라도 사역동사에 따라 뉘앙스를 느끼게 한다.
let: 본인이 희망할 경우에 상대방에게 허용의 뜻을 나타냄.
make: 상대방의 의사와는 관계없이 강제성을 나타냄.
have와 get: have는 주로 미어에서, get은 영어에서 쓰이되, 권유를 나타냄.
즉, 「~에게 …하도록 하다」의 뜻이다.
Have him go. (그에게 가 달라고 하세요)
I'll get him to go with us.
그에게 우리와 같이 가도록 하겠다.

o 능동태 중에서 미래진행형과 현재 / 과거 / 미래 완료진행형은 언어 관습상으로 수동태에서는 쓰이지 않는다. (앞의 설명 참조)

o 이 밖에도 도량형을 나타내는 동사는 물론 심지어 3·4·5형식에 자주 쓰이는 동사일지라도 문법적 구문과는 상관없이 언어 관습적인 면에서 수동태로는 쓰이지 않는 것들이 대단히 많다. 그러므로 수동태에서 생소한 동사들은 능동태에서의 용법만 잘 익혀 두면 충분할 것이다. 몇 가지만 예를 들어본다.

I want lunch.

cf) The police want him. **(the police는 집합체를 나타내는 복수 보통명사)**
=He is wanted by the police. (그는 경찰의 지명수배를 받고 있다)

You are wanted on the phone. (너한테 전화야)

Secretary urgently wanted. (광고)비서 급히 구함.

He wants me to meet her.

He wishes me good luck.

Mother kissed me good-night.

I owe you 10,000 won.

Somebody has thrown a stone at my car.

Shall I take your message to John?

She found me an apartment.

She has just played us a tune.

He boiled me an egg.

The bank clerk cashed me a check.

He sold me his used car.

앞의 도표에 수록된 동사들만 가지고도 이루 말할 수 없을 정도이다. 이렇고 보면 수동태가 얼마나 한정적인가를 알 수 있다. 그러므로 수동태에 대해서는 능동태를 수동태로 전환하는 것보다는 수동태가 선호 또는 필요한 경우를 익히는 것이 보다 효과적인 학습방법일 지도 모른다.

② 지각 동사에 대하여

I often see her sing through the nose.

= She is often seen to sing through the nose (by me).

I often see her singing through the nose.

= She is often seen singing through the nose (by me).

③ 4형식 문장을 수동태로 바꿀 때 IO 앞에 전치사를 꼭 넣는다.

to는 생략할 수도 있으나 본서에서는 to조차도 생략하지 않는 것으로 한다.

이에 대한 이유로서 이미 언급하였거니와 영어는 약강격의 음조를 지니는 언어(iambic language)이기 때문에 악곡의 음률, 시의 운율처럼 문장[말]이 억양·리듬을 지닌다는 점에서 퍽 중요하며, 또한 영미학자들 간에도 문법성에 대한 판단의 차이로 논란이 되고 있으나 전치사를 넣는 쪽의 견해가 강한데다 사용빈도(to의 경우도 넣는 쪽이 많이 쓰임)가 더 높기 때문이다. 다음 예문은 적어도 의문을 제기하든가, 전혀 틀린다고 하는 것들이다.

No reply has been given me. (?)

No reply has been given to me. (O)

Some flowers had been brought him. (어색함)

Some flowers had been brought for him. (O)

Some fish had been caught/bought cooked us. (전혀 불가)
즉, for를 us 앞에 넣어야 한다는 것이다.

④ 타동사구(타동사 +명사 +전치사)의 수동태
흔히 서슴없이 타동사의 목적어와 전치사의 목적어(=타동사구의 목적어)를 각각 주어로 하여 2개의 수동태가 가능하다고 인식되기 쉬우나 대단히 주의해야 한다.

ⓐ 다음의 어구들은 수동태에 의하여 타동사의 목적어를 분리시키든가, 또는 전치사의 목적어를 주어로 하여 수동태로 바꾸게 되면 구문 또는 의미상으로 어색하거나 모호한 문장이 되므로 보통 능동태로 쓰인다.
catch sight of / find fault with / give place to
give effect to / give rise to / give way to
keep pace with / lose sight of / lose touch with
lose track of / make fun of / make room for
pay heed to / put an end to / put a stop to
set fire to / take refuge in 등

We caught sight of the lifeboat. (O)
→ Sight was caught of the lifeboat. (X)

I have lost touch with most of the family. (O)
→ Most of the family has been lost touch with (by me). (?)

We should give way to traffic on the major road. (O)
→Traffic on the major road should be given way to. (?)

ⓑ 다음의 어구들은 타동사의 목적어를 주어로 하여 수동태로 바꾸기는 하나, 반드시 적당한 형용사를 넣는다. 그런데 ⓑ에 해당되는 어구들은 전치사의 목적어도 수동태의 주어로 가능하다고 하나 보편적으로 인정되지는 않고 있다.

다시 말해서 타동사의 목적어를 주어로 삼는 것에 비하여 타당성이 적다.

lose all hope of / make a terrible mess of
make occasional mention of / make some allowance for
make a great fuss over[about] / make good use of
pay careful attention to / take great account of
take unfair advantage of / take good care of
take no[careful] note of / take some[little] notice of 등

They have made a terrible mess of the house.
=A terrible mess has been made of the house. (O)
→The house has been made a terrible mess of. (?)

Did you make any allowance for inflation?
=Was any allowance made for inflation? (O)
→Was inflation made any allowance for? (?)

Mary takes good care of my children.
=Good care is taken of my children by Mary. (O)
My children are taken good care of by Mary. (△)

⑤ 목적어가 추상명사일 때 오히려 수동태가 가능한 경우가 있다.

The engineers went very carefully into (the problem. / the tunnel.

기사들은 퍽 조심스레 (그 문제를 살폈다. / 터널 속으로 진입했다.

→The problem was very carefully gone into by the engineers. (O)
→The tunnel was very carefully gone into by the engineers. (X)

They eventually arrived at (the expected results. / the splendid stadium.)

→The expected result was eventually arrived at. (O)

→The splendid stadium was eventually arrived at. (X)

⑥ 수동태가 「일시적 행위」가 아닌 「상태」를 나타내는 경우이면, 수동태의 시제가 현재이면 능동태에서는 현재완료형이 된다. 이는 과거의 행위의 결과가 현재의 상태로 남아 있기 때문이다. 즉, 행위가 있었던 과거시제와 그 행위의 결과로 상태가 지금까지(도) 지속되는 현재시제가 결부되어 있기 때문이다. 곧, 「과거 +현재」에서 성립되는 것이 현재완료형이다.

Our house is painted white every three years. (행위/동작)
→We paint our house white every three years.
우리 집은 3년마다 흰 페인트칠을 한다.

Our house is painted white. (상태)
→We have painted our house white.
(과거에 흰 페인트칠을 했으므로)우리 집은 (현재) 흰 페인트칠이 되어 있다.
→We paint our house white. 로 바꾸면 「우리는 지금 우리 집에 흰 페인트칠을 한다」가 되어 시제상 맞지 않으므로 틀린다.

cf-1) We paint our house white. (행위)
→Our house is painted white.

cf-2) Our house is painted white. (상태)
→We have painted our house white.

cf-1의 동작수동태와 cf-2의 상태수동태의 관계에서 자칫 혼란을 초래하거나 얼핏 보아 모순이 성립되는 것 같지만 전혀 그럴 리가 없다. 능동태를 수동태로 바꿀 때에는 규칙에 따르면 그만이고, cf-2의 문장은 특별히 전제조건이 없는 한 통상적으로 「우리 집에 (지금) 흰 페인트칠을 한다」가 아니고 「우리 집은 (현재) 흰 페인트칠이 되어 있다」의 상태로 해석되기 때문이다. 그러면, 행위냐 상태이냐는 저절로 구별될 것이다.

⑦ (⑥과 관련해서) 혼문 · 복문과 같은 긴 문장은 문맥상으로 행위냐 상태이냐를 구별해야 할 것이나, 긴 글월의 일부도 아닌 독립된 단문의 경우에는 수동태의 시제가 과거이면 능동태에선 그저 규칙에 따르기만 하면 된다.
말하자면, 상태수동태의 시제가 현재에서 과거로 바뀌었다 하여 능동태로 바꿀 때 무턱대고 과거완료형으로 표현하지 않도록 주의를 요한다.

What is done/cannot be undone.
(상태) (행위/동작)
→We cannot undo what we have done.

The shop was closed at six when I went by, but I don't know what time
(상태)
it was closed.
(행위)
→ They had closed the shop at six when I went by, but I don't know what time they closed it.
6시에 내가 지나칠 때 그 가게는 (이미) 닫혀 있었는데, 그러나 몇 시에 닫혔는지는 모른다.
o had closed를 closed로 한다면 글의 앞뒤가 맞지 않는다.

Your composition is well written.
(네 작문은 잘 씌었다 ←네 작문은 잘 씌어있다)
→You have written your composition well.

cf) You have written your composition well.

→Your composition has been written well.

Your composition was well written. (well은 문미에 두어도 된다)

→You wrote your composition well.

Our house was painted white (three years ago).

→We painted our house white (three years ago).

o 두 단문을 과거완료형으로 바꾼다면 해석상의 무리와 태의 전환에 있어서 상당한 혼란을 초래할 것이다. 하나의 동사로서 행위나 상태의 선후(先後)의 구별이 없는 한 시점에 관계없이 과거는 과거일 뿐이다.

⑧ 행위자가 일반인(we · you · they · people · one · someone[somebody]등)은 말할 것도 없거니와 by me · by you(단수)까지도 문장의 의미가 통할 수 있는 한 거의 생략을 선호한다.

Portuguese is spoken in Brazil (by them).

This problem has never been solved (by anyone/anybody).

The murderer was arrested (by the police) yesterday.

Laws should be observed (by all/everyone···)

My watch was stolen (by somebody) this morning.

Your earliest reply will be appreciated (by me).

The money was paid (by me) at once.

o by me를 생략할 수 있는 근거:「돈을 지불하다」「문제를 풀다」 따위의 개인적인 행위가 농후한 경우엔 일단 by us/them등의 복수형보다는 단수형이 적절함은 말할 나위가 없고, (행위자가 특정의 단수이면 by him/her/John… 은 생략하지 않으며) 「by +행위자」 (이를 by-phrase라고 일컬음)가 생략되어 있으면 으레 speaker인 by me의 생략으로 본다. 「by you」가 생략되는 경우는 by me의 생략이 부적절한 경우이다.

How was this problem solved? (speaker인 I가 you에게)

Each room must be kept clean. (speaker인 I가 각자 자녀들에게)

Your children must be well bred.

⑨ 능동태와 수동태의 의미가 다른 경우가 있음에 유의할 것

o Every schoolboy knows one joke at least의 뜻은
=Each schoolboy knows at least some joke or other이나,

One joke at least is known by every schoolboy의 뜻은
= There is one particular joke which is known to every schoolboy이다.

o She can't teach John의 뜻은 =She is unable to teach John. 즉, 「그녀가 존을 가르칠 능력이 없다」(her inability to teach John)는 의미가 강하나 John can't be taught by her는 =It's impossible for her to teach John.
=John is unable to learn from her로서 「존이 학습능력이 없다」
(John's inability to learn from her)의 의미가 강하다.

※ 다음의 예문들에서도 마찬가지겠지만 평소에 무심히 읽어버리는 이러한 두 문장들이 유심히 음미해보면 커다란 차이점이 있기 때문에(두 문장의 주제의 차이에 기인함), 능동태나 수동태를 선별해서 사용한다면 스스로 세련된 언어 감각을 기르게 됨은 물론, 나아가 이 사회의 언어창달에도 이바지하는 길이 될 것이다.

o You must reprimand every one of them의 뜻은

=It's your duty to reprimand every one of them이나,

Every one of them must be reprimanded의 뜻은

=Every one of them is to be blamed의 뜻을 내포한다.

o Why wouldn't Miranda ride the grey mare?

=Why did Miranda refuse to ride the grey mare?

Why wouldn't the grey mare be ridden by Miranda?

=Why did the grey mare refuse to be ridden by Miranda?

o Beavers build dams. (해리(海狸)는 둑을 만드는 습성을 갖고 있다)

Dams are built by beavers. (둑은 해리에 의하여 축조된다)

능동태의 경우는 해리의 습성을 나타내는 올바른 문장이나, 수동태에서는 인간이 아니고 해리가 마치 둑을 축조한다는 뜻이 되기 때문에 있을 수 없는 문장이다. 두 글의 주어 앞에 all을 넣어보면 더욱 이해가 쉬워진다. 즉, 능동태에서는 「해리는 모두 둑을 만드는 습성을 갖고 있다」로서 보편적 의미(universal meaning)를 갖지만, 수동태에서는 「모든 둑이(둑은 모두) 해리에 의하여 축조 된다」가 되므로 전혀 있을 수 없는 말이다. …by all beavers역시 틀린다. 능동태를 수동태로 전환하면, 이와 같이 성립되지 않는 문장이 4형식뿐만 아니라 3형식에서도 있으므로 마구 문법적 변형에 퍽 주의를 요한다. 다음에 몇 가지 예를 더 들어본다.
(참고문헌: 문용,『高級英文法 解說』).

o Everybody in this room speaks two languages.

Two languages are spoken by everybody in this room.

능동태의 two languages가 불특정적 · 비제한적이라면, 수동태의 그것은 어떤 특정한 두 언어만을 가리키는 결과가 된다.

o The earthquake didn't cause the collapse of the bridge.

The collapse of the bridge was not caused by the earthquake.

능동태:「지진이 일어났으나 다리는 붕괴되지 않았다」는 뜻이 일반적인 해석이다.

수동태:「다리가 붕괴되었으나 그것은 지진 탓이 아니다」

o Excessive drinking causes high blood pressure.

High blood pressure is caused by excessive drinking.

능동태:「(여러가지 원인 중에서) 과음은 고혈압의 (한) 원인이 된다」

수동태:「고혈압은 과음에 기인 한다/과음으로 말미암다」의 뜻이지만, 고혈압의 원인은 오로지 과음에만 있지 않고 여러 가지가 있으므로 능동태와도 뜻이 다르고 의미가 완전한 문장도 아니다. 즉, 의미의 보편성을 결여하고 있다.

o Three hunters shot two deer.

Two deer were shot by three hunters.

능동태:「세 사냥꾼이 함께 두 마리의 사슴을 잡았다」혹은

「한 사냥꾼이 두 마리씩 여섯 마리의 사슴을 잡았다」는 뜻도 내포된다.

수동태:「세 사냥꾼이 함께 두 마리의 사슴을 잡았다」는 뜻뿐이다.

o John killed an enemy cruelly.
=An enemy was cruelly killed by John. } 이나,

o John killed an enemy willingly. (O)
An enemy was willingly killed by John. (X) } 이다.

o I meant my son for a doctor. (아들을 의사가 되게 할 생각이었다)

= I meant (that) my son should become a doctor.

My son was meant for[to become] a doctor.

(내 아들은 의사로 타고났다 — ⓐ; 내 아들은 의사가 되도록 길러졌다 — ⓑ)

ⓐ의 뜻은 능동태의 의미와 다르다.

⑩ 그 밖에도 유의해야 할 사항들이 있지만 기본적인 것이기 때문에 본서에선 생략한다. 이를테면, 수동태에서 by 외의 전치사가 붙는 경우(그러한 어구들은 숙어로서 무조건 외워둘 것), 의문문 · 부정문 · 명령문(긍정 및 부정)의 수동태, 능동태이면서 수동태의 의미를 갖는 경우(그러한 문장은 그 동사 자체가 자동사로도 쓰이는 것들로서 능동태 · 수동태 양쪽 다 쓰인다) 등이다.

o You are to blame for it. = You are to be blamed for it.

o This novel sells well. = This novel is sold well.

o This novel reads widely. = This novel is read widely.

o This house is to let. = This house is to be let.

o A bridge connecting two islands is building.
=A bridge connecting two islands is being built.

o This book is worth reading twice or so.
=This book is worth being read twice or so.

o This fountain-pen writes well.
=This fountain-pen is written well.

이러한 수동태 중에서는 거의 대부분이 행위자가 뚜렷하지 못하므로 다른 형태의 능동태로 바꾸는 것이 오히려 어색하거나, 아예 불가하다.

* **의사 수동태**라는 것으로서 능동태와는 상관없이 아예 be동사 대신에 「be동사 외의 동사 +과거분사」의 문형도 많이 쓰이나, 이는 수동태가 아니고 「by + 행위자」도 사용할 수 없으므로 능동태와는 상관없는 문장형태이다. 이에 해당하는 동사는 ①「~하게 되다」의 get · become · grow, ②「~되어 있다」의 상태를 나타

내는 remain · lie, ③ ~하고 싶다」의 feel, ④「~처럼 보이다」의 seem 등이 있다.

* 「be +자동사의 과거분사」도 수동태가 아니고 「~해 버렸다」·「~해 있다」란 뜻으로 완료된 상태를 나타내는 것으로 극히 한정되어 있다.

  Oh, my umbrella is gone!

  The sun is risen.

3) 수동태가 주로 쓰이는 경우

① 학술논문 · 보도기사 · 과학실험과 같은 객관성이 요구되는 문장에선 수동태가 꼭 필요할 때가 있다.

Water is resolved into oxygen and hydrogen.

It is reported that a businessman has smuggled gold bars.

② 앞에 이미 나온 주어를 그대로 이어받을 때

He spoke and was applauded by the audience.

③ 행위자보다는 행위의 대상을 드러내고자 할 때

The bed was not slept in.

My son was run over by a car yesterday.

④ 행위자를 드러내지 않거나 관심 밖일 때

Your earliest reply will be appreciated.

John F. Kennedy was elected President.

⑤ 행위자가 불명(不明) · 일반적인 사람[총칭적 인칭 = 총인칭(generic person)이라고 하며, 그러한 주어를 총칭적 주어 또는 총(인)칭 주어라고 한다] · 행위자를 굳이 밝힐 필요가 없을 때 (④를 ⑤에 포함해도 됨)

He was killed in the Vietnamese War.

Portuguese is spoken in Brazil.

The murderer was arrested (by the police) yesterday.

⑥ 감정 · 심리 상태를 나타내는 동사일 때

I was greatly surprised / shocked at the news of her suicide.

I was greatly pleased with the news of my grandson's birth.

⑦ 출생하다(be born) · 익사하다(be drowned) · 부상하다(be injured /wounded / hurt) · 확신하다(be convinced) · 종사하다(be engaged in) · 전념하다(be absorbed / lost in) · 위치하다(be placed / located /situated) · 손상을 입다(be damaged) · So far as I'm concerned · be devoted to · be dedicated to · be married to …

14. **부정**(不定)**대명사**(Indefinite Pronoun)**란**?

1) 뜻

대명사엔 인칭대명사, 지시대명사, 의문대명사, 관계대명사, 부정대명사의 5가지가 있으며, 이 중 부정대명사의 부정이란 no, not, never와 같은 부정(否定)의 뜻이 아니라, '일정하지 않다', 혹은 '정해져 있지 않다'란 뜻의 부정(不定)이다. 그러면 부정대명사란 모든 사람 · 사물 · 동물을 가리키는 명사 대신 두루두루 쓰이는 대명사를 말한다.

요컨대, -thing이 붙는 everything, something, nothing은 사물에, one[-body]이 붙는 everyone[everybody], someone[somebody], no-one[nobody]은 사람에, 그 밖엔 사람 · 사물 · 동물(英文法上의 이론에선 보통 사람 · 동물 · 사물이라 지칭하지 않고 '사람과 사물'로 통칭함)에 두루 쓰이는 것들로서 이들 중 명사를 수반하는 경우엔 형용사가 되는 즉 동시에 다루고자 한다. 물론 all · either · neither · none 따위는 부사로도 많이 쓰인다.

2) 종류와 용법

o **all**과 **each**

all은 총체적 개념으로 복수, each는 개별적 개념으로 단수로 쓰인다.

(eg) **All** of the students **are** present.

Each of the students **is** present.

(cf) **All** the students are present. (형용사)

Each student is present. (형용사)

Every student is present. (every는 형용사로만 쓰임)

The students are **all** present. (부사)

Lion, tiger, leopard — all are fierce animals.
(all은 앞의 동물들을 가리킴)
Table, desk, chair — all are made of wood.
(all은 앞의 사물들을 가리킴)
Lion, tiger, leopard — each is a fierce animal.
(each는 앞의 각각을 가리킴)
Table, desk, chair — each is made of wood.
(each는 앞의 각각을 가리킴)

* **all**이 단수로 쓰이면 **everything,** 복수로 쓰이면 **all people**의 뜻이 된다.
(eg) All is silent. (주위가[사방이] 고요하다)
All are silent. (모두가 말이 없다)

o some과 any
둘 다 상황에 따라 단 · 복수 양쪽으로 쓰임.
그리고 some은 긍정문에, any는 의문문 · 부정문 · 조건절에 대개 쓰인다.
(eg) **Some (=A)** stranger asked me for **some** water. (형용사)
So I gave him **some**. ((부정)대명사)

o some은 'a = a certain'의 뜻으로도 자주 쓰인다.
Some woman wants to meet you.

(eg) A: Do you have any money with you?
If you have any money with you, please lend me some.
B: Yes, I have some.
No, I don't have any.

* any가 긍정문에 쓰이면 every 보다 한층 어조가 강함을 나타낸다.
(eg) You can get the book at any bookstore.

*** 의문문이라도 some이 쓰일 때가 있다.**

1) 긍정의 답을 기대할 때.

A: Don't you have some Corean friends?

(=You have some Corean friends, don't you?↘)

B: Yes, I have some.

2) (물건이나 음식물을) 권유할 때.

A: Would you like some coffee?

B: Yes, please.

3) 의뢰를 나타내거나 요청할 때.

Will[Would] you lend me some money?

(=Lend me some money, please)

Can[Could] I have some gimchi?

o both, either, neither — 대명사, 형용사, 부사로도 쓰인다.

* 그러나 both ~ and, either ~ or, neither ~ nor로 쓰일 땐 not only ~ but (also)와 같이 **'상관접속사(구)'**라고 명명한다.

(eg) I like both summer and winter. (both: 둘 다 긍정)

I like either summer or winter. (either: 긍정문과 의문문에서 둘 중 하나를 가리킴)

I don't like either summer or winter. (not +either = neither)

= I like neither summer nor winter. (neither: 둘 다 부정)

(한편 위와는 달리, 'summer'와 'winter'의 두 계절을 좋아함과 싫어함을 (부정)대명사와 형용사로서 표현해본다)

Summer and winter — I like both of them[of the two]. (대명사)

I like either of ~

I don't like either of ~

=I like neither of ~

I like both (the) seasons.　　(형용사)

I like either season of them[of the two].

I like neither season of ~

(다른 예) Both my parents are alive.　　(형용사)

Both of my parents are alive.　　(대명사)

*** both가 not과 결합하면 부분부정이 됨에 주의할 것.**

(eg) Both (of) my parents are not alive.

(양친 두 분 다 살아계시지는 않습니다)

=One parent is alive, but the other is dead[not alive].

(cf) (전체부정) Either of my parents **is** not alive.

=Neither of my parents **is** alive.

* Either you or **he was** wrong.

Neither you nor **he was** wrong.

Neither my wife nor **children were** at home then.

(Either A or B / Neither A nor B의 부분이 주어일 땐 동사는 B의 인칭 · 수와 일치한다)

(보충 예문)

o Flowers are blooming on **either(=each)** side of the walk.　(형용사)

=Flowers are blooming on **both** sides of the walk.

o I have not read **either** book (of the two).　　(형용사)

= I have not read **either** of the (two) books.　(대명사)

= I have read **neither** of the (two) books.　　(대명사)

o He is not wise or handsome **either**.　　(부사)

=He is neither[not] wise nor handsome.

o If you don't go, I shall[will] not go, **either**. (부사)

=If you don't go, **neither** shall[will] I.

(cf) If you go, I shall[will]go, too.

o I am not rich, and **neither** do I wish to be.

* 부정의 부사 + V + S에 주의할 것

o A: I am not going.

B: **Neither** am I. (←I am not going, **either**)

o **Neither** book (of the two) is interesting. (형용사)

=**Either** book (of the two) is not interesting.

=**Neither** of the two books is interesting. (대명사)

=**Either** of the two books is not interesting.

o I will take **neither** side in the dispute. (형용사)

=I will not take **either** side in the dispute.

o He gave me two books, but **neither** was satisfactory. (대명사)

o one, another, the other

* 이러한 경우의 one은 one, two, three…의 수를 나타내는 one이 아니라, 다른 부정대명사와 상대적으로 쓰이는 부정대명사로서의 one이다.

(eg) I keep two dogs; **one** is a she-dog, and **the other** is a he-dog.

(설명) 둘 중 아무거나 어느 하나는 one이며, 나머지 하나는 the other 이다.

Customer: I want a new brand of cell-phone.

Salesgirl: Here it is.

Customer: I don't like this one. Please show me **another.**

(설명) 같은 종류의 것들 중에서 '또 다른 (하나의) 것'을 말한다.

A: Wow, you are a good coffee maker!

B: Have **another cup (of coffee)**, please.

(cf) Knowing is one thing; teaching (is) another(=a different thing).

=Knowing is quite different from teaching.

(이런 문장은 금언과 같은 관용적 표현으로 보고 그대로 암기할 것)

(셋을 하나씩 순서 없이 가리킬 때)

(eg) I keep three dogs.

One is white, a second(=another) is brown, and the third [the other; the last] is black.

=One is white, another is brown, and another is black.

* 넷 이상인 경우는 one, a second(=another), a third, a fourth, the fifth [the other; the last]이며, 열거를 중단할 때에는 one, a second (=another), a third, and the others가 된다.

(순서를 나타내는 것이 아니기 때문에 서수라고 해서 함부로 the를 붙여선 안 됨)

o the one(=the former) ··· the other(=the latter) = that ··· this

(전자는 ··· 이고[하고], 후자는 ···이다[하다]

(eg) We have **a Genesis** and a Sonata; **the one** is much more expensive than the other.

(cf) 복수이면 the ones ··· the others

o some ··· others

(eg) Some like white coffee; others (like) black.

I have many foreign pen pals; some are Swiss, some (are) Filipinos, and others (are) Indians.

나에겐 많은 외국인 펜팔들이 있는데, 스위스인도 있고 필리핀인도 있고 인도인들도 있다.

I have many foreign pen pals; two are Swiss, three (are) Filipinos, and others (are) Indians.

* some … others와는 달리 some … some의 표현도 가능하다.
가령, Some flowers are red, and some (are) white라고 하면 다른 색깔의 꽃들도 있다는 뜻이 된다.
즉, some … others에서 others가 전체 중 하나 혹은 일부를 뺀 나머지 모두를 가리킨다면, some … **some**의 **some**은 그 외 나머지가 또 있다는 뜻이다.

o some … the others

(eg) I have ten foreign pen pals; some are Swiss, some (are) Filipinos, and the others (are) Indians.
I have ten foreign pen pals; two are Swiss, three (are) Filipinos, and the others (are) Indians.

* others와 the others의 차이점: 예와 같이 수효가 불특정한[불명확한] 것들 중 하나 혹은 일부를 뺀 나머지가 복수이면 others, 수효가 명시된 특정한 것들 중 하나 혹은 일부를 뺀 나머지가 복수이면 the others를 쓴다.

o one: 앞서 말한 명사와 같은 종류의 것을 가리킬 때 사용.
복수형은 ones이다.

(eg) A: Have you a knife with you?
B: Yes, I have one with me. But it is a small one.

(cf) one과 it의 차이: one이 앞서 말한 명사와 같은 종류의 것을 가리킨다면, it은 앞서 말한 명사와 같은 것을 가리킨다.

(eg) "Do you want a book?" "Yes, I want one(=a book)."
I bought a book yesterday. I am reading it(=the book).
∴ one ← 부정관사(a, an) + 단수보통명사
it ← 정관사(the) + 단수보통명사

o 물론 one은 부정대명사이기 때문에 당연히 사람을 가리킬 때에도 쓰인다.

"Do you have a sister?" "Yes, I have one." (둘 이상이면 ones)

(주의) A: Do you have a sister[sisters]?

B: Yes, I have one. (O)

Yes, I have ones. (O) (ones = sisters)

Yes, I have three. (O)

Yes, I have three ones. (X) ∵ 수사 다음엔 ones 사용 불가.

* one, some, others 따위가 바로 단독으로 쓰일 때엔 '사람들'을 의미한다.

(eg) One should obey the traffic signals.

One should obey one's parents.

이와 같은 경우의 one(단수취급)은 일반 사람들을 나타내는 말로서 we · you · they · people과 같이 1 · 2 · 3인칭의 모든 인칭을 가리키는 '총(칭)인칭 (generic person)의 one'이라고 한다.

Some(=Some people) think that his wife is rude.

Do good to others(=other people).

o **none**: 단순히 no one(단수 및 회화체)의 준말이라고는 하나 서로 용법에 있어선 주의를 요한다. none은 문어체로서 단 · 복수 및 사람 · 사물에 두루 쓰이나 no one은 사람에만 쓰인다.

eg) Teacher: Is anyone absent?

Class captain: No one is absent.

None are[is] absent.

A: Do you have any money?

B: No, I don't have any money.

=No, I have no money.

=No, I don't have any.

= No, I have none.

A: Do you have any sisters?

B: No, I don't have any (sisters).

= No, I have none(=no sisters).

o None <u>of my work</u> <u>has</u> been done. ('of-phrase'가 단수이면 단수)

o None of my children is[are] as yet 20 years old.

o None but the brave deserve(s) the fair.

* none은 not any의 뜻으로 셋 이상을 모두 부정할 때 쓰인다.

(eg) I like all of them. (them이 셋 이상이며 모두 긍정)

I do<u>n't</u> like <u>all</u> of them. **(not + all = 셋 이상 경우의 부분부정)**

(그들을 모두 다 좋아하는 것은 아니다)

=I like some of them, but I don't like <u>some of them.</u>

* <u>특정한 무리들 중의 일부를 가리킬 땐</u> 부정문에서도 some을 쓴다.

I don't like any of them. (완전부정)

= I like none of them.

(보충 예문)

o There is[are] **none** absent from school. (대명사)

o **None** of them has[have] come to the party.

o He has a big fortune, but I have **none**(=not any).

o There is **none** of the water left.

=**None** of the water is left.

o He is **none** the happier for his wealth. (부사)

=In spite of[Despite] his wealth, he is not happy at all.

* none = not ~ at all = never

o The price is **none** too high.

= The price is not high at all.

o I slept **none** last night.

=I never slept last night.

=I didn't sleep at all last night.

o It was raining; **none** the less, we went out.

* none the less = nonetheless = nevertheless = however

=in spite of that

15. 관계사(Relatives)에 관하여

▮ 관계대명사 (Relative Pronoun)

관계대명사란 「접속사 + 대명사」의 기능[역할]을 공유하는 것을 말한다.
이는 두 문장 (이상)을 하나의 문장으로 연결하기 때문에 종속접속사의 역할을 하면서 또한 대명사 대신에 쓰이기 때문이다. 관계대명사 앞에 놓이는 어(구)나 절을 선행사(antecedent)라고 하며, 대명사의 격(case)과 관계대명사의 격은 일치한다. 즉, 대명사가 주격 · 소유격 · 목적격이면 따라서 관계대명사 (이하 RP로 약칭함)도 각각 주격 · 소유격 · 목적격 RP가 된다. 관계사는 두 문장을 한 문장으로 묶어 표현함으로써 같은 어(구)의 반복을 피하고 또한 영문표현의 다양성을 말해준다.

RP의 종류 · 용법, 선행사, 격과의 상관관계를 도표로 나타내면 다음과 같다. (what은 별도)

<table>
<tr><td rowspan="2"></td><td colspan="2">제 한 용 법</td><td colspan="2">비 제 한 용 법</td></tr>
<tr><td>사 람</td><td>사물 · 동물</td><td>사 람</td><td>사물 · 동물</td></tr>
<tr><td>주 격</td><td>who
[that]</td><td>which
[that]</td><td>,who</td><td rowspan="2">,which</td></tr>
<tr><td>목 적 격</td><td>whom
[that]</td><td>which
[that]</td><td>,whom</td></tr>
<tr><td>소 유 격</td><td colspan="2">whose</td><td colspan="2">,whose</td></tr>
</table>

o 제한(적) 용법

RP 앞에 ','가 없는 경우로서 관계사절이 선행사에 반드시 설명(essential information)을 명시함으로써만이 선행사의 의미가 분명해지는 것을 말한다. 그러므로 관계사절은 선행사에 완전히 종속되어 그를 수식하는 형용사절이 된다. 우리말로는 보통 관계사절부터 주절의 순서로 해석한다.

* 그럼 관계사를 처음 배우게 되거나 이미 배웠어도 좀처럼 이해를 하지 못하고

있는 학습자들을 위하여 관계대명사의 한 예를 들어 그 문장의 구성 원리를 먼저 설명코자 한다. 제한적[한정적] 용법의 원리만 이해하면 비제한적 용법의 이해는 저절로 될 것이다.

즉, 직역에 의해서 제한적 용법식으로 해석을 해봄으로써 구별이 가능한데 우리말 표현이 어색하거나[부자연스럽거나] 도무지 이치에 맞지 않을 경우 관계사 앞에 ,만 찍으면 비제한적 용법이 된다. 그리고 두 용법이 다 성립되는 경우도 있다.

(eg) 다음 두 문장을 관계대명사를 써서 한 문장으로 연결하시오.

(1) I know a student.

(2) He[She] speaks fluent English(=English fluently).

(방법) (a) 두 글에서 공통어를 찾되 (1)의 명사가 선행사, (2)의 대명사가 관계대명사로 바뀐다고 생각한다.

(b) 선행사의 종류를 파악하고 동시에 대명사의 격을 본다.
(앞 문장에서 보다시피 a student = he[she]이므로 결과적으로 **선행사 = 관계대명사**이다)

(c) 두 문장을 연결한 후 마지막으로 해석을 해본다.
(∵ 반드시 계속적 용법으로 해야 될 경우가 있기 때문이다)

그럼 위 두 글에서 선행사는 '사람'이요, 대명사는 주어 구실을 하는 '주격'이기 때문에 **대명사의 격 = 관계대명사의 격**이므로 해당 관계대명사는 주격인 who이므로 (1)(2) 두 글을 하나로 연결하면 I know a student who speaks fluent English가 된다. 우리말로 풀이해 보면 '영어를 유창하게 하는 한 학생을 알고 있다'가 되어 제한적 용법으로서의 타당한 문장이 되는 것이다.

* 관계사가 이끄는 절이 형용사절이라고 함은 who speaks fluent English가 명사인 선행사 a student를 수식하기 때문이다. 그리고 관계대명사가 「접속사 + 대명사」의 역할을 겸한다는 것은 예문의 who는 대명사 he[she] 대신 쓰인데다가 동시에

앞뒤 두 절을 연결해주는 접속사의 역할을 하기 때문이다.

(eg) (1) I wrote a letter.

(2) I mailed it at once.

(1) (2)에서 공통어는 a letter와 it이고, 선행사의 종류는 사물이며 대명사인 it의 격은 mailed의 목적어가 되므로 목적격(∴ 관계대명사도 목적격 관계대명사라고 함)이다. 선행사가 사물 · 동물이면 관계대명사는 which이므로 위 두글은 I wrote a letter which I mailed at once가 된다.

그런데 마지막 단계인 해석을 해보면 '나는 즉시 우송한 편지를 썼다'가 되므로 우리말 표현이 마치 우리말에 서툰 외국인의 말씨 같아 어색하기 짝이 없다. 따라서 which 앞에 ,를 찍어 I wrote a letter, which I mailed at once가 되어 '나는 편지를 써서 그것을 즉시 우송하였다'와 같이 드디어 자연스런 표현이 되므로 위 예문은 비제한적 용법이 적격이다.

(cf) (1) I wrote a letter.

(2) It was mailed at once.

(1) (2)를 연결하면 I wrote a letter, which was mailed at once가 되는데, 관계대명사 which나 that은 주 · 목적격의 형태가 같지만 그 격은 구문상으로 명백히 구별된다. 그럼 이 때의 which는 주어인 It 대신 쓰였기 때문에 앞의 예문과는 달리 주격관계대명사라고 한다.

o 비제한(적) 용법

계속적 용법 또는 부가적 용법이라고도 한다. RP 앞에 ,가 있는 경우로서 관계사절이 선행사를 꼭 한정[수식]하기보다는 선행사에 대하여 부가적인 설명(additional information)을 하는 것을 말한다. 따라서 우리말로는 주절 → 관계사절의 순서로 해석한다.

John wrote a letter, which he mailed at once.

My father, who is fond of swimming, goes to the seaside every summer.

cf. I know a student who speaks good English(=English well).
I know the student who speaks good English.

이 두 글의 경우에 관계사절이 없이는 대화의 상대인 hearer에게는 선행사가 화제에 처음 오르거나 다수일 때 a student, the student의 의미가 아주 모호하게 들릴 것이다. 그렇기 때문에 who 이하의 수식을 받아 선행사의 의미 [범위]가 한정됨으로써 비로소 「어떤 학생」 인지, 혹은 그 여러 명 중에서 「누구」 인지가 분명해진다.

비제한 용법은 읽을 때엔 관계사 앞에서 음조(tone)를 낮추는데, 글로 쓸 때엔 , 를 붙여 제한용법과 구별하게 된다. 비제한 용법의 관계사절도 구문상으로는 선행사에 걸리는 형식을 취하기 때문에 형용사절로 간주한다. 단, 의미상으로는 문맥(context; 문장의 전후 관계)에 따라 부사절 또는 등위절[독립절]의 역할을 하기 때문에 본래 독립된 두 문장이던 것을 「종속접속사 + 대명사」 또는 「등위접속사 + 대명사」 로 바꿔 쓸 수 있다. 거꾸로 말한다면, 제한적 용법의 RP 문장은 독립된 두 문장의 결합이지만 비제한적 용법의 RP 문장은 중문이나 복문까지도 RP를 사용하여 문장의 형태를 바꿔 표현한 것이 된다.

비제한 용법으로 가능한 RP는 who(whose · whom포함)와 which이다.

John wrote a letter, which he mailed at once.
→John wrote a letter, and he mailed it at once.

He said he had seen me there, which was a lie.(절 전체가 선행사)
→He said he had seen me there, but that / it was a lie.

I bought the dictionary, which our teacher recommended.
→I bought the dictionary, for our teacher recommended it.
(for 대신 because · since · as도 쓴다)

Mr So-and-so, who (=though / although he) lives within a stone's throw from the school, is often late.

I bowed to the man, whom I knew well.
→I bowed to the man, for I knew him well.

I'll break (off) with her, whose nature is of bad quality.
→I'll break (off) with her, for her nature is of bad quality.

o 용법에 따라 내용이 전혀 다를 경우가 있다.

He has two sons, who are doctors.
그에겐 아들이 둘 있는데, 둘 다 의사이다.(아들이 모두 두 명)

He has two sons who are doctors.
그에겐 의사인 두 아들이 있다.
(아들이 더 있는지는 알 수 없으나 의사가 된 아들은 두 명)
(注) 그렇고 보면, He has two sons +They are doctors.
⇒He has two sons, **who** are doctors가 되어야 한다.

이와 같은 제한 용법의 경우는 두 문장의 결합이 아니고, 「아들이 몇이든 의사가 된 두 아들」을 지칭하는 표현으로서 관계사절을 강조하는 느낌이다.
그래서 hearer로부터 「그 사람 아들이 모두 몇인데?」라는 질문이 흔히 있을 수도 있을 것이다.

He said nothing, which made me angry.
그는 아무 말도 안했다. 그 때문에 나는 화가 났다.
(He said nothing + That / It made me angry)

He said nothing which made me angry.
그는 나를 화나게 하는 말은 아무 것도 하지 않았다.
(He said nothing + It made me angry 의 결합이 아니다)

o 이와 같이 관계사절이 포함되었다하여 반드시 두 글이 결합된 것은 아니다. 구문이 성립될 수 있도록 공통어(구)가 있어야 하고, 문맥에 모순이 없어야 한다. 앞의 예문들이 그렇고, what · 준관계대명사 등이 이끄는 관계사절이 그렇다.

o 두 문장을 RP로 연결하는 법을 한 번 더 부언한다.

① 두 글에서 공통어(구)를 가린다. 거개가 명사와 대명사로 공통관계를 이루는데, 먼저 언급되는 명사가 선행사가 되며(간혹 명사가 아닌 대명사 · 형용사 · 동사 · 어구 · 절일 때에도 마찬가지), 뒤에 언급되는 대명사가 곧 RP가 된다.

② 선행사의 종류와 동시에 대명사의 격에 따라 RP를 정한다. ③용법을 결정한다. 그런데 문제는 용법의 선택이 까다롭고 중요하다. 왜냐하면, 둘 다 성립될 때가 있는가 하면, 어느 한 쪽만을 취할 때는 용법에 따라 어법상으로 틀리든가 의미상의 차이를 이루기 때문이다. 그럼 용법의 선택에 대하여 알아보는 즉, 우선 제한 용법부터 해놓고서 일단 해석(뒤에서부터 앞으로)을 해본다. 물론, 해석 자체가 용법을 구별하는 기준이 될 수는 없으나 우리말 표현이 어색하거나, 이치에 맞지 않으면 제한 용법으로 맞지 않는다. 그러면 ,를 붙여 비제한 용법으로 하면 거의 전적으로 틀림없다. 물론, 두 용법이 모두 가능할 땐 어느 것을 정답으로 택해도 좋다.

다음은 해석을 해보지 않고서도 일반적으로 비제한 용법이 되는 경우를 살펴본다.

1) 선행사가 고유명사일 때(선행사가 유일무이함을 의미하므로 꼭 어떤 설명을 하지 않고도 알 수 있기 때문이다)

Dr Brown, who lives next door, comes from India. (O)

Dr Brown who lives next door(,) comes from India. (X)

※ 그러나 고유명사가 보통명사적으로 쓰인 것과 혼동하지 말 것.

즉,「관사 +(형용사) +고유명사」·「the +고유명사의 복수형」일 때는 제한적 용법이다.

The Dr Brown who lives next door(,) comes from India. (O)

A Mr Gim who came to see you(,) left a message for you.

The Johnsons who have recently moved here(,) are good neighbors.

o (,)는 없어도 그만이나, 주부가 너무 길 때 주부와 술부와의 관계를 구분한다든가, breath group을 나타내는 것이다.

2) 선행사가 동사 · 형용사일 때.

You are rich, which I unfortunately am not.

(=You are rich, but I am unfortunately not so)

o 선행사가 형용사일 때의 which는 「,등위접속사 + so」가 된다.

The ghost beckoned Scrooge to approach, which he did.

(=The ghost beckoned Scrooge to approach, and he approached)

3) 상황이나 행위의 전후관계가 뚜렷할 때.

I bought a gold ring, which I presented to her.

I met him, who didn't tell me the news.

4) 선행사가 어구 · 절일 때.

He wanted to swim across the river, which was impossible.

He is absent, which[as] is often the case with him.

5) 앞뒤 절이 반대관계를 이룰 때.

He is a good businessman, which I am not.

6) 문장 A + B가 의미상의 차이를 가질 수 있을 때.

He has two sons + they are doctors.

→ He has two sons, who are doctors.

7)「不定代名詞(any, some, neither, all, both, none …) 및 수량명사

(one, two, most, many, much, half …) + of + 관계대명사」일 때.

He has two sons, both/either of whom are doctors.

8) 선행사가 총칭적(generic) 의미를 지닐 때.

The giant panda, which is to be found in the remote parts of China, lives exclusively on bamboo shoots.

9)「the/that + 명사」어구를 관계사절로 나타낼 때.

We arrived at noon + The demonstration was over by the time.

→ We arrived at noon by which time the demonstration was over.

(「which/what+명사」일 때 관계형용사 또는 관계대명사의 형용사적 용법이라고도 한다)

10) 동격어구를 관계사절로 나타낼 때.

Catch-22, Max's favorite novel, was written by Joseph Heller.

→*Catch-22*, which is Max's favorite novel, was written by Joseph Heller.

o 제한용법으로만 쓰이는 that을 사용하는 경우를 제외한 who(whose · whom 포함) · which에 관하여 지금까지 언급되지 않은 구문들은 아예 제한용법으로 쓰이든가, 그렇지 않은 것들은 문맥에 따라 제한용법도 되고 계속용법도 된다.

It is I who/that am to be blamed for the mistake.

There is a lady at the gate who wants to see you.

The woman who is holding a baby in her arms, is my wife.

I will employ a man who is intellectual.

I will employ the man, who is intellectual.

앞의 문장은 A +B의 결합으로 볼 수 없다.

왜냐하면, a man의 a는 any의 뜻으로서, 문 전체의 의미는 I will employ any intellectual man. 이므로「지적인 사람은 누구라도 고용하겠다」는 것이니까 a man은 임의적 · 포괄적인 존재이나, 이 글이 I will employ a man + He is intellectual의 결합이라 한다면 He는 특정적 · 개별적인 존재이기 때문에 a man과 He는 모순이기 때문이다. 따라서 A + B 두 글의 결합은 비제한 용법이 되어야 한다.

요컨대, RP가 있다하여 무조건 두 글이 결합된 것은 아니다.

※ 不定代名詞(anyone · someone), 不定形容詞(any/all/every/some + 명사)가 선행사일 때, 일반적으로 제한 용법만을 취한다고 인식하고 있으나 문장에 따라선 그렇지도 않다.

이에 대한 판단은 ①선행사의 의미가 비단정적(nonassertive) 내지는 불특정적(unspecific)이냐 (제한 용법), 단정적(assertive) 내지는 특정적(specific)이냐 (비제한 용법도 가능함)에 따라 표현이 달라짐을 알아야 한다.

I won't see anyone(=anybody)/any person who hasn't made an appointment.

Every book which is written to deceive the reader(,) should be banned.

Someone(=Somebody)/Some woman who[that] sounded like your mother(,) called to say she wanted to see you.

(제한 용법)
누군가 네 어머니 음성을 닮은 사람이 전화를 걸어 너를 보고 싶다고 하더라.
(비제한 용법)
누군가, 네 어머니 음성을 닮았는데, 전화를 걸어 너를 보고 싶다고 하더라.

Any의 경우도 비슷한 예를 볼 수 있다.
I won't help anyone who is sluggish.
I won't help anyone of them, who are sluggish.

② 피상적으로 어법적 차원에서만 구문을 이해한다는 것은 한계가 있다.

All the students who[that] had failed the test(,) wanted to try again.
시험에서 낙제점을 받은 학생들은 모두가 다시 시험을 치르고 싶어 했다.
(전체 학생들 중에서 낙제점을 받지 않은 학생(들)도 있다)

(그러나) All the students, who had failed the test, wanted to try again. (×)
전 학생들이 시험에서 낙제점을 받았었기 때문에 다시 시험을 치르고 싶어 했다. (,who = ,because they)
(학생들 전원이 한 명도 빠짐없이 낙제점을 받았다)

비제한 용법으론 도대체 왜 틀렸을까? 여기에 소위 문법적 한계가 있는 것이다.
구문상으로는 하등 오류가 없다.
그런데, 요는 「학생들 전원이 단 한 명도 빠짐없이 시험에서 낙제점을 받았다」는 것은 직관적으로 상식과 논리에 맞지 않기 때문이다.

다음 문장 역시 틀렸다.
The students who had all (of them) failed the test / wanted to try again. (×)

The students, who had all (of them) failed the test, wanted ~. (×)

(그런데) <u>All the students</u>, who had returned from their vacation, wanted to take the exam. (O)
학생들 전원이 휴가(여행)를 마치고 돌아온 후 시험을 치르고자 했다.
(,who = , after they)

The students, who had all (of them) returned from their vacation, wanted to take the exam. (O)
위의 글은 같은 All the students ~ 인데도 맞다. 논리적으로 충분히 있 을 수 있는 일이기 때문이다.

cf. All the students who had returned from their vacation/ wanted to take the exam. (O) o 선행사가 「사람 +사물/동물」 또는 「사물/동물 +사람」 일 때.

1) that을 쓰든가 관계대명사를 생략(zero relative라 한다)할 때엔 문제가 없다.

the people and things she likes most …

〃 that amuse her most …

the things and people she likes most…

〃 *that* amuse her most …

2) (그러나) *wh*-pronouns를 사용할 땐 관계대명사에 가까운 쪽을 기준으로 삼는다. 이를 the principle of proximity(근접의 원칙)라고 한다.

the people and things *which* amuse her most …

the things and people *who* amuse her most …

o 관계대명사와 전치사에 대하여.

1) 전치사는 RP 앞과 관계사절 끝에도 놓인다.

The lady toward(s) whom the dog runs / is my sister.

The lady (whom) the dog runs toward(s) is my sister.

This is a new type of word processor, about which there has been so much publicity.

= This is a new type of word processor, which there has been so much publicity about.

2) that 앞에는 전치사를 두지 않는다.

The hostel at which we stayed is near the station.

The hostel (which / that) we stayed at, is near the station.

The hostel at that we stayed is near the station. (X)

3) RP앞에 반드시 놓이는 전치사: beyond · beside · (a)round · during · except · inside · outside · opposite 따위.

the table under which the boy crawled···

the table (which / that) the boy crawled under···

This is the house in front of which he stood.

= This is the house (which) he stood in front of.

(그러나)That was the meeting (which / that) I kept falling asleep during. (X)

→That was the meeting during which I kept falling asleep. (O)

o 이런 경우 during which 보다는 when이 선호된다.

He turned to the gate, which his sweetheart was waiting outside. (X)

→He turned to the gate, outside which his sweetheart was waiting(for him). (O)

4) which의 선행사[내용]가 구나 절일 때, 전치사는 RP앞에 둔다.

<u>I took great pains in helping her with her work</u>, for which she gave me a nice present.

(,for which = ,and for that 그에 대한 대가로)

5) 전치사가 동사나 형용사와 관용구를 이루는 관계일 땐 동사나 형용사와 나란히 두는 것이 보다 일반적이다. 즉,

This is the book for which I have been looking 보다는

This is the book (which) I have been <u>looking for</u> 가 선호된다.

(The game of) baduk is an amusement of which I am particularly fond

보다는 (The game of) baduk is an amusement which I am particularly <u>fond of</u> 가 선호된다.

6) 관계사절이 선행사를 「전치사 구문 + 비전치사 구문」의 이중수식 형태로 되어 있을 땐 전치사는 후치(後置)시킨다.

You should restrict yourself to words ( ) you are familiar with and

can use confidently. (O)
(RP의 생략표시는 ( ) 또는 ϕ이다)

You should restrict yourself to words with which you are familiar and which you can use confidently. (X)

You should restrict yourself to words ( ) you are familiar with and ( ) you can use confidently. (X)
(같은 주어이면 뒤의 주어를 생략한다)

o 관계사절의 단축(=관계대명사가 이끄는 절의 단축을 말한다)
결과적으로 이는 복문이 단문으로 바뀌는 형태가 된다.

1) 관계사절이 「be + -able / -ible형」 형용사로 끝날 때
We were confronted with gorges(which/that were) almost impassable.
(=almost impassable gorges)

2) 관계사절이 (현재 / 과거)진행형 구문일 때
The woman (who is) standing over there is my better half.
cf. The woman who stands over there is my better half.
→The woman standing over there is my better half.
(주격관계대명사 + 일반동사(현재시제) → -ing형)

3) 관계사절이 수동태 구문일 때 — 현재 및 과거시제, 현재완료형 및 과거완료형, 현재 / 과거 진행형이 해당된다.
The goods (which were) ordered last month have not been delivered yet.
The goods (which had been) ordered the day before yesterday were delivered yesterday.
The man (who is) being questioned by the police is my brother.

4) 「관계대명사 + have동사」의 경우는 긍정 구문이면 with, 부정 구문이면 without으로 대체할 수 있다.

That is a jumbo jet which has several hundred seats.

→That is a jumbo jet with several hundred seats.

A child which {has no parents / hasn't parents} is an orphan.

⇒A child without[=with no] parents is an orphan.

cf. A child which has no parent is an orphan 이면,

→A child without any parent is an orphan이 좋다.

5) 관계사절이 「주격관계대명사 + be + 부사구(장소)」일 때

I want the bread (that is) on the table.

That woman (who is) in the corner of the road is my wife.

6) 관계사절에 조동사가 있으면 to-부정사로 바꾼다.

The man who can help you is Mr Bak.

→The man to (be able to) help you is Mr Bak.

The man who(m) you should see is Mr Bak.

→The man for you to see is Mr Bak.

o 전치사가 RP앞에 놓이지 않는 한 whom 대신 who를 쓰는 것은 구어체에 기인한다.

The time at which you should go is July.

→The time for you to go is July.

o the time at which for you to go is July는 잘 쓰이지 않는다.

The place at which you will stay is the guest house.

→The place for you to stay (at) is the guest house.

Give me a list of the people who must/will be summoned.

→Give me a list of the people to be summoned.

o 관계대명사의 생략 (제한 용법에 한해서 생략 가능)

1) 주격 관계대명사의 생략

a) There is/are, Here is/are, It ~ that 강조구문일 때(뒤 설명 참조)

There is a lady at the door (who) wants to see you.

It was the President himself (that) spoke to me.

cf. It was because he was ill (that) we decided to return back half-way.

cf. It was in 1979 (that) the Dec.12 military coup-like incident took place.

Who was it (that) told the matter to you?

b) 관계대명사에 there is/are ~가 따를 때

He is one of the greatest scholars (that) there are in the world.

(= ~ that exist in the world)

c) 관계대명사가 be의 보어일 때

He is not the man (that) he was.

He is not the man (that) we have thought him to be.

2) 목적격 관계대명사의 생략

This is the book (that) I bought at the sale. (타동사 bought의 목적어)

Is there anything (that) you want that you don't have?

o 한 문장에 목적격 RP가 둘일 경우 전자는 생략하나 후자는 생략 불가

He is the policeman {
at whom the burglar fired the gun.
who(m) the burglar fired the gun at.
that the burglar fired the gun at.
(   ) the burglar fired the gun at.

She arrived the day {
on which I was ill.
which I was ill on.
that I was ill (on).
(   ) I was ill (on).

o 전치사의 목적어이면 전치사를 관계사절의 끝에 둘 때에 한해서 RP를 그대로 두든가, 생략할 수 있다.

o 선행사가 「때(time)」를 나타내는 명사이고 RP가 that일 때 관계사절의 끝에 있는 전치사는 생략해도 된다. (on which = when = that)

o RP를 생략치 않으면 「RP ~ 전치사」 보다는 전치사를 RP앞에 두는 것이 보통이다.

지금까지 일반 관계대명사의 종류를 구별하지 않고 전체적 · 공통적 관점에서 설명하였는 바, 이제는 개별적으로 알아보고자 한다.
이와 같이 공부의 요령은 '숲'을 먼저 보고나서 '나무'를 보아야 할 것이다.

o who / whose / whom (기본적인 설명은 생략함)

1) 선행사가 '사람'일 때, 주격에서는 that보다 who가 많이 쓰이나 목적격에서는 문법상으로는 whom이 옳으나 구어체에선 별로 사용치 않고 who/that이 쓰이되 that이 더 많이 쓰이고, that 보다는 생략형이 가장 선호된다.
(정통어법을 중시하는 학교문법(school grammar)에선 whom 보다 who가 보편적이라고는 할 수 없음) 전치사가 있으면 역시 구어체에선 whom 보다는 대신 「who / that + 전치사」가 쓰이며, 더욱 관계대명사를 생략한다.

This is a person { whom you should know. -----------[pattern 1]
who you should know. ------------[pattern 2]
that you should know. -------------[pattern 3]
(   ) you should know. ----------[pattern 4] }

This is the person { to whom you spoke.
whom you spoke to.
who you spoke to. [···**to who** you spoke. (X)]
that you spoke to.
(   ) you spoke to. }

「전치사 +whom」 -----[pattern 1]
「whom +전치사」 -----[pattern 2]
「who +전치사」 ------[pattern 3]
「 that +전치사」 -------[pattern 4]
「(   ) +전치사」 -------[pattern 5]

제1형(型)이 가장 문어체[격식체]이고, 제5형이 가장 구어체[비격식체;日常體]이다. 문어체일수록 음조가 딱딱하고, 구어체일수록 음조가 유연하다.

2) 계속적 용법에선 whom은 생략 不可. 이 경우는 「whom ~ 전치사」보다 「전치사 + whom」이 오히려 선호된다.
Here is John Smith, about whom I talked the other day.

3) '국가'가 정치 · 경제적 의미를 지닐 때는 여성(단수)으로, 스포츠와 관련될 땐 인칭대명사의 복수형(they)으로 나타내기 때문에 관계대명사는 ,who를 사용하고, 지리적 의미를 지닐 땐 중성(it)으로 취급하기 때문에 ,which를 사용한다.
Japan, who ruled us for about 36 years, is the nearest but farthest country to us.

4) 의인화의 경우 ,who를 쓴다.
Nature, who supplies food to every creature, is the source of life.

5) baby · child · 동물을 he/she로 받으면 who, it으로 받으면 which를 쓴다.
(baby · child는 혈육의 입장에선 자기 자식을 가리킬 때 남/여성으로 구별하는

데 이는 인간의 심성에서 연유함일까! 제삼자적 입장이나 특히 학술적 연구 (scientific research)의 차원에서는 중성으로 취급하는 게 보통이다)

We have a baby who is three months old.

We have a three-month-old baby/a baby of three months, who is so cute.

o which(기본적인 설명은 생략함)

1) 선행사가 사물 · 동물일 때 사용하나 that이 더 자주 쓰인다(제한용법일 때).
그리고 목적격일 땐 역시 whom처럼 생략형이 더 널리 쓰인다.
which가 전치사를 동반할 땐 문어체에선「전치사 + which」형이 보통임.

2) which의 소유격은 whose(선행사에 구별 없이 쓰이나 동물과 같은 생명체에 주로 쓰임)와 of which(사물과 같은 비 생명체에 쓰임)가 있다.
이는 생명체의 소유격은 its로 받고, 무생물의 경우엔 of it로 나타내기 때문인데, 선행사야 여하튼 소유격이 its이면 whose를, of it이면 of which를 사용하면 그뿐이다.

I have a pointer + Its tail is cut short

→I have a pointer, whose tail is cut short.

The house is under repairs + Its roof was damaged by lightning

→The house whose roof was damaged by lightning is under repairs.

The house is under repairs + The roof of it was damaged by lightning

→The house the roof of which was damaged by lightning is under repairs.

→The house of which the roof was damaged by lightning is under repairs.

(이는 원래 what / which에는 전치사가 앞과 뒤에 두루 놓일 수 있다는 데에서 기인하는 것이나, 이 구문은 사용 빈도가 낮다)

3) 선행사가 'way'일 땐「in + which」는 보통 생략한다.

That's the way in which (=that) the money goes!

→That's the way the money goes!

That's the way the money goes in. (×)

That's the way which the money goes in. (×)

cf. This is the house in which we are to live.

=This is the house (which) we are to live in.

That’s not the way in which I do it.

→That’s not the way I do it.

o「in which」대신에 that을 쓴다면 that은 관계부사이다.

4) 선행사가 형용사 · 동사 · 구 · 절이면 ,which를 쓴다.

I’m delighted, which I know you’re not.

(=I’m delighted, but I know you’re not so)

She has married again, which delighted us.

(=She has married again, and that/it delighted us)

She wants to have everything (that) a woman could wish for, which

(= ,but it / that) is absolutely impossible.

They say he plays truant from school, which he doesn’t.

(=They say he plays truant from school, but he doesn’t do so)

o 선행사가 형용사나 동사일 땐 which가 대명사 대용은 아니나, 접속사의 기능은 물론이고 그 자체가 대명사이기 때문에 RP로 취급되는 것이다. 부언하자면, 관계사절엔 반드시 RP가 있고, 제한 용법은 명사 · 대명사만 수식하나, 비제한용법은 모든 어구 · 절까지도 수식한다.

5) 선행사가 사람을 가리키는 말일지라도 지위 · 직업[신분] · 성품 · 인물 따위를 의미할 땐 which를 쓴다. 이 경우의 which의 선행사의 종류는 사람이 아닌 사물로 취급된다.

He is a teetotalist, which I am not.

This is a powerful car, which my last car was not.

Anna is a vegetarian, which no one else is in our family.

She is the perfect accountant which her predecessor was not.

She is a perfect accountant, which her predecessor was not.

This is not the type of modern house which my own is.

She is a rich woman, which she looks.

He is not the man which he was. <=~(that) he was>
(=He is not what he was.)
He is not the fool which / (that) we thought him (to be).

I am not the man which my parents wish me to be.

My father is a soldier, which I'd also like to be.
cf. My father is a soldier(,) who is very brave.
cf. She is a rich woman(,) who possesses a good deal of personal and real estates.
cf. This is a powerful car(,) which has the V-eight engine.

o 이상과 같은 경우의 선행사를 일반 선행사와는 달리, 특성을 나타낸다하여 characterizing antecedent라고 할 수 있다.

o 이러한 선행사에 대한 which(계속적 용법)는 「,접속사 + it/such」로 나타낸다.
He is a teetotal(l)er, but I am not it/such.

o 이러한 선행사에 대하여는 that의 사용은 매우 국한되어 있다.

cf. She is not the brilliant dancer (that) she used to be/was.

6) 선행사가 「that」, 또는 「that + 사물 · 동물」의 형태이면 음조 관계상 같은 말의 반복을 피하기 위하여 RP는 which를 쓴다.

This watch is more expensive than <u>that</u> (which) we saw in New York.

7)「which+명사」이면 '관계형용사' 또는 '관계대명사의 형용사적 용법'이라고도 한다. 그런데 원전(原典)에는 'relative determiner'로 표현하고 있다.

We arrived at noon, by which time the demonstration was over.

=We arrived at noon, <u>and</u> the demonstration was over by <u>the</u> time.

= We arrived at noon, <u>and</u> by <u>the</u> [that] time the demonstration was over.

<u>We consulted him</u>, <u>which step</u> later proved effective.

o 고어체 Our Father which art in heaven, thy name be kept holy와 같은 의인화 기법은 현대영어에선 Our Father who is ~로 전용되었는바, 이러한 이론은 이제 케케묵은 것에 불과하다.

그리고 선행사가 사람의 집단(수사 +복수형)을 나타내는 경우에도 who · whom을 쓴다.

o that[ðət]의 용법(기본적인 설명이나 중복 사항은 생략함)

1) 선행사가 who이면 음조 관계상 RP는 that을 쓴다.

Who that knows him believes him ?

Who is there that has no prejudice ? (is there가 that ~와 도치)

2) 의문대명사가 앞에 있을 때에도 음조 관계상 that이 쓰인다.

Which is the toy car that you want to buy?

What is the toy that you want to buy?

3) 평서문을 감탄구문으로 표시할 때.

I am such a fool. → Fool that I am !

4) 선행사가 부정대명사 · little · much 따위일 때.

Anybody that takes a bribe ought to be locked up.

There was little that interested me at the motor show.

Much that has been said tonight will soon be forgotten.

5) 부정형용사(all, any, no, another, other, the other, both, some 등) 및 the very, the only, the next, the same, the last, 최상급, 서수, much, little(적은), few, every, each …등 선행사를 강하게 수식[한정]하는 형용사들이 수반되면 역시 that을 쓴다.

He is the only one of the boys that is able to play the cello.

There is no man that doesn't love his fatherland.

Both (the) books that I read are very interesting.

cf. There's nothing that/which I can do about it.

She expects somebody that/who will repair the TV set.

Shak(s) was one of the greatest playwrights that/who ever lived.

Another boy that/who has helped me is Hong Gil-dong.

o what의 용법

선행사를 내포하고 있으며 명사절을 이끄는 RP로서 주격 · 목적격으로 쓰인다. 단수이면 the thing which/that which, 복수이면 the things which/those which이나 that which, those which형은 사용빈도가 낮다. 심지어 the thing(s) which형도 잠재적으로만 인식할 뿐 풀어 쓰는 예는 드물고 「~것(들)」의 의미로 해석할 뿐이다. 그 외에 문맥에 따라 all that, as many/much as의 뜻을 지닐 때도 있다.

What is done cannot be undone.

What upset me most was his manner.

What our country needs most today is wise leadership.

He saves what(=all that) he earns.

Give me what(=as much/many as) you can.

It's not what one has but what one is that counts.

(What one has = one’s property ; what one is = one’s character)

I can't understand what he is.

He is not what he was.

= He is not the man that he was.

= He is not his character in the past.

What I am today (=My being of today) I owe to my mother.

o what은 사물에 쓰이나 사람의 경우에도 쓰이는데, 그 사람 자체를 의미하는게 아니고 그 사람의 성품 · 인격 · 됨됨이 · 인물을 표시한다.

o what은 관계형용사로도 쓰인다.

I gave the pauper what money I had with me.

=I gave the pauper (all) the money that I had with me.

I gave the pauper what little money I had with me.

=I gave the pauper all the little money that I had with me.

(얼마 안 되지만 갖고 있던 돈을 몽땅 그 빈민[거지]에게 주었다)

I donated what few books I had to a public library.

=I donated all the few books that I had to a public library.

I will give you what help I can.

=I will give you as much help as I can.

=I will give you any help that I can.

o 전과 같은 의미를 떠나서 what을 중심으로 한 구문은 관용구로 취급되어 사용빈도가 높으므로 암기해 두기를 바란다.

She is beautiful and, what is better, intelligent.

She is ugly, what is worse, dull and ill-bred.

He is, what is called, an upstart. (=He is a so-called upstart)

Reading is to the mind what[as] food is to the body.

=Reading does for the mind what[as] food does for the body.

=(Just) as food is to the body, so is reading to the mind.

(독서와 정신과의 관계는 음식과 육체와의 관계와 같다.

→음식이 육체를 살찌게 하듯이 독서는 정신을 살찌게 한다)

What with poor health and (what with) anxiety, Mom has got ill.

=What between poor health and anxiety, Mom has got ill.

=Half through poor health and half through anxiety, Mom ~

What by endeavors and (what by) good fortune, he finally has become a self-made man. **(* what with ~: 이유, 원인 / what by ~: 수단, 방법)**

▒ 유사/의사 관계대명사(Quasi-Relative Pronoun)

전술한 일반 관계대명사들은 그 자체가 원래 대명사인데다 두 절을 연결하는 접속사 구실을 하는데 비해서 as, but, than은 그 자체가 접속사이다. 그러나 이들에 의해서 이끌어지는 절에는 심층구조(deep structure)에 본래의 대명사가 생략된 관계로 이들 접속사가 대명사의 기능까지도 겸하는 데서 (일반 관계대명사와 구별하여) 유사관계대명사/의사관계대명사, 혹은 준(準)관계대명사라고도 한다.

1) as의 용법

as ~ as / such ~ as / the same ~ as로서 제한 구문에 쓰인다.

(eg) As many children as came(=All the children that came) / were given Christmas presents.

Margaret H. Thatcher must be as handsome a woman / as ever lived.
=Margaret H. Thatcher must be the handsomest woman / that ever lived.

You had better read such books / as are instructive.
=You had better read those books / which are instructive.

This is the same wallet / as[that] I lost the other day.

I attend the same school / as[that] he does.
I attend the same school / as he.

o the same ~ as / that의 구별은 별 필요가 없다.
the same ~ as가 선호된다. 「동일 사물」이면 the very ~ 가 보통 쓰이기 때문이다.

Such as(=Those who) are rich / often will forget the hunger of poor people.

o 절이 선행사일 때 뒤에 ,as ~가 된다. (그러나 보통은 ,which가 많이 쓰인다) 관계사절이 보통 문두에 놓이는 As may be/might be/might have been expected와 같은 구문엔 As가 쓰이나, 관계사절이 뒤에 따를 땐 ,as / ,which를 사용하나 흔히 인식하는 바와는 달리 문맥에 따라서는 반드시 같이 쓸 수 없음에 유의해야 한다.

(eg) He is absent today, as [which] is usual(=often the case) with him.

→ ~ ,and it [that] is usual with him.

She is extremely popular among students, as [which] is common knowledge.

I live a long way from work, as [which] you know. (know의 목적어)

As is the custom with me, I have just been out for a walk.

(여느 때처럼 막 산책 갔다 오는 길이야/왔어)

As was expected, owner-drivers are on the great increase.

(As는 was expected에 대한 주어)

=As we expected, owner-drivers are on the great increase.

(As는 expected의 목적어)

o As ~ 의 경우 'it'(optional 'it'이라 함)을 삽입하면 As는 단순히, 우리들이 보통 인식하고 있는 종속접속사가 되며 그 절은 부사절이 된다. 물론, it는 주절 전체를 받는 대명사이다.

As we expected it, owner-drivers are on the great increase.

As it was expected, owner-drivers are on the ~

As it is the custom with me, I have just been out for a walk.

I live a long way from work, as you know it.

① She has married again, as { was/seemed natural. (O) / was expected. (O) / delighted us. (X) }

② She has married again, which delighted us. (O)

③ She has married again, { as was unexpected. (X)
which was unexpected. (O)
as was disgraceful. (X)
which was disgraceful. (O)

①에서 ,which는 물론 다 가능하다.

②에서는 ,as가 주어로서 불가한 이유는 동사가 be혹은 seem, become, appear (=seem)와 같은 2형식 문형에 쓰이는 연결동사(linking verb; copular verb)여야 하기 때문이다.

③ 에서 ,as가 불가한 이유는 주절과 의미상으로 조화가 되어야 하기 때문이다.

즉, She has married again, which was unexpected.

→She has married again, but it / that was unexpected.

She has married again, which was disgraceful.

→She has married again, but it/that was disgraceful 이 되어야 하는데 ,as는 그렇지 못하기 때문이다.

④ 또 다른 준거로는 'it'을 삽입할 수 있는 경우엔 ,as가 가능하나, 그렇지 못하면 ,as를 쓸 수 없기 때문이다. (좀 더 이해를 돕고자 ③과 ④에서 한 마디 더 부언하자면 ,as의 경우엔 앞뒤 어느 쪽에서 해석을 하더라도 논리에 맞거나 우리말 표현이 자연스러워야 한다)

She has married again, as (it) often happens. (O)

She has married again, as it was unexpected. (X)

She has married again, as it was disgraceful. (X)

She has married again, as it delighted us. (X)

그런즉 **선행사가 절일 경우엔 ,which를 쓰는 게 무난하다.**

2) but의 용법

부정어(구) 다음에 but이 쓰인다. 그리고 수사의문문에서도 쓰인다.

but은 그 자체가 부정의 뜻을 내포하고 있는데, 원래는 주절도 부정구문이고 종속절도 부정구문인 문장에 있어서 종속절의 who~not, which~not을 but으로 바꾼 것에 불과하다. 그렇다면, but = that~not라고 하는 것은 who / which ~ not 대신 공통적으로 쓸 수 있는 것이 that~not이기 때문에 but의 정의를 그렇게 내리고 있는 것이다.

(eg) There are none that/who don't love their motherland.

=There are none but love their motherland.

⇒All (men · people) love their motherland.

We find nobody that/who hasn't(=doesn't have) faults.

=We find nobody but has faults.

⇒We find that everybody has faults.

There is no rule that/which doesn't have exceptions.

=These is no rule but has exceptions.

⇒Every rule has exceptions.

There are few men who/that wouldn't risk all for such a prize.

=There are few men but would risk all for such a prize.

⇒Many men would risk all for such a prize.

I never[rarely · seldom] read those books which/that are not instructive.

=I never[rarely · seldom] read those books but are instructive.

⇒I read instructive books only.

I don't[hardly · scarcely] read such books as are not instructive.

=I don't[hardly · scarcely] read those books which are not instructive.

=I don't[hardly · scarcely] read those books but are instructive.

⇒I read instructive books only.

Who is there that doesn't hope for happiness?
(that ~는 is there와 도치)
=Who is there but hopes for happiness?
⇒There is no one/no man but hopes for happiness.
⇒Every one/Every man hopes for happiness.

Who was there that didn't(=but) burst into tears at the news?
(who = 선행사)

cf. No man is so old but he may learn. (but = 종속접속사)
=No man is so old that he may not learn.
⇒However old a man may be/is, he may learn.

3) than의 용법

「more + 명사」일 때 than이 따른다.

(eg) You have more children than I have. (have의 목적어)
You spent more money than was intended to be spent.
Don't eat more food than is needed. (is needed의 주어)
=Don't eat more food than you need. (need의 목적어)

이 밖에 「형용사의 비교급 + than」,「형용사의 비교급 + 명사 + than」의 형태도 있다.

His illness is more serious than is supposed to be.

o than을 단순히 종속접속사로 보는 견해도 많다. 그러나 종속접속사일 때와 유사관계대명사일 때와의 구문에는 또한 차이가 있다.

* 본서에선 <Quirk 외, *A Comprehensive Grammar of the English Language* (1985), P.1131>의 설명과 예문을 근거로 than을 유사관계대명사로 간주한다.

cf. His illness is more serious than it is supposed to be.

cf. You have more children than I have의 경우는 본래의 심층구조가 You have more children than those(=the children)(which)I have 인데, 반복적으로 쓰인 those(←children)를 생략하고 목적격 관계대명사 which 마저 생략함으로써 대명사 those를 대신하면서 축소·변형됐다는 것이다.

복합관계대명사(Compound Relative Pronoun)

「관계대명사 + ever(soever는 고어체)」의 형태를 말한다.
whoever(whose(e)ver · whomever 포함) · whichever · whatever가 있다.

용법으로선 1)명사절을 이끈다. 2)양보의 부사절을 이끈다.
선행사를 포함하고 있는 관계사들이다. (명사절일 때)

· anyone who = anyone that = any person[man] that/who
. anyone whom = anyone that = any person[man] that/whom
· whichever = any that
. whatever = anything that (* whichever와 구별할 것)

종 류	「선행사 + 관계대명사」	뜻
whoever (주격) whosever(소유격) whomever(목적격)	anyone who anyone whose anyone whom	~인 사람은 누구라도/누구에게라도
whichever(주격 · 소유격)	any that	~인 것은 어느 것이라도
whatever(주격 · 소유격)	anything that	~인 것은 무엇이라도

* 가리키는 대상이 둘이든 셋 이상이든 그 중 하나를 선택할 때 which나 what을 사용하게 되는데, **which**는 속성(屬性)이나 종류가 같은 것들 중에서 어느 하나를 선택하는 의미를 갖고 있기 때문에 주어진 대상이 뚜렷이 일정하고 한정적인데 비하여, **what**은 속성이나 종류가 일정하거나 한정적이 아닌 부정적(不定的)인 잡다한 대상 중에서 어느 하나를 선택하는 의미를 지니고 있다:

Indefinite(不定的): Who is your favorite conductor?

Definite(한정적): Which is your favorite conductor?

(Von Karajan or Stokowsky?)

Indefinite: What newspaper do you read?

Definite: Which newspaper do you read?

(The Times or The Guardian?)

1) 명사절의 예

Whoever breaks this law / deserves a fine.

Whoever did that / should admit it frankly.

He wrote to whoever invited him. (whoever는 invited의 주어)

He wrote to whomever he invited. (whomever는 invited의 목적어)

o 이 두 복합관계대명사는 그 후속 절의 형태에 유의해야 한다.

o 타동사와 전치사의 목적어일 때 whomever 대신 whoever를 쓸 수 있는 것은 who / whom과의 경우와 같다.

I will marry whoever I please.

Whoever they lend the money to / must be trustworthy.

An honorary certificate will be awarded to whosever composition is good.

You may take whichever you like. (한정적이 아닌 한 whatever도 可함)

Whatever the President says is <u>of great importance</u>. (* 형용사구)

= greatly important

o 「whichever/whatever + 명사」이면 명사를 수식하는 **복합관계형용사**라 한다. 이때엔 둘 다 「**any +명사 +that**」이 된다.

You may take whichever book you like.

(한정적이 아니면 whatever도 可함)
=You may take any book that/which you like.

You must read whatever book is instructive.
=You must read any book that / which is instructive.

Whatever book you want is available.
=Any book that you want is available.

o whose나 whosever도 반드시 명사가 수반되므로 관계형용사의 기능을 갖는 게 사실이나, 본서에선 혼동을 피하기 위하여 관계형용사의 범주에 넣지 않고 각각 who · whoever의 소유격으로 설명하였다.

2) 부사절의 예

복합관계대명사가 양보의 부사절을 이끌게 되면 no matter who / whose / whom, no matter which, no matter what이 된다. 그리고 복합관계형용사의 경우에는 no matter which + 명사, no matter what +명사가 된다.

Whoever may come [comes], he will be welcome(d).
cf. Whoever comes will be welcome(d). (명사절)

Whoever did that, he will not be forgiven.

Whosever umbrella this may be [is], you are allowed to take it.
You are allowed to take this umbrella, whosever it may be [is].

Whomever you ask, he <u>may</u> say so.

Whichever you (may) choose, it will become you.

I don't believe you, whatever you (may) say.

Whichever book you (may) take, I don't care.

Whatever difficulty may arise [arises], I am not discouraged.

· Whatever may come, I will not change my mind!
=No matter what may come, I will not change my mind!
=**Come what may**, I will not change my mind!

o 형태는 같으면서도 문법적 기능이나 뜻이 전혀 다른 용법:
의문문에선 강의(强意)의 의문사로, 부정문에선 'at all'의 뜻을 갖는 부사로 쓰인다.
Whatever(=What ever) has happened? (도대체 ~ ?)

Whoever(=Who ever) would have thought of it?
=Nobody would have thought of it.

Whichever(=Which ever) are you going to choose?

Is there any chance whatever of her recovery ?
=Is there any chance of her recovery at all ? (조금이라도)

Most of young Japanese know nothing whatever of Korea.
=Most of young Japanese know nothing of Korea at all.

관계부사(Relative Adverb)

「접속사 + 부사」의 기능을 겸하는 것을 말한다. 독립된 두 글을 주절-종속절의 관계로 하나의 문장으로 연결하면서(=접속사의 기능) 또한 부사 대신에 쓰이기 때문이다. 「전치사 + 관계대명사 (=which)」= 관계부사인데, 이는 「전치사 + 명사/대명사」= 부사(때 · 장소 부사)이므로 「전치사 + 관계대명사」= 관계부사의 논리가 성립된다.

I went to the station.

I met my wife-to-be **at it**.

→I went to the station, **at which** I met my wife-to-be.

o 관계대명사일 때엔 선행사인 the station을 '사물'이라고 칭한다.

I went to the station.

I met my wife-to-be **there**(=**at it**).

→I went to the station**, where** I met my wife-to-be.

o 관계부사일 때엔 같은 말이라도 선행사인 the station을 '장소를 나타낸다/의미한다'라든가 '장소를 나타내는 말' 따위로 표현한다.

That was the period. + She lived here during **it**.

→That was the period during **which** she lived here.
(사물)

That was the period. + She lived here **then**(=**during it**).

→That was the period **when** she lived here.
(때)

· 관계대명사와 관계부사와의 관계를 비교하는 전형적인 예를 참고로 들어본다.

Pattern 1: The day on which she arrived was Sunday.

Pattern 2: The day which she arrived on was Sunday.

Pattern 3: The day that she arrived on was Sunday.

Pattern 4: The day she arrived on was Sunday.

Pattern 5: The day when she arrived was Sunday.

Pattern 6: The day she arrived was Sunday.

Pattern 7: The day that she arrived was Sunday.

Pattern 8: When she arrived was Sunday.

① 관계부사 · 의문(부)사 · 종속접속사의 관계 — 문맥에 따라 달라지는즉 해석을 해보면 확연히 드러난다. 부사절을 이끄는 것은 넷 중 when과 where이다.

He saw them when they were in Rome. (종속접속사)

He saw them at the time(s) at which/when they were in Rome.
(관계부사 — 선행사 수식)

She asked me when she met me. **(의문부사: 언제)**

She remembered when she met me. **(관계부사: the time that)**

She felt happy/sobbed when she met me. **(종속접속사: ~할/일 때)**

· 동사에 따라 when의 문법적 기능과 뜻이 달라진다.

I'll go where they go. (종속[종위]접속사) — 일반동사에다 선행사가 없음.

I'll go to the place(s) to which / where they go. (관계부사)

Let's go where the food is good. (종속접속사)

Let's go to the place(s) at which/where the food is good.(관계부사)

I know where he is staying.(의문(부)사) (=at / in what place)

=I know at which place he is staying.

I know the place where he is staying. (관계부사) (=the place at which)

I wonder when she was here. (의문사) (=at what time)

=I wonder at which time she was here.

I wonder the time when she was here. (관계부사) (=the time at which)

I realize why he did it. (의문사) (=for what reason)
That's why he did it. (관계부사) (=the reason for which)

I want to know how they treated her. (의문사) (=in what way)

How they treated her was the point. (의문사) (=in what way)

o 의문사인 경우, 선행사가 생략된 관계부사로 유추하기보다는 의문사로 보는 게 양자의 구별에 거의 혼동이 없다.
That was how they treated her. (관계부사) (=the way in which)
(how가 관계부사인 것은 That과 해석상의 연관성 때문이다)

o 관계부사의 비제한적 용법(=계속적 용법)
관계대명사에서와 마찬가지로 when · where앞에 ,가 붙는 경우를 말한다.
관계사절이 선행사의 뜻을 한정하기보다는 선행사에 대하여 부언적인 설명 내지는 서술적인 역할을 할 뿐이므로(그러나 선행사와 상관관계에 있다는 점에서 비제한 용법도 형용사절이다) 관계부사절을 없애도 주문(主文)의 뜻이 모호해진다거나 구문이 어색해지는 영향은 없다. 관계부사의 경우에는 제한용법으로 할 것이냐 비제한용법으로 할 것이냐는 고유명사를 제외하고는 선행사에 관계없이 특히 문맥에 좌우된다.
말하자면, 문 전체의 해석(뒤에서 앞으로)을 통해서 우리말 표현이 어색하거나 이치에 맞지 않으면 비제한용법으로, 그렇지 않으면 제한용법으로 하면 무난할 것이다.

cf. I know a boy who speaks English fluently나 This is the village where I was born에 있어서는 각각의 관계절이 a boy 및 the village를 수식하여 그 의미를 제한함으로써 비로소 '어떠한 소년'인지, '어떠한 동네'인지가 분명해진다. 바꿔 말한다면, 관계(사)절을 없애면 a boy 및 the village의 의미는 모호해진다. 따라서 이와 같은 경우는 제한용법으로 해야 한다.

o 비제한용법의 관계부사도 다음 예와 같이 바꿔 쓸 수 있다.

On a hot day we went to a lake, where we swam.

=On a hot day we went to a lake, and we swam there.

· 물론 there를 접속사 다음에 두기도 한다.

· On a hot day we went to a lake와 we swam there의 결합으로서 비제한 용법을 풀어 쓸 땐 중문으로 하지 않고 두 문장으로 떼어놓아도 무방하다.

그리고 there는 in the lake → in it → there가 된 것이다.

On a hot day we went to a lake, where we didn't swim.

=On a hot day we went to a lake, but we didn't swim there.

(=,but there)

o 문맥에 따라 그에 맞는 등위접속사를 사용하며, where도 바로 가까운 장소이면 here로, 조금이라도 (대화의 시점이나 현장에서) 떨어진 곳을 지칭할 땐 there로 바꿔 쓰면 된다. 즉 this — here, that/it — there의 관계이다.

Wait until/till five, when he will be back.

=Wait until five, and he will be back then. (= ,and then)

The Gims(=Mr and Mrs Gim) went up to Seoul, where they dramatically met their missing daughter.

(,where = ,and in Seoul = ,and there)

o the Gims = the members of Gim's family (김씨네 가족들)의 뜻도 됨.

They met each other there just then, when they didn't exchange even a[ei] word (with each other). (= ,but then)

o 'a'를 강조할 때에는 [ei]로 읽는다.

o when · where의 선행사는 「전치사 + 명사」만이 아니라 바로 때나 장소를 나타내는 부사(then · there 따위)도 마찬가지이다.

o 관계대명사/부사 둘 다 적용되는 바, 행위나 상황엔 순서가 있는 것이 이치인즉, 이러한 경우엔 비제한용법이 당연하다. 이를테면, '상경하여→행방불명[생사불명]의 딸을 만나는' 따위이다.

(eg) We went up to the roof, **from where** we had a good view of the procession.
(= ,<u>and</u> from <u>there</u>)
(,from on which = ,from where)

또한 (바로 앞에서 언급한 바를 보다 구체적으로 설명하자면) 문장을 뒤에서 앞으로 해석하여 우리말 표현이 어색·부자연스러우면 영문 역시 그렇게 보아 비제한용법으로 해서 무리가 없을 것이다. 이를테면 '그가 돌아올(오는) 5시까지 기다리라' 보다는 '5시까지 기다리라. 그러면 [그때엔] 그가 돌아올 것이다'가 예사로운 말투이므로 비제한용법이 적절하다.

o 관계부사에 관한 주의 사항

1) 관계부사 역시 선행사를 가지며, 제한용법과 비제한용법이 있으되, why · how는 제한용법으로만 쓰이며 when · where는 양쪽에 다 쓰인다.
선행사가 '장소'를 나타내는 말(公式的으론 흔히 the place로 통칭)이면 where, '때'를 나타내는 말(공식적으론 the time으로 통칭)이면 when, '방법'을 표시할 땐 how, '이유'를 표시할 땐 why를 씀은 주지의 사실이다. 그런데, how와 why의 경우엔 선행사와 의미상으로 같은 말이기 때문에 동의어의 중복은 불필요한 만큼 문장 기법(technique)에 당연히 어긋나기 때문에 대신 the way that, the reason that을 사용한다. the way how가 틀린다는 것은 바로 이 때문이다. (참고: Quirk 외, *같은 책*(1985), pp. 1254, 1256)

o 자칫 the place where, the time when도 선행사와 관계부사의 의미가 서로 같기 때문에 역시 틀린 게 아닌가 하고 생각할 수도 있으나, 선행사의 내용이 심층적

으로 전제[함축]되고 있을 뿐 어떤 문장에서도 선행사가 각각 the way, the reason으로 고정화 되어있는 how · why와는 달리, 선행사의 어구 자체가 여러 가지로 바뀔 수 있는 where, when의 경우는 그러한 이유로 해서 선행사와 관계부사의 의미가 같다고 볼 수 없다. the place와 the time은 각각 '장소'와 '때'를 나타내는 모든 말에 대한 통칭일 뿐이다. the time when이 동의어의 중복이라 한다면, 가령 the day when = the year when이라는 엄청난 오류가 성립될 것이다.

2) when · why · how는 제한용법에 한하여 that으로 바꿔 쓸 수 있다 (물론, 선행사는 그대로 둘 때이다). 관계부사로서의 that역시 RP때와 마찬가지로 구어체이며 때 · 상태 따위를 나타낸다. 그러나 장소를 나타내는 where 대용으로는 쓰이지 않는다.

5:30 is the time at which he normally arrives.
=5:30 is the time when he normally arrives.
=5:30 is the time that he normally arrives (at).
(문미에 전치사를 두면 that은 관계대명사이고, 전치사를 생략하면 that은 관계부사가 되는데, 선행사가 '때'를 나타내는 말이면 RP가 that이든 생략되었든 전치사는 생략하는 게 보통이다)

It happened (on) the day on which/when/that I left home.

April is the time [the month] in which lilacs bloom.
= April is the time when/that lilacs bloom.

That was the meeting during which I kept falling asleep.
= That was the meeting when/that I kept falling asleep.
(단, 주어가 that인데다 관계사마저 that이면 문체론 상 음조가 좋은 문장은 아니다)

That was the period during which she lived here.
=That was the period when/that she lived here.

He saw them at the time(s) at which they were in Rome.

=He saw them at the time(s) when/that they were in Rome.

There are times when any good man will quarrel. (=that)

This is the office at which I work.(=in which)

This is the office which I work at.

This is the office that I work at.

This is the office (___) I work at. (( ): 생략표시)

This is the office where I work.

This is the office that I work. (X)

This is the reason for which she came.

(어색하고 부자연스런 표현이라 하여 영어 상용 국민들은 별로 쓰지 않음)

This is the reason why she came. (X)

This is the reason that she came.

This is the reason she came.

This is why she came.

o 문장기법 상 동의어의 중복을 피하고자 the way how, the reason why의 how, why 대용으로 무난한 that을 쓰든가, 선행사나 how, why중 어느 한 쪽을 생략한 표현이 훨씬 선호되고 있다.

This is the way in which I made an experiment on guinea-pigs.

This is the way how I made ~. (X)

This is the way that I made ~.

This is the way I made ~.

This is how I made ~.

o the way다음에는 아예 that · in which를 생략하는 게 보통이다.

o 선행사가 방법 · 원인을 나타낼 때 관계사 that을 사용할 경우, 때 · 장소를 나타

낼 때와는 달리 뒤에 전치사를 붙이지 않는다.

(* Quirk외, *같은 책*(1985), P.1256)

※ 'reason · way'와 비슷한 부사적 의미를 지닌 말일지라도 다음은 주의를 요한다.

This is the way he wrote it. (O)

This is the style he wrote it. (X)

This is the style he wrote it in. (O)

That's the way he often talks. (O)

That's the manner/method/fashion he often talks. (X)

That's the manner/method/fashion he often talks in. (O)

이에 대한 이유로서 He often talks (in) that way처럼 way 앞에선 흔히 in이 생략되어 that way [혹은 this way]로 통용되나, He often talks in that manner / method / fashion 따위에선 in이 반드시 들어가야 하는 데서 기인한다고 볼 수 있다.

Is this the reason she came? (O)

Is this {the cause / motive} she came? (X)

Is this {the cause of / motive for / the motive of} her coming? (O)

Is this her motive for coming? (O)

o 선행사의 생략에 대하여

제한용법에 한해서 일반적으로 선행사를 생략할 수 있다. 그러나 관계부사가 that이면 생략할 수 없으며, when · where의 경우에도 선행사가 구체적인[특정의] 때나 장소를 나타낼 땐 선행사를 생략하면 선행사의 뜻이 불명해지므로 생략해선 안 된다. 바꿔 말해서, 선행사의 개념이 일반적인 것에 한해서 선행사를 생략하여도 문 전체의 뜻에 영향을 주지 않을 때에만 생략한다.

This[Here] is (the place) where I work. (생략 가능)

This[Here] is the school/office/company … where I work. (생략 불가)

그런데 선행사를 생략하면 본래의 관계부사가 이끄는 절은 형용사절에서 명사절이나 부사절의 기능을 갖게 된다. 특히 부사절의 경우엔 when · where가 해당되는데 선행사의 생략 운운할 필요도 없이 when · where는 이미 관계부사가 아닌 종속접속사로 간주하면 그 뿐이다. (다음 설명 참조)

※ 선행사를 그대로 두고 관계부사를 생략할 수도 있다.
물론 when · why · how 대신에 쓰이는 that 도 생략한다.

1) 명사절의 예

Now is (the time) when I need you. (is의 보어)

Where she went was Pohang. (주어)
(=The place where ← The place to which)

(The time/day)When she arrived was Sunday. (주어)
(The day가 생략되었다고 하는 것은 Sunday와의 연관 때문이다)

Macy's is (the place) where I buy my clothes. (보어)
(Macy's는 뉴욕의 대백화점이며, 따라서 선행사는 the department store를 써도 되며 역시 생략할 수 있다)

My house is not far from (the place) where the fire broke out.
(전치사의 목적어)

Read down to (the part · the passage · the paragraph) where we stopped last time.
(전치사의 목적어)

He has changed a good deal from (the time) when I used to know him.
(전치사의 목적어)

She remembered (the time) when she met me.
(타동사의 목적어)

cf. She asked me when she met me. (when: 의문부사)
(when이 의문부사인 것은 asked와의 관계에 기인한다)

(The clock had already stopped. So I rose up at nine)
That was why I was late at the office. (보어)

cf. Tell me why you did it. (why: 의문부사)
(참고: A · S · Hornby, *Guide to Patterns & Usage in English* (1975), P. 163에 의하면, why 대신 the reason why로 표현하면 why는 관계부사인데, 앞에서 말한 대로 동의어의 중복을 이유로 심지어 the reason for which와 함께 현대(어)에선 잘 쓰이지 않는다)

(Money will come and go) (뜻) 돈이란 돌고 도는 법이다.
That's how the money goes! (보어)
This is how I manage to get along. (보어)
cf. Please tell me how you did it. (how: 의문부사)

2) 부사절의 예

부사절이 되는 경우는 다음 예문들에서 보듯이 「전치사 + 선행사(=때 · 장소를 나타내는 말)」가 생략될 때이다. 이럴 때 when · where는 종속접속사이며 그가 이끄는 절은 부사절이 된다. 결과적으로 이는 관계사절과는 무관하다고 볼 수 있다.

We camped (at a place) where we could get enough water.
Put the book (in the place) where you found it.
You can go (to the place) where you like.

We got home (at the time) when it was getting dark.

He left (at the time/on the day) when she came.

o 「전치사 + 선행사」이면 「전치사 + which」보다는 관계부사(when 또는 where)를 쓰는 것이 문장기법 상 좋은 문체가 된다. 이는 전치사의 반복을 피하기 위함이다.

He died on the day on which his son arrived. (△)

He died on the day when his son arrived. (O)

I'll go to the place(s) to which they go. (△)

I'll go to the place(s) where they go. (O)

Let's go to the place at which various foods are served. (△)

Let's go to the place where various foods are served. (O)

o 다음 문장들은 보통의 선행사와 관계부사와의 결합으로 이뤄진 일반적인 구문이라기보다는 두 글로 분리될 수도 없는 별개의 구문으로 취급해야 할 것이다. 그 중에는 표면상의 뜻과는 전혀 다른 것이 있는가 하면, 따라서 그 기능 자체도 관계부사가 아닌 종속접속사의 기능을 갖는 것도 있다. 그리고 where의 선행사는 장소를 나타내는 것 외에도 the point · the case 등이 있다.

That's the point where you are wrong.

I've come to the point where I can't stand her arguing any longer.

There are times when any good man will quarrel.

There are cases where honesty doesn't pay.

He lost not a single life in any case where the men were under
his personal control.

<u>Where</u> there is life, there is hope. (종속접속사)

(이 때 where의 의미는 So long as로 보는 게 좋다. 이러한 문장에서 where 앞에 In the place 가 생략되었다는 것은 맞지 않다)

Where there is a will, there is a way. (종속접속사)

=If one has one's will[will power] to do anything, one/he will surely find a method to do it. 의 의미이며 이 외에도 비슷한 의미의 몇 개의 형태로 더 나타낼 수 있다.

o where의 생략에 대하여

선행사가 the place일 때 생략된 예를 볼 수 있다.

The place (where) the accident happened is here.

(참고: *앞 책*, P. 1389)

the place (where) I'm staying.

(참고: J · P · Kaplan, *English Grammar* (1989), P. 311)

복합관계부사 (Compound Relative Adverb)

whenever · wherever · however와 같이 「관계부사 + ever」의 형태를 말하며, 그 자체가 선행사를 내포하고 있다. 형태는 복합관계부사이나 문장에서의 기능은 역시 종속접속사의 구실을 함으로서 부사절을 이끈다.

(유의) 의문문에서 강의어(强意語)로 쓰이는 ever(도대체)와 의문사가 함께 쓰이는 「의문사 + ever」의 경우와는 엄연히 구별된다. 그러나 의문문에 쓰이면 의문부사가 되어 「의문(부)사 + ever」와 같은 뜻이 된다. 그렇지만, 의문문에서는 ever를 떼어 쓰는 게 정식이다.

Whenever(=When ever) did you lose it?

Wherever(=Where ever) did you lose it?

However(=How ever) did you catch the bird?

o why ever는 있어도 whyever는 없다.

Why ever didn't he tell me about it?

o 복합관계부사가 이끄는 부사절은 '강조' 또는 '양보'를 나타내는데, 의미에 따라 다음과 같은 형태로 바꿔 쓸 수 있다.

1) 강조의 경우

whenever와 wherever가 해당되며 각각 「at + any time when」과 「전치사(주로 at / in 및 to) + any place where」가 된다.

(물론 when · where대신에 that이 쓰이기도 한다)

Whenever I see you, I think of your father.

※ =I never see you but I think of your father.

=I never see you without thinking of your father.

=You remind me of your father.

I drink coke whenever I feel sick. (sick: 메스꺼운)

They went wherever they could find work. (=to any place where)

He put colons wherever he should have put semicolons.

(=at any place where)

He was liked wherever he went. (=at any place where)

2) 양보의 경우

whenever · wherever · however 모두 해당되며 각각

no matter when / where / how가 된다.

Wherever he went, he was liked.

= He was liked, **wherever he went**. (종속절을 뒤에 두기도 함)

= **Go where he might/would**, he was liked.

o 단순 현재 · 과거의 경우 do · does · did도 쓰이나 영미인들 사이에선 잘 쓰이지 않는다.

o 문맥, 즉 문 전체의 내용이나 앞뒤 절의 시제관계에 따라 동사의 형태가 달라진다.

Wherever he might go, he would be liked.

=Go where he might/would, he would be liked.

Wherever he goes, he will be liked.

=Go where he may/will, he will be liked.

Wherever he may go, he will be liked.

=Go where he may/will, he will be liked.

However hard he tried, he failed again in the exam.

=Try as he might/would, he failed again in the exam.

=Though he tried very hard, he failed again in the exam.

(cf. Young as [though] he is, he is wise)

However hard he might try, he would fail again in the exam.

=Try as hard as he might/would, he would fail again in the exam.

=Though he might try very hard, he would fail again ~.

· 문맥상으로 Try as ~보다는 Try as hard as ~가 더 적절한 표현이다.

However hard he had tried, he would/might/must have failed again in the exam. (X)

(그럴듯하나 실제엔 쓰이지 않는다)

However humble it is/may be, there is no place like home.

=Be it ever so humble, there is ~.

=Let it be ever so humble, there is ~.

However hard he tries/may try, he can't beat me in playing tennis [at chess].

=No matter how hard he tries/may try, he can't ~.

=Try as he may/will, ~.

Wherever she is/may be, she won't feel happy.

=Let her be where she may/will, she won't ~.

However that is/may be, I don’t care.
=Be that as it may/will, I don’t care.

Whenever she comes/may come, I’ll welcome her.
=Come when she may/will, I’ll welcome her.
However much advice you give him, he does exactly what he wants.
=Much advice as you give him, he does ~.

However much I like him, I don’t like his writings.
= Much as I like him, I don't ~.
=Though I like him very much, ~.

cf. Whatever comes/may come, I won’t be discouraged. (복합관계대명사)
=No matter what comes/may come, I won't ~.
=Come what may/will, I won't ~.

Whatever difficulty arises/may arise, I won’t be discouraged.
=No matter what difficulty arises/may arise, I won't ~.
≠Arise what difficulty does/may[will], I won't ~. (X)
(문법적으로는 그럴듯한 구문으로 보이지만 실제엔 쓰이지 않는다. 사실상, 이러한 명령문 형태로의 전환은 한정되어 있다)

16. 가정법(Subjunctive Mood)에 관하여

1) 법(法, mood)이란 무엇인가 ?

문장의 내용에 대하여 말하는 이의 심적 태도를 나타내는 동사의 어형변화를 말한다.

2) 법의 종류

(1) 직설법(indicative mood) — 서실법(敍實法, fact-mood)이라고도 하며, 어떤 일을 사실 그대로 나타내는 글.

eg) As it was very cold yesterday, I didn't go out.
Because you do not work at English hard, you are not interested in it.
I am poor, so I am unhappy.

(2) 명령법(imperative mood) — 주어(you)가 생략된 형태로서 명령 · 요구 · 의뢰 · 금지 따위를 나타내는 글.

eg) Start at once.
Please ask him for some help with our project.
Lend me some money, please.
Never do such a thing.

그러나 특히 상대방에게 주의를 끌게 하거나 강조 등의 강한 의미를 나타내고자 할 땐 You를 넣는다. 이럴 때 You에는 강세를 붙여 명령문임을 표시한다.

eg) Yóu listen to me.
Yóu follow me, and yóu stay (at) home alone. (You ≠ you)

(3) 가정법(subjunctive mood) — 가상법 또는 머리에 그려진 것을 나타낸다는 뜻에서 서상법(敍想法, thought-mood)이라고도 하며, 어떤 일을 가정 · 상상 · 소망

따위로 사실과는 정반대되는 상황(contrary-to-fact situation)으로 의사를 나타내든가, 혹은 가설적인 상황(hypothetical situation)으로 의사를 나타내는 글.

eg) If it had not been very cold yesterday, I should[would, might, must] have gone out for a walk.

If you worked at English hard, you would[might] be interested in it.

If I were not poor, I should[might] not be unhappy.

* 직설법과 가정법의 차이

a) If he has some money, he will lend it to you. (직설법)

b) If he had some money, he would lend it to you. (가정법)

위 두 예문에서 보듯이 직설법과 가정법의 차이는 동사의 형태에서 알 수 있다. a)도 의미상으론 '가정'을 나타냄에도 불구하고 직설법이라고 함은 has가 인칭(person)과 수, 시제(tense)에 따라 그 어형(語形)이 바뀌는 정형동사(定形動詞, finite verb)이기 때문이며, b)가 가정법이라고 함은 *If*-절에 쓰인 had가 인칭과 수, 시제에 따라서도 변하지 않는 부정형동사(不定形動詞, non-finite verb)이기 때문이다. 따라서 두 문장의 의미도 다르다. a)는「실제로 그에게 얼마쯤 돈이 있다」는 가능성을 배제하지 않으나, b)는「실제로 그에게 조금도 돈이 없다」는 사실을 전제로 한다. 바꿔 말한다면 b)는 As he has no money, he can't lend it to you와 같은 내용이다.

다음 예문을 다시 보자:

a) If he loves me, I will marry him. (직설법)

b) If he loved me, I would marry him. (가정법)

a)의 그가 나를 사랑한다면」은「실제로 그가 나를 사랑하고 있다」는 가능성을

배제하지 않는다. 그러나 b)는 그가 나를 사랑하고 있지 않다」는 사실을 전제로 한다. 바꿔 말해서 b)는 As he does not love me, I can't/won't/shan't marry him과 같은 내용이다.

(다른 예) If he comes to school, I will give him your message. (직설법)
(⇒ It is possible that he will come to school)

If he came to school, I would give him your message. (가정법)
(⇒ He does not come to school)

아무튼 우리는 눈을 떠서 다시 잠자리에 들 때까지 같은 내용을 갖고서도 상황(situation; 사람과 사람 또는 같은 사람일지라도 달라지는 때 · 장소 · 생각 · 기분 따위를 말함)에 따라 가정법을 쓰기도 하고 직설법을 쓰기도 한다.

* 직설법과 가정법은 둘 다 복문이나 본서에서는 혼용(混用)을 피하고자 직설법의 경우엔 '주절'과 '종속절'이란 말을 사용하나, 가정법의 경우엔 주절을 '귀결절', 종속절을 '조건절' 또는 '*If*-절'이란 말로 대용한다.

그럼, 이제부터 가정법의 종류에 따라 직설법과 대비하면서 설명코자 한다. 가정법과 직설법은 문장의 표현형식이 다를 뿐이지 그 내용은 결과적으로 같아서 불가분의 관계가 성립되기 때문이다. 그러므로 가정법을 완전히 이해한다고 함은 가정법 과거 ↔ 직설법 현재, 가정법 과거완료 ↔ 직설법 과거로 문장을 마음대로 바꿔 표현할 줄 안다는 것을 뜻한다.

(1) 가정법 현재(Subjunctive Present)

현재 또는 미래의 일에 대한 불확실한 가정이나 상상, 소망을 나타내는 문장을 말한다. (* 가정법 미래에서 다시 비교 설명)
문장의 형태는 *If*-절에서 동사의 원형(=Root)을 쓰는 것인데, 그러나 오늘날엔 특수한 경우를 제외한 일반적인 경우는 직설법으로 나타낸다. 따라서 가정법 현재형의 도식화는 의미가 없다.

eg) If the rumor **be** true, I shall be very glad. (?)

→ If the rumor **is** true, I shall be very glad. (O)

I wonder if it **be** true. (?)

→ I wonder if it **is** true. (O)

If it **rain** tomorrow, she will not come. (?)

→ If it **rains** tomorrow, she will not come. (O)

If he **have** much money, he will help poor people. (?)

→ If he **has** much money, he will help poor people. (O)

o 그러므로 일반적으로 가정법 현재는 무시해도 좋을뿐더러, 오히려 If he **have** much money, If it **rain** tomorrow …식으로 썼다가는 가정법 현재로 생각하기는 커녕 틀린 문장으로 간주된다. 따라서 가정법 현재에 대해선 오늘날에도 변함없이 쓰이고 있는 특수한 경우만 설명코자 한다.

(i) 기원(祈願)을 나타낼 때.

God **bless** you !

(= May God bless you!는 직설법 기원문)

Long **live** the Queen !

(= May the Queen live long !)

(= Hurrah for the Queen !)

Heaven **help** us !

The Lord **forbid** !

So **be** it !

So **help** me God !

Our Father who is in heaven,

Your name **be** kept holy.

Your kingdom **come**;

Your will **be** done on earth as in heaven[1)]

(ii) 주절의 동사[또한 그 동사와 파생관계를 이루는 명사, 형용사 따위가 주절에 들어 있을 경우]가 명령, 요구, 주장, 제안, 필요, 추천, 권고, 호소, 조언/충고, 간청, 동의(動議), 결심/결정, 동의(同意) 따위(order, command, request, require, ask(=request), inquire, demand, insist, suggest, propose, need, recommend, urge, appeal, advise, desire, bid, beg, move, decide/determine, agree, etc)를 나타낼 때, that이 이끄는 종속절(=명사절)의 동사는 (should) + Root가 된다.

eg) We **insisted** that he **(should) leave** at once.

=Our **insistence** was that he **(should) leave** at once.

=We were **insistent** that he **(should) leave** at once.

(이후부터 영어식 표현인 'should'는 언급을 생략함)

I **move** that the meeting **be** adjourned for a week.

=My **motion** is that the meeting **be** adjourned for a week.

I **have ordered** that he **not lead** the strike. **(*he do not lead는 틀림)**[2)]

→I have ordered him not to lead the strike.

The committee **proposes[suggests]** that such a student **not be[be not]** exempted from membership dues[3)].

---

1) 主祈禱文(the Lord Prayer)

2) Phyllis L. Lim & M. Kurtin, 『TOEFL Gr. Workbook』, (NY: Arco 출판사, 1994) p.79. Use 'not' to make the verb negative. Do not use 'don't'.

eg) The weatherman suggested that people not use Highway 7.

* 註3)의 설명 — 위와 같이 가정법현재 구문이 否定文일 때 일반동사는「not +Root」이나, **'be'**의 경우엔 「**not + be**」와 「**be + not**」둘 다 된다.

(iii) 필요나 당연성을 나타내는 이성적 판단(=주관적 판단)의 형용사(necessary, advisable, important, essential, natural, vital, appropriate, proper, right, imperative, compulsory, urgent, rational, desirable, etc)가 주절에서 보어로 쓰였을 때.

eg) It is **essential** that this mission **(should) not fail.**

(이후부터 '(should)'는 언급을 생략함)

→It is essential for this mission not to fail.

It is **appropriate** that this tax **be** abolished.

→It is appropriate for this tax to be abolished.

It was **natural** that he **say** so.

→It was natural for him to say so.

It was important that money be collected for the cause.

→It was important for money to be collected for the cause.

* 그런데 위와 같은 동사, 명사, 형용사라고해서 무조건 가정법 현재가 수반되는 것은 아니다. 말하자면, 같은 단어라 할지라도 직 · 간접적인 진술(direct or indirect statement)을 나타내면 직설법으로, 직 · 간접적인 지시(direct or indirect directive), 명령, 요구, 주장 등등을 나타내면 가정법 현재로 표현한다. 다시 말해서, 의미 여하에 따라 가정법, 직설법을 두루 쓸 수 있다고 쉽게 생각하면 된다.

eg) Our **decision** is that the school **remain** closed. (가정법)

---

3) Randolph Quirk 외, *A Comprehensive Grammar of the English Language* (London: Longman Group Ltd., 1985), P. 156.

Our **decision** is that the school **remains** closed. (직설법)

She **insists** that he **be** admitted to hospital immediately. (가정법)

She **insists** that he **is** guilty of fraud. (직설법)

They **insisted** that we **not eat** meat. (가정법)

They **insisted** that we **do not eat** meat. (직설법)

* 앞의 내용을 다음과 같이 다시 요약하면 더 이상 설명이 필요 없겠다.

The employees have demanded that the manager **resign**. (미어)

The employees have demanded that the manager **should resign**. (영어)

The employees have demanded that the manager **resigns**.(영어—직설법)[4)]

(cf) 또한 이성적 판단 외에 감정적 판단이란 것이 있는데, 이는 놀람, 기쁨, 슬픔, 분노, 후회, 유감 등의 감정을 나타내는 형용사[strange, odd, ridiculous, absurd, regret(t)able, surprising과 같은 -ing형 형용사 따위**(It을 가주어로 삼음)**/ regretful, sad, sorry, sorrowful, joyful, surprised와 같은 -ed형 형용사 따위**(사람을 주어로 삼음)**], 명사(a pity), 동사(regret, wonder, etc)가 들어있는 주절에 *that*-clause가 수반되는 경우를 말한다. 여기서 유의할 점은 that-절의 구문형태가 「that + should + Root」이며, 「~하다니, ~이라니」로 해석한다는 것이다. 감정적 판단 역시 의미 여하에 따라 should를 없애면 주관성이 완전히 배제된 객관적 표현이 되어 감정적 어조가 없어진 보통 문장이 된다.

eg) It is strange/surprising that she should have married such a man.

It is a pity that she should have married such a man.

4) Quirk 외, *같은 책*, p. 157.

I am surprised that she should have married such a man.

It is strange/surprising that she married such a man.

It is a pity that she married such a man.

I am surprised that she married such a man.

*** (a) -ing형 형용사와 (b) -ed형 형용사의 용법**

사전적 의미로는 용법을 분간하기가 쉽지 않은데, (a)는 사물의 성질이나 상태에 관하여, (b)는 사람의 기분 · 감정을 묘사하므로 (a)는 It ~that의 구문이나 사물을 주어로(=이를 人主構文에 대하여 **物主構文이라 함**), (b)는 사람을 주어로 표현한다.

(eg) surprising/amazing/frightening/astonishing/astounding,
pleasing/amusing, tiring/boring, interesting, exciting,
bothering/annoying/vexing/irritating, worrying, confusing/
embarrassing/bewildering, satisfying …및 displeasing,
dissatisfying, disinteresting, etc.

*S(사람) +be +현재분사의 진행형과 혼동하지 말 것.

(eg) surprised/amazed/frightened/astonished/astounded,
pleased/amused, tired/bored, interested, excited,
bothered/annoyed/vexed/irritated, worried, confused/
embarrassed/bewildered, satisfied … 및 displeased,
dissatisfied, disinterested, etc.

(예문) **Football** is an **exciting** game.
I got so excited at the football match!
'If you're bored, read a book.' 'No, **books** are **boring (things)**!'
History is an **interesting** subject; I am interested in it,
as a matter of course.

(iv) 특별히 의례적으로 퍽 격식을 갖춘다거나, 법률적 또는 準 법률적(quasi-legal) 의미를 지닌 구문에서 가정법 현재가 쓰이기도 한다.5)

eg) If any vehicle **be** found parked on these premises without written permission, it shall be towed away at the expense of the vehicle's owner.

(2) 가정법 과거(Subjunctive Past)

현재 사실에 정반대되는 가정 · 상상 · 소망 따위를 나타내는 문장을 말한다.
따라서 동사의 형태는 과거시제를 사용하되(be동사는 주어의 구분 없이 were), 우리말 뜻은 현재시제로 해석한다.
가정법 문장 중에서도 귀결절이 서술문이나 감탄문으로 끝나는 한 가정법 과거형 및 과거완료형은 직설법으로 전환할 수 있다. 이 말의 뜻은 앞에서도 언급했듯이 한 가지 사실이나 상황을 두고서 각자에 따라서 혹은 같은 사람일지라도 기분에 따라 마음대로 자기 의사를 가정법으로 표현해도 되고 직설법으로 표현해도 된다는 것을 의미한다.

가정법 과거형의 기본 형태를 알기 쉽게 도표로 나타내어 본다.

(조건절) 만약…이라면/한다면	(귀결절) …일/할텐데
If…과거형(be동사는 were)(주어가 1·3인칭 단수일 땐 구어체에선 was도 쓰이기는 하나 규범문법에선 통용되지 않으므로 특히 TOEFL· TOEIC 에선 주의할 것	…should …would …could …might …must } +Root

☞ 그런데 가정법을 제대로 활용하지 못하는 학습자들의 경우 적재적소에 어떠한 조동사를 써야 하는가를 잘 모르는 것 같아 참고로 말한다.

should — 주어가 1인칭이고 마치 단순미래와 같은 의미를 갖거나 그와 같이 해석될 때.

eg) If I were you, I should be very happy.

5) Quirk 외, *같은 책*, p.1093.

would — 주어가 1인칭이고 마치 의지미래와 같은 의미를 갖거나, 또는 2·3인칭 주어이고 역시 단순미래나 의지미래와 같은 의미를 갖거나 그처럼 해석될 때.

eg) If I were rich like you, I would travel around the world.

What would you do if you were in my place ?

could — 능력 내지 가능성을 나타낼 때.

eg) If I were you, I could be very happy.

If I were you, I could do it.

might — 추측이나, 가능성을 나타낼 때.

eg) If I were you, I might be very happy.

must — 논리적 필연성 내지 당연한 추정(=…임/함에 틀림없다)이나, 의무·필요 따위를 나타낼 때.

(두 가지 의미 중 어느 것이냐는 문맥상으로 판단한다)

eg) If he told such a lie even to me, he must be a liar.

If he were a gentleman, he must behave himself gently.

* 앞의 예에서 보듯이 귀결절에 어떤 보조동사(modal auxiliary), 즉 흔히 말하는 조동사를 써야할 것인가는 순전히 speaker(일명 'I'라고 함)의 생각, 문장의 의미 내지는 문맥에 달려 있으므로 동일한 조건절에 귀결절은 다양한 표현이 있을 수 있는 것이다. 그런데, 문장마다 사용 가능한 조동사를 일일이 열거하기가 번거로우므로 화자나 필자가 때에 따라 적절히 하나의 조동사로만 표현할 따름이다.

(가) 가정법 과거 → 직설법 현재로의 전환

① 가정법의 기본 형태인 「*If*-clause + 귀결절」형의 전환

If I were a millionaire, how happy I should[could, might, must] be!

= If I were a millionaire, I should[could, might, must] be so[very] happy.

→As[Because, Since] I am not a millionaire, I am not so[very] happy.

→ I am not a millionaire, so I am not so[very] happy.

→ I am not so[very] happy, for I am not a millionaire.

* 가정법도 話者의 기분에 따라서 감탄문으로 나타낼 수 있는가 하면, 특히 직설법으로 전환(=주어진 문장을 내용[의미]은 같되 다른 형태로 바꿔 표현하기)했을 때 이와 같이 의사소통에 필요한 다양한 영문이 있음에도 불구하고 우리의 중등학교의 영어교육 참고교재로 사용되고 있는 기존의 학습서들을 보면 거의 단순하게 As I … 식으로만 써 놓은 것을 보아왔고, 또한 학습현장에서도 생활영어 차원에서 다양한 영문 구사능력 배양의 학습이 이뤄지지 않고 있지 않을까 해서 상세히 기술해 보았으므로 가정법 공부에 다소 도움이 되기를 바란다. 다만 본 서에서도 차차로 계속 중복 설명은 생략할 따름이다.

If I were a bird, I would[could, might, must] fly to you.

(must = would surely)

→ As[Because, Since] I am not a bird, I can't/cannot/can not fly to you.

→ I am not a bird, so I can't/cannot/can not fly to you.

→ I can't/cannot/can not fly to you, for I am not a bird.

If I studied English hard, I should[could, might, must] be interested in it.

(must = should surely)

→ As I do not study English hard, I am not interested in it.

→ I do not study English hard, so I am not interested in it.

→ I am not interested in English, for I do not study it hard.

If I worked at English hard, I should[could, might, must] command it well.

→ As I don't work at English hard, I can not command it well.

→ I don't work at English hard, so I can not command it well.

If you could type well, you would[could, might, must] save lots of time.

→As you don't[can't] type well, you can't[don't] save lots of time.

If she were trying harder, she would[could, might, must] pass the exam.

→ As she is not trying harder, she will[may, can] not pass the exam.

* 이 문장에선 직설법 주절의 경우 미래의 뜻을 나타내고 있는데, 가정법 과거도 미래의 사실에 대하여 언급할 경우가 있으나[6], 주요한 것은 곧 종속절의 시제이다. 그러므로 이 문장은 현재의 사실에 대하여 반대되는 가설적 상황으로 보아야 한다.

☞ 지금까지의 예들을 살펴보건대 가정법을 직설법으로 전환함에 있어서 주어진 가정법 문장의 귀결절의 조동사가 직설법에선 상응[부합]하는 경우도 있지만, 대부분 상관되지 않음을 알 수 있듯이 가정법 ↔ 직설법 전환관계에서 주어진 문장의 조동사에 조금도 구애될 필요가 없다. 쉽게 말해, 깊이 생각할 필요도 없이 우리말로 전후관계를 음미해 보아서 우리말 표현대로 영문을 구성해 버리면 된다.

If I were not poor, I should[would, could, might, must] help you.
→ As I am poor, I can't help you.

If she were trying harder, her parents would[might] not be so anxious.
→ As she is not trying harder, her parents are[must be] so anxious.

If we did not hurry, we should[could, might] not catch the train./
If we never hurried, we should[could, might] not catch the train.
→ As we hurry, we shall catch the train.
If I had not your help, I should[could, might] not finish it early./
If I didn't have your help, I should[could, might] not finish it early./
If I had no help of yours[from you], I should ~
→ As I have your help, I shall finish it early./
→ As I have help of yours[from you], I shall finish it early.

If there were not water and air, nothing could[would] live./
If there were no water and air, nothing could[would] live.
→ As there are water and air, everything[anything] can live.

---

6) Quirk 외, *같은 책,* p. 1010.

☞ 같은 내용이면서도 의사의 표현방법에 있어서는 가정법과 직설법이 정반대 관계를 이루고 있다는 사실은 바로 '긍정이면 부정으로, 부정이면 긍정으로' 나타내는데 있다. 즉 구체적으로 말해서, '가정법에서 조건절이 not/never/no와 같은 부정어(否定語)가 없는 긍정문이면 직설법 종속절은 부정문으로, 가정법의 조건절이 부정문이면 직설법 종속절은 긍정문으로, 귀결절에 있어서도 가정법이 긍정문이면 직설법 주절은 부정문으로, 가정법이 부정문이면 직설법 주절에 있어선 긍정문'으로 나타낸다는 것을 두고 말함이다. 이를 더욱 줄여서 말하면, **가정법 ↔ 직설법의 관계는 서로를 바꿔 표현할 때 '각각의 절에 not(부정어를 대표하는 말)이 있으면 그 반대는 not을 빼고, not이 없으면 그 반대는 not을 넣는다'는 것이다.**

② 「I wish ~」 형의 전환

「I wish ~」 형은 I wish 부분은 주절로서 직설법이나 종속절 (that-clause가 따르며 부사절인 *If*-clause와는 달리 명사절이다) 부분은 실제 사실과는 반대 되는 소망 따위를 나타내는 경우엔 가정법 과거 혹은 가정법 과거완료가 따른다. 그럼 현재 사실에 반대되는 소망을 나타낼 경우의 가정법과거에 대하여 직설법으로 바꿔 표현하는 것을 설명코자 한다.

(편의상, 가정법의 기본 형태인 「*If*-clause + 귀결절」 형의 가정법 과거완료에 대해선 별도 설명하겠으나, I wish 다음에 과거완료가 따르는 예는 여기에 포함시킨다)

cf) I wish you a pleasant journey/ a happy New Year.

I wish you good luck on your examination.

I wish you to come back early from the overseas travel.

= I wish that you will come back early from the overseas travel.

I[She] wished myself[herself] home again.

= I[She] wished that I[she] was at home again.

I wish there to be no misunderstanding on this matter.

= I wish that there will be no misunderstanding on this matter.

* 참고삼아 앞에 열거해본 예문들은 모두가 직설법 문장이다. 그렇다면 I wish ~ 엔 가정법만 따르는 것으로 인식하고 있는 학습자들은 혼동을 일으키기에 충분하다. 요컨대 가정법이 따르느냐 직설법이 따르느냐의 문제는 문법적으로만 생각지 말고 사실 여부 또는 speaker의 생각에 따라 의사를 표현하면 그뿐이다.

예컨대 앞의 예문들 중에서도 상황 여하에 따라서 가정법으로도 표현 가능한 문장을 들어 본다: I wish there were no misunderstanding on this matter.
(현재 사실에 대한 가정. 그리고 **가정법에선 wish 다음에 that은 쓰지 않음**)
I wish there had been no misunderstanding on this matter.
(과거 사실에 대한 가정)

I[She] wished I[she] had been at home again. (과거 사실에 대한 가정)

I wish you came back early from the overseas travel.
(현재 사실에 대한 가정)
I wish you had come back early from the overseas travel.
(과거사실에 대한 가정)
I wish you had not come back late from the overseas travel.
(과거 사실에 대한 가정)

그럼 「I wish ~」 형의 직설법으로의 전환에 대하여 설명코자한다.
이 역시 우리의 일반 학습서를 보면 거의가 한 가지 표현 정도로만 서술되어 있는 것을 보게 되는데 다양한 영문 구사능력 배양을 위하여 상술하고자 한다.
I wish I were a good English speaker like you.
→ I am[feel] sorry that I am not a ~.
→ It is a pity that I am not a ~.
→ I regret that I am not a ~.
→It is regrettable that I am not a ~.
→I regret to say that I am not a ~.
→I am[feel] regretful that I am not a ~.

(해석) **유감스럽게도** 난 너처럼 영어를 잘 (구사)하지 못한다.

I wish I knew what **is** happening.
(시제상으로 가정법과거와 직설법현재가 대등한 관계이기 때문에 what is ~이다)
→I am sorry that I don't[can't] know what is happening. (그 외 전과 동일)

I wish I had known what was happening.
→I am sorry that I didn't know what was happening.

I wish you came back early from the overseas travel.
→I am sorry that you don't come back early from the overseas travel.
(you came ~은 가정법 과거이기 때문에 이러한 경우의 I wish는 '현재의 어떤 일에 대하여 지금 당장 유감을 표시' 하는 의미이다)
I wish you had come back early from the overseas travel.
→I am sorry that you didn't come back early from the overseas travel.
(I wish는 '과거의 어떤 일에 대하여 지금에 와서 유감을 표시' 하는 의미이다)
I wish you had not come back late from the overseas travel.
→I am sorry that you came back late from the overseas travel.
=I am sorry that you did not come back early from the overseas travel.
(이 문장도 내용상으로는 같으므로 일종의 기술문법적 차원에선 당연히 맞다)
cf. I wished you had come back early from the overseas travel.
→I was sorry that you didn't come back early from the overseas travel.
(I wished는 '과거의 어떤 일에 대하여 지난날/한때 유감스러웠다'는 표현이다)

I wish there were no misunderstanding on this matter.
→I am sorry that there is a[some] misunderstanding on this matter.

I wish there had been no misunderstanding on this matter.
→I am sorry that there was a[some] misunderstanding on this matter.

I wish I didn't have to go.

→I'm sorry (that) I have to go.

I wish I shouldn't have had to go.

→I am sorry I had to go.

Grace wishes (that) she **did** not have a test tomorrow.

→Grace is sorry (that) she has a test tomorrow.

He wishes his wife didn't spend so much time gossiping with the neighbors.

→He is[feels] sorry that his wife spends so much time ~.

→He regrets that his wife spends so much time ~.

→He regrets to say that his wife spends so much time ~.

→He is[feels] regretful that his wife spends so much time ~.

cf. He wishes his wife wouldn't spend so much time gossiping with ~.

(would를 수반하는 경우의 wish는 가정이 아닌 '요구'를 나타낸다)[7]

* 현재 혹은 미래 사실에 대하여 반대되는 소망을 언급할 땐 가정법 과거시제가 쓰이므로, 앞의 두 예문은 각각 didn't, wouldn't가 쓰였다. 그러나 후자의 경우엔 미래에 대한 언급이므로 직설법으로의 전환은 어울리지 않는다. 그리고 이미 설명한 바와 같이 가정적 의미를 배제하고서 wouldn't 대신 won't를 써서 물론 의미야 다르지만 직설법으로도 표현할 수 있다.

* I wish 다음의 가정법 과거는 would +Root 또는 to-infinitive로 바꿔 쓸 수 있다.[8]

eg) I wish she **visited** me more often.

→I wish she **would visit** me more often.

---

7) A.S. Hornby, *Guide to Patterns & Usage in English*(London: Oxford大, 1975) p.195. 'Requests' may be made by using 'wish' with 'would' in a *that*-clause.

eg) I wish you'd be quiet.

I wish Tom wouldn't play his pop records while I'm trying to read.

8) Quirk 외, *앞 책*, p. 1012.

→I wish **her to visit** me more often.

cf) I wish (that) she will visit me more often. (직설법)

= I wish her to visit me more often. (∴ 직설법)

③ 그 밖의 구문의 가정법 → 직설법으로의 전환

「*If*-clause + 귀결절」, 「I wish ~」 형 외에 가정법 과거 및 과거완료로 나타낼 수 있는 구문 중에서 직설법으로의 전환이 가능한 것들에 대하여 먼저 설명한다. 이러한 구문은 먼저 *If*-clause의 형태로 바꿔서 그걸 직설법으로 전환 한다고 생각하면 된다. 왜냐하면 *If* 를 대신한 어구 그 자체에 *If*-clause(즉, 가정)의 의미가 들어있기 때문이다. 물론, 다음 어구들도 화자의 기분이나 사실여부 등 의미에 따라, 즉 상황에 따라 직설법이든 가정법이든 양쪽 다 표현이 가능함을 먼저 말해두고서 여기선 가정법에 대해서만 설명코자 한다.

* 가정법에서 *If*-clause 대용으로 다른 어구들을 사용할 수 있는 한 그렇게 한다는 것은 결국 문장을 간결하게 표현하는 수단이 된다. 간결성의 또 다른 수단으로서 조건절 혹은 귀결절만으로 가정법을 표현하는 예도 있기는 하나, 조건절만으로 표현하는 경우는 직접 대화의 상대방이든 간접적인 독자이든 조건절에 부합되는 귀결절의 내용을 미루어 짐작할 수 있다고 판단하여 그 내용이 함축내지 생략되어 버린 경우이고, 귀결절만으로 표현하는 경우는 역시 같은 이유로 조건절이 내포된 경우이다. 특히 후자의 예는 다음의 설명부분에서 포함되고 있어 중첩되는 설명인데도 불구하고, 우리의 기존 학습서들을 보면 가정법의 특수한 이론[용법, 구문]인양 그러한 이름으로 용장하게 (redundantly) 설명을 늘어 놓고 있는데 이는 학습자들로 하여금 가정법을 어렵게 여기게만 할 뿐이다.

A) 부사구

o 전치사(구) + Noun(廣義의 명사)의 형태

* Noun이라 함은 일반적으로 noun(狹義의 명사) · 대명사 · 동명사 · 명사구/절을 통틀어서 일컫는 말이다. 그렇다고 해서 전치사 다음에 모든 noun 상당어구가 따를 수 있다는 것은 아니다.

o **With your help,** I could finish it early. (With ~: ~이/가 있다면)

= **If I had your help**, I could finish it early.

→ As I haven't your help, I can[shall, may] not ~ (영어)

→ As I don't have your help, I can[shall, may] not finish it early. (미어)

→ I don't have your help, (and) so I can[shall, may] not finish it early.

→ I can[shall, may] not finish it early, for I don't have ~. (이후 설명 略)

= **If there were your help**, I could finish it early.

→ As there isn't your help, I can[shall, may] not finish it early.

→ There isn't your help, (and) so I can[shall, may] not finish ~.

(이후 설명 略)

With enough money and time, I would travel all over the world.

=**If I had enough money and time**, I would travel all over the world.

→As I don't have enough money and time, I can't travel all over the world.

=**If there were enough money and time with me**, I would travel ~.

→As there are not enough money and time with me, I can't travel ~.

With your help, I could have finished it early. (With ~: ~이/가 있었더라면)

=**If I had had your help**, I could have finished it early.

→As I had not your help, I did[could] not finish it early. (영어)

→As I didn't have your help, I did[could] not ~ (미어)

=**If there had been your help**, I could have finished it early.

→As there was not your help, I did[could] not finish it early.

o **Without (=But for) your help**, I could not finish it early.

(Without ~: ~이/가 없다면)

=If I had not your help, I could not finish it early. (영어)

=If I didn't have your help, I could not finish it early. (미어)

=If there were not your help, I could not finish it early.

=**If it were not for your help**, I could not finish it early.

→As I have your help, I shall[can, may] finish it early.

→As there is your help, I shall[can, may] finish it early.

cf. Without your help, I can[shall, may] not finish it early. (직설법)

Without (=But for) your help, I could not have finished it early.
(Without ~: ~이/가 없었더라면)
=If I had not had your help, I could not have finished it early.
=If there had not been your help, I could not have finished it early.
=**If it had not been for your help**, I could not have finished it early.
→As I had your help, I finished[could finish] it early.
→As there was your help, I finished[could finish] it early.

cf. Without your help, I could[did] not finish it early. (직설법)

* 어떤 사실을 놓고 두 사람끼리의 직접적인 대화가 아니라, 간접적인 독자의 입장에서 볼 경우 이와 같은 유사한 문장들은 자칫 가정법으로 보기 쉬운데, 이 문장에 있어서도 의미의 핵심은 Without ~에 있는 게 아니고 그 이하 귀결부분에 있는 만큼 I did ~는 직설법일 수밖에 없으나 I could ~는 해석하기에 따라 前記와 같이 가정법이기도 하지만 전혀 다른 직설법의 의미도 되는 것이다.

Without your help, I can[may] not have finished it early. (직설법)
What would you do with the matter **in my place** ?
=What would you do with the matter **if you were in my place** ?
(이 문장은 그저 if you were가 생략된 것으로 보는 게 더 낫다)

* 그리고 가정법 과거/과거완료형이라도 의문문이나, 또 서술문일지라도 직설법과 대칭될 수 있는 전형적인 문장이 아닌 양보구문, 아예 가정법으로 표현되는 특수 구문[관용구], 言外의 함축적인 의미를 지닌 완곡어법의 구문 등은 직설법으로의 전환이 될 수 없다.

eg) Even a child could answer that.

= Even if he were a child, he could answer that.

He often talks as if he himself were a walking dictionary.

You had better leave at once.

Boys, it is time you went to bed.

(Because all was silent) A pin might have been heard to drop (if it had dropped).

I could do it now (if I would).

That would seem (to be) strange (if you did not know the truth).

What would you have done with the matter **in my place** ?

=What would you have done with the matter **if you had been in my place**?

What would[will] you do with the matter **in my place** ?

=What would[will] you do with the matter **if you should be in my place** ?

cf) What will you do with the matter if you are in my place? (직설법)

In my place, you would realize what poverty is like.

= **If you were in my place**, you would realize what poverty is like.

→ As you are not in my place, you can't/don't realize what poverty is like.

o 분사구문 형태(=일반적으로 복문의 종속절 중 부사절을 …ing형을 써서 부사구로 바꾼 것을 말하나, 중문에서 전후 등위절 중 어느 하나를 …ing 형태로 바꾼 것도 분사구문이다)

eg) **Left** to himself, he might go his own way.

=**If he were left** to himself, he might go his own way.

=**(Being) left** to himself, he might go his own way.

→As he is not to himself, he does[can, will, may] not go his own way.

Left to himself, he might have gone his own way.

=**If he had been left** to himself, he might have gone his own way.

=**(Having been) left** to himself, he might have gone his own way.

→As he was not left to himself, he did[could] not go his own way.

Left to himself, he might go his own way.

=**If he should be lef**t to himself, he might go ~. (가정법 미래)

=**(Being) left** to himself, he might go his own way.

cf) Left to himself, he may go his own way. (직설법)

=If he is left to himself, he may go his own way.

Even the same thing, **happening** in wartime, would amount to a great disaster.

=Even the same thing, **if it should [were to] happen** in wartime, would amount to a great disaster.

Not being married yet, I could love you!

=**If I were not** married yet, I could love you!

→As I am already married, I can't love you!

B) If 외의 접속사 및 If-상당어구: otherwise = or (else)[9], but that, unless (=if… not), in case(that)= on condition(that)= suppose/supposing(that)= provided/providing (that)⇒ if, *granted/granting(that)= even if (양보의 부사절은 직설법으로의 전환 불가), so[as] long as.

---

9) Quirk 외, *같은 책*, p. 934.

☞ or(else)에 관하여……많은 학습자들이 or는 명령문 다음에 직설법을 유도하며 (예: Hurry up, or you'll be late. = If you don't hurry up, you'll be late./ Don't be too long, or you'll miss the bus. = If you are too long, you'll miss the bus.), or else는 직설법을 전제로 하되 가정법을 유도하는 것으로 인식하고 있으나 둘 다 직설법을 유도할 수 있고 특히 else는 생략해도 되고 or를 강조할 뿐이므로 결과적으로 직설법이든 가정법을 유도하는 것도 or else가 아니라 or가 유도하는 것이 된다.

eg) They (must have) liked the apartment, **or (else)** they wouldn't have stayed so long.

= **~, if they hadn't liked the apartment**, they wouldn't have stayed so long.

→ ~, as they liked the apartment, they stayed so long.

Many thanks for your help; **otherwise**, I should not finish it early.

= **~; if I had not[didn't have] your help**, I should not finish it early.

=~; **if there were not your help**, I should not finish it early.

=~; **if it were not for your help**, I should not finish it early.

=~; **if you didn't help me**, I should not finish it early.

→~; as I have your help, I shall finish it early.

→~; as there is your help, I shall finish it early.

→~; as you help me, I shall finish it early.

* otherwise는 앞의 전제된 직설법 내용에 대하여 '만약 그렇지 않다면'이라는 뜻이므로 if…not과 같으며, 전제된 직설법 문장의 시제에 따라 otherwise는 가정법 과거 또는 과거완료가 될 수 있다. 위 예문은 전제문을 보고선 당장 시제를 알 수 없으나 귀결절로 미뤄보아 전제문은 직설법 현재임이 분명하며 따라서 otherwise는 가정법 과거의 조건절이 된다. 그런데 한 가지 궁금한 점은 otherwise가 unless와 같은 의미를 지니고 있기 때문에 서로 대체할 수 있지 않을까 하겠지만 불가하다. 왜냐하면 otherwise는 직설법의 내용이나 시제를 전제로 할 뿐만 아니라, unless가 단순히 접속사인 반면에 otherwise는 접속부사이기 때문이다. 그렇고 보면 or는 접속사이나 otherwise = or else는 엄격히 접속부사이기 때문에 달리 취급해야 할 것이나 접속사적 성질을 갖고 있기 때문에 함

께 취급코자 한다.

Many thanks for your help; **otherwise**, I should not have finished it early.
=(앞부분 略); **if I had not had your help**, I should not ~.
= ; **if there had not been your help**, I should not ~.
= ; **if it had not been for your help**, I should not ~.
→ ; as I had your help, I finished[could finish] it early.
→ ; as there was your help, I finished[could finish] it early.
* → ; *as it was your help, I finished[could finish] it early. (X)*

I shouldn't finish it early **but that you help me**.
=I shouldn't finish it early **if you didn't help me**.
→I shall finish it early, as you help me.

* but that 다음엔 직설법이 따른다. 그 자체가 부정의 의미를 지니고 있어 위와 같이, 이 문장은 가정법 과거이므로, if you didn't ~가 된다. 그러므로 문 전체를 다시 직설법으로 바꾸면 표현은 정반대일지라도 직설법 현재의 내용과 같아진다.

I shouldn't have finished it early but that you helped me.
=I shouldn't have finished it early if you had not helped me.
→I finished[could finish] it early, as you helped me.

Suppose[Supposing]you had one million dollars with you,
what would you do with that ?

* Suppose/Supposing 다음엔 귀결절은 대개 what ~ ? 와 같이 의문형이 따르는 데 이러한 구문은 당연히 직설법으로의 전환을 생각할 필요가 없다. 이미 말한 대로 모든 표현은 상황에 달려있는 것이나 Suppose/Supposing/Imagine ~ 역시 직설법도 따르게 마련이다.[10)]

eg) Supposing the enemy wins the war, what will happen to us?

I shall take an umbrella in case it rains.

Don't come unless I tell you **to**(come). (代不定詞; **Pro-infinitive**)

※대부정사란 to-Root[동일동사]의 반복을 피하고자 to 다음의 동사를 생략함을 일컬음. 이는 문장을 간결케 하고자 함이다.

Provided the weather keeps like this, the farmers have no need to worry about the crops.

So long as you return the book by Saturday, I will lend it to you with pleasure.

He says he will accept the post provided[on condition] that the salary is satisfactory.

You'd better take an umbrella with you in case it rains.

* had better는 가정법 과거 조동사이나 조건절이 직설법 현재이다. 그리고 had better나 had best 따위는 가정법을 나타내는 구문이라기보다는 일종의 관용구로 취급된다.

C) 주어 — 이와 같은 가정법 문장은 주어의 의미 속에 If(=가정)의 의미가 들어있어서 *If*-clause로 나타낼 수 있으되, 조건절만으로 의사를 나타내는데 대하여, 소위 귀결절만으로 의사를 나타내는 것으로 문체의 간결성의 원리에서 본다면 오히려 더 세련된 표현이다.

Even a child could answer that.

=**Even if he[she] were a child**, he[she] could answer that. (직설법 불가)

(cf) Even if he[she] is a child, he[she] will be able to answer that.(직설법)

Even a child could have answered that.

---

10) Hornby, *앞 책*, pp. 228-229.

=**Even if he[she] had been a child**, he[she] could have answered that.

(cf) Even if he[she] was a child, he[she] would be able to answer that. (직설법)

A wise man would not do such a thing.
=**If he were a wise man**, he would not do such a thing.
→As he is not a wise man, he does such a thing. (?)
If he were a wise man, he would not do such a thing.
→As he is not a wise man, he does such a thing. (O)

(cf) If he is a wise man, he will not do such a thing. (직설법)
* If he were a wise man, he would not do such a thing. ....(A)
A wise man would not do such a thing. ....(B)
A wise man will not do such a thing. ....(C)

위 (A)(B) 두 문의 의미를 음미해 보면 주어진 가정법이 왜 직설법으로의 전환엔 어울리지 않는지를 이해할 수 있을 것이다. 말하자면 (A)의 he라는 사람은 특정인으로서의 '실제 그런 짓을 행하는 사람'이지만, (B)의 he라는 사람은 '객관적인 인물 내지 가상의 a wise man'으로서 전자의 he와는 다른 사람이기 때문이다. 따라서 대상에 대한 직접적인 언급의 경우인 (A) 문장은 직설법이 가능하나, (B)는 주어진 단문을 복문의 형태로 바꿔 놓았을 땐 구문상으론 (A)와 같아서 가능할 것 같지만 이치상으론 불가하다. (C)는 그저 직설법으로서 「현명한 사람은 그런 짓을 하지 않는다」의 뜻이며, 이러한 경우의 will은 미래가 아니고 will의용법 중 '습성 · 경향'을 표시하는 것이다.

A wise man would not have done such a thing.
=**If he had been a wise man**, he would not have done such a thing.
(cf) If he was a wise man, he would not do such a thing. (직설법)

* 조건절만으로 의사를 나타내는 경우 — 이와 같은 가정법 문장이 특별히 정해져 있는 것이 아니라 단지 상황에 따라 speaker의 자의적인 표현일 뿐이다. 귀결절 부분은 말하지 않더라도 대화자끼리는 이야기의 상황을 잘 알고 있기 때문에 대화의 직접적인 상대방뿐만 아니라 심지어 간접적인 독자들까지도 언외의 함축적인 의미를 여러모로 충분히 느낄 수 있을 경우에 쓰이는 표현이다. 오히려 이와 같은 의사표현이 화자의 심리를 더 절실히 나타내는 강조 또는 역설적(逆說的) 효과가 있어 상대방으로 하여금 보다 주의를 집중시키게 만드는 호소력과 생동감을 갖기도 한다.

(Oh,) if I should be the President of this country!
(I would/will not raise any political fund)…
If I could only get the magic lamp! (how happy I should be)…

If I were a bird ! (I could fly to you wherever you might be)…

If only I had listened to my parents! (I might not be what I am today),
혹은 (I should not have made such a great mistake)…

D) To-부정사
I should be very happy **to be** a millionaire.
=I should be very happy **if I were** a millionaire.
→I am not very happy, for I am not a millionaire.
→As I am not a millionaire, I am not very happy.

I should be very happy **to have been born** a millionaire.
(백만장자로 태어났더라면 얼마나 좋을까 / 대단히 행복할 텐데)
=I should be very happy **if I had been born** a millionaire.
→I am not very happy, for I was not born a millionaire.

→As I was not born a millionaire, I am not very happy.

* 이 문(장)은 가정법 과거와 과거완료의 혼용인 바, 흔히들 가정법의 특수한 부문인 양 '가정법의 특수구문'이라 명명하여 별도로 취급하고 있는 것을 종종 보게 되는데 이는 학습자들로 하여금 가정법을 어렵게 인식하게만 할 따름이지 지난날 학원가나 일부 영어 교육자들 중에서 어려운 말 만들기를 좋아하는 사람들에 의하여 쓰이던 타성적인 용어 내지 군더더기 말에 불과하다.
차제에 또 하나 대표적인 예를 들고자한다. '전명구'(前名句)란 말이 바로 그렇다. 소위 '전치사 +명사' 어구를 가리켜서 지어낸 말 인듯한데 나름대로 변명이 있을 테지만 설득력이 없다. 영어의 문법상의 구란 명사구 · 형용사구 · 부사구뿐이며, 더욱이 '전치사 +명사(대명사 · 동명사 포함)' 의 형태는 결국 형용사구 · 부사구가 되거늘 도대체 어찌 전명구란 것이 있단 말인가? 갓 영어를 배우기 시작했거나 이해력이 부족한 학생들의 머리만 혼란시킬 뿐이다.
부언하건대, because of, on account of, owing to, due to, according to, in spite of 따위와 같은 그 자체는 전치사구라고 불리는 것들도 명사와 결합하면 그 어구 전체는 일반적으로 부사구가 되기 때문에, 전치사구란 두 단어 이상의 어구로 되어 있어 전치사와 구별하기 위한 명목적 용어에 불과할 따름으로, 문법적 기능으로서의 구의 종류엔 속하지 않는다는 것을 말해둔다.

그럼 앞 문장에 대하여 설명을 계속한다. 요컨대 이야기의 내용이 현재 · 과거 사실 중 어느 것을 두고 말하느냐에 따라 전후 절을 각각 시제에 맞춰 표현하되, 직설법도 그에 따라 바꿔주면 그뿐이다.

☞ 주절에 대한 이유를 부언할 때의 as, because, since의 사용에 대하여.

오늘날까지 이들이 문장에서 사용되고 있는 상황부터 말해보면, 셋 다 상호 대체 사용할 수 있다고 하면서도 실제 문장에선 as는 거의 문두(I-position; initial position)에만, because는 as 보다 사용빈도가 낮은 가운데 문두 또는 문미(I/E-position; initial or end position)에, since는 설명할 경우를 제외하곤 쓰이는 예를 거의 볼 수가 없다. 그런데 오류이자 중대한 문제는 이들 셋의 사용법에 대하여 거의 무시하거나 모르고 있다는 사실이다.

o as의 사용법

'때'를 나타내는 as(=술어의 명칭을 temporal *as*라고 함)는 만약 문미[後置]에 둘 경우 물론 ,를 찍지 않으나 '이유'를 나타내는 as(= reason *as*라고 함)는 ,as로 사용한다. 11)

eg) The policeman stopped them *as they were about to enter.*

I went to the bank, *as I had run out of cash.*

o because의 사용법

문두[前置] 및 문미에 두루 쓰이나 후치할 경우 ,는 관계없다.

eg) He likes them *because they are always helpful.*

We have no electricity, *because there's a power failure.*

o since의 사용법

'때'를 나타내는 since(=temporal *since*)도 만약 문미에 둘 경우 물론 ,를 찍지 않으나 '이유'를 나타내는 since(=reason *since*)는 ,since로 사용한다.

eg) I have been relaxing *since the children went away on vacation.*

He took his coat, *since it was raining.*

because와 since의 구문 비교의 예

eg) He likes them because they are always helpful. (O)

He likes them, since they are always helpful. (O)

Because they are always helpful, he likes them. (O)

Since they are always helpful, he likes them. (O)

It's because they are always helpful that he likes them. (O)

It's since they are always helpful that he likes them. (X)

(설명) 'It ~ that' 분리문(cleft sentence)엔 since는 불가.

The reason he likes them is because they are always helpful. (O)

---

11) Quirk 외, *앞 책*, p. 1070.

The reason he likes them is since they are always helpful. (X)

(설명) 의사(擬似)분리문(pseudo-cleft sentence) 엔 since는 불가

Does he like them because they are always helpful or because they never complain? (O)

Does he like them since they are always helpful or since they never complain? (X)

(설명)의문문에서 이유가 선택적 의미를 나타낼 때 since는 불가.

He didn't like them because they are always helpful but because they never complain. (O)

He didn't like them since they are always helpful but since they never complain. (X)

(설명) 부정문에서 이유가 선택적 의미를 나타낼 때 since는 불가.

He liked them, not because they are always helpful but because they never complain. (O)

He liked them, not since they are always helpful but since they never complain. (X)

(설명) 긍정문에서 이유가 선택적 의미를 나타낼 때 since는 불가.

He likes them only because they are always helpful. (O)

He likes them, only since they are always helpful. (X)

(설명) only, just, simply, mainly 따위와 함께 쓰일 때 since는 불가.

Only because they are always helpful does he like them. (O)

Only since they are always helpful does he like them. (X)

Why does he like them ? Because they are always helpful. (O)

Why does he like them ? Since they are always helpful. (X)

(설명)이유를 묻는 *wh*-question의 응답엔 독립적인 *since*-clause는 불가.

☞ **as, because, since의 사용빈도**

* for는 등위접속사이므로 반드시 문미(E-position; end position)에 두되, 그 앞엔 반드시 ,를 찍는다.

앞에서도 언급한 바와 같이 특히 as가 그렇거니와 because, since 역시 자료의 통계수치에 의하면, 우리의 인식이나 실제의 사용빈도와는 다르거나 엄청난 차이가 난다는 것을 알 수 있다:

Distribution of reason clauses in samples from the written LOB corpus & the spoken LL corpus: [12]

(Note) LOB: the Lancaster-Oslo/Bergen corpus
LL: the London-Lund corpus

(Note) The following table is the analysis of British English based on a 100,000-word sample from both the LL and the LOB to provide figures for the positions of clauses introduced by the major reason subordinators:

Reason Subordinators	Positions	LL	LOB
as	I-position	2	9
	E-position	**5**	**10**
because	I-position	4	8
	M-position	4	2
	E-position	**347**	**60**
for	all E-position	0	64
since	I-position	2	**12**
	M-position	1	0
	E-position	2	**21**

(Note) M-position(=medial position): 3개의 절 이상으로 구성된 문장에서 because나 since가 이끄는 절이 문중에 놓일 때를 말한다.

* 위 표에서 as는 우리의 인식과는 전혀 달리 I-position보다는 오히려 E-position에 더 많이 쓰이고, because는 E-position이 압도적이며, since 또한 실제 우리들의 사용빈도와는 엄청난 차이가 난다는 사실에 따라 앞으로 구태의연한 영문표

12) Quirk 외, *같은 책*, p. 1107.

현의 습관을 바꿔야겠다.

I should be glad **to be** able to meet you now.

= I should be glad **if I were** able to meet you now.

→ I am not glad, as I am not able to meet you now.

To hear him talk, one[you, people] might take him for a fool.

→ **If one[you, people] heard** him talk, one[you, people] might take ~.

→ **If one[you, people] should hear** him talk, one[you, people] might take ~.

→ **If one[you, people] were to hear** him talk, one[you, people] might take ~.

* 보다시피 앞의 주어진 To hear ~ 구문은 3개의 *If*-절, 즉 가정법 과거와 가정법 미래에 해당하는 should + Root, were to + Root의 상황이나 의미를 함축하고 있는데, 이와 같이 두 가지 이상의 뜻을 갖는 문장(ambiguous sentence)은 직설법으로의 전환엔 맞지 않는다. 이는 마치 두 가지 또는 세 가지의 색을 배합하여 전혀 다른 색이 나왔을 때 그 색은 각각의 속성을 그대로 지니고 있다는 원리를 생각하면 쉽게 이해가 되리라 믿는다. 말하자면 하나의 의미 밖에 존재하지 않는 직설법 문장으로 바꿔 놓았을 때 두 가지 또는 세 가지의 본래의 의미를 동시에 지닐 수 없기 때문이다.

더욱이 이러한 문장은 가정법 과거만 놓고 보아도 직설법으로 바꿨을 때 구문상[문법상]으로는 하등 이상한 데가 없을지언정 우리말 표현이나 이치에 비춰보면 퍽 이상하지 않은가! 따라서 가정법 과거, 과거완료 구문이라 해서 무턱대고 직설법으로 전환하기보다는 영미인들의 언어관습을 중시함으로써 상황에 따라 때로는 가정법을, 때로는 직설법을 그대로 쓰는 것이 더 좋을 때가 퍽 많다.

It would be good[better] **for me to go** with her than with him. ....(A)

=It would be good[better] **if I went** with her than with him. ....(B)

* 이 문장도 직설법 불가. 이유인즉, 1)가정법 미래의 의미도 될 수 있다. 그러나 '현재의 상황'에서만 생각한다면 이 앞의 예문과는 또 달라서 가정법 과거만으로 볼 수도 있으나 그래도 불가하다. 2)특히 (A)(B) 두 문의 내용은 같으나 (A)에선 It은 가주어, to go는 진주어, 그리고 me는 to go의 의미상 주어임에 반하여, (B)에선 각각의 절이 가주어와 진주어의 관계가 아니라, **대명사가 부사절을 대**

신한다는 것은 상식적으로도 불가하지만 가정법에선 가정법의 특성상 예외적으로 It이 *if*-절의 내용을 가리킬 때가 있으므로, It가 if 이하의 내용을 가리키고 있을 뿐이지 (이 점에선 (A)와 (B)가 일치하나) 두 절 의 주어가 다르다. 따라서 직설법으로 바꿔 놓았을 땐 It ≠ as I don't go ~의 결과가 되고 만다. 3)가령 (B)를 직설법으로 바꿔보면 It is not good[better], as I don't go with her than not with him 이 되는데 영미인들의 언어관습적 표현에도 어울리지 않을 뿐 아니라, 도대체 이 영문의 우리말 뜻조차도 모호하여 쉽게 알아들을 수 없기 때문에 가정법 그 자체로서만 사용하는 게 좋을 것이다.

굳이 위 가정법을 직설법으로 고친다면, I am sorry that I can't go with her than not with him 따위가 될 것이다. 이후의 예문에 있어서도 가정법 그 자체로서 좋거나, 직설법으로 불가 또는 오히려 어색한 경우는 설명을 생략함을 미리 말해 둔다.

E) 관계사절(형용사절)

A candidate **who had common sense** would not say such things.

→A candidate, **if he[she] had common sense**, would not say such things.

* 성(sex)을 구별하지 않을 경우엔 통례적으로 남성 대명사로 받는다.

cf) A candidate with common sense would not say such things.

=If he[she] were a candidate with common sense, he[she] would not say such things.

(3) 가정법 미래(Subjunctive Future)

어떤 일에 관하여 가정법 현재가 현재 또는 미래에 있어서의 단순한 가정이나 약간의 불확실성(uncertainty)을 나타내는데 반하여, 가정법 미래란 현재 또는 미래에 있어서 (가정법 현재에 비하여) 불확실성이 더 강한 거의 '있을 것 같지 않은 상황'(improbable situation)을 나타내거나**(흔히들 조건절이 If + S + should ~의 구문형태가 이에 해당한다고 말함)**, 혹은 미래에 있어서의 실현성이 전혀 없는 순수한 가정**(흔히들 조건절이 If + S + were to ~의 구문형태가 이에 해당한다고 말하나 반드시 그렇지는 않으므로, should ~를 써도 무방함)**을 나타내는 것을 말한다.

eg) If it **rains** tomorrow, she will not come. (직설법 현재..........................A

If it **rain** tomorrow, she will not come. (X)(가정법 현재).....................B

If it **should rain** tomorrow, she would/will not come. (가정법 미래)....C

If it **were to rain** tomorrow, she would not come. (가정법 미래)..........D

위 A, B, C, D 중에서 객관적으로 쓰일 수 있는 것은 A, C, D인데, A는 때 · 조건 · 양보의 부사절은 미래의 의미를 갖고 있을지라도 단순현재형으로 나타낸다는 점에서 더 말할 나위가 없으며, C와 D는 상황의 차이에서 표현이 다를 뿐이다. 즉, 화자나 필자의 그저 임의적, 주관적 생각에 따라 직설법으로 표현해도 되는 것을 가정법으로 표현하였다든가, 같은 가정법 표현이라도 흔히들 말하는 구문에 따른 의미대로 굳이 해석한다면 '내일 비가 올 가능성이 그리 없거나 거의 없다는 차이'이나 were to ~와 should ~를 병용할 수 있는 한 학습자들은 의미에 연연할 것이 아니라 가정법 미래에 대한 구문을 이해하는 것이 더 중요하지 않을까. 다시 한번 언급컨대, '있을 것 같지도 않은 것'과 '실현성이 없는 것'의 가정적 의미의 차이를 분명히 구별한다는 것도 모호하거니와, '실현 가능성이 없지 않은 것'에도 were to가 예사로이 쓰이고 있기 때문에 조건절의 **If ... should와 If ... were to 양자의 구별은 의미가 없으므로 병용한다.** (cf. Hornby, *앞 책*, pp. 230/231)

eg) If he were to/should hear of your marriage, he would be surprised.

If he were to/should see you, he'd be surprised.

* 다음과 같은 진술이 이를 더욱 考證케 한다: 13)

A more formal way of talking about a possible future situation is to use 'should' in the conditional clause.

(eg) If anything should happen, I will/would return immediately.

(cf) If anything happens, I will return immediately. (직설법 현재)

Another way of talking about a possible future situation is to use 'were + to-

13) Collins Cobuild, *English Grammar*, (London: Harper Collins Publishers, 1999), p. 351.

infinitive' in the conditional clause.

(eg) If he were to go, I would go too.

(cf) If he goes, I will go too. (직설법현재)

(cf) But when you are talking about **an unlikely situation**, you use the simple past tense in the conditional clause.

(eg) The older men would find it difficult to get a job if they left the farm.

<table>
<tr><th>조건절</th><th>귀결절(…일/할텐데)</th></tr>
<tr><td>If…should
(만약…이라면/한다면)
(수인칭에 관계없이
무조건 should)</td><td>…should[shall]
…would[will]
…could[can]
…might[may]
…must
…ought to
} +Root

…명령문</td></tr>
</table>

☞ 가정적 의미의 would(hypothetical 'would')와는 달리 주어의 강한 의지나 소망을 나타내는 would(volitional 'would')로서 'would be willing to; wish to' 의 뜻일 땐 조건절에 would가 쓰이기도 하나 (Quirk, p.1011: 'If they **would** help us, we could finish early.'), Phyllis L. Lim 과 Mary Kurtin은 "In general, avoid using 'would' in the *If*-clause." 14)라고 쓰고 있는 바, 본서에서도 각종 테스트 문제의 경우엔 귀결절의 형태로 미뤄보아 단연코 should를 쓰는 것이 무난함을 확신한다.

14) Phyllis L. Lim & Mary Kurtin, *앞 책*, p. 83.

조건절	귀결절
If … were to ((cf) … was to) (was to는 구어체로서 쓰이긴 하나 규범문법[학교문법]에선 통용되지 않는다. 특히 TOEFL, TOEIC과 같은 문제에선 정통 어법에 입각한 문어체를 바탕으로 삼고 있음에 유의할 것)	…should …would …could …might …must } +Root

(* If … were to에서도 귀결절에 ought to, 명령문 사용 可)

☞ 어느 문장이 가정법이란 것은 조건절의 동사의 형식에 기준을 두는 바, If … were 구문은 가정법 과거이고, If … were to 구문은 가정법 미래라고 함은 이해의 혼란을 초래하기 십상이다. 그렇다면 후자는 '의미'에 기준을 둔 것이 된다. 그러면 전자와 비교하여 이론상으로 모순이 된다. 가령, If I were young은 가정법 과거이고, If I were to be young은 가정법 미래라고 한다는 점이다. 얼른 보아 모순인 것 같으나 그리 깊이 어렵게 생각할 필요가 없다. 즉, 후자는 'be to' 용법을 상기할 필요가 있다. 바로 이 용법의 여러 가지 의미 중에 미래의 사실에 대한 것이 들어있지 않은가! 따라서 If … were와는 달리 If … were to는 가정법 미래로 간주한다. 이를 입증하는 것은 다음의 근거에서도 알 수 있다: In conditional clauses, the subjunctive 'were to' expresses hypothetical future meaning. [15)]

그럼, 가정법 미래의 예를 몇 가지 들어본다. (초심자들에게 참고삼아 부언하건대, 눈앞의 현실적 일이라면 한 가지 문장만 가능하겠으나 출제나 설명을 위한 문장의 구성은 한 가지 내용을 갖고서도 동사의 어형변화에 따라 여러 형태의 문장을 만들 수 있다. 여기서 이 말이 뜻하는 것은 첫머리에 法(mood)의 정의가 말해주듯이, If-절의 경우 직설법 현재 · 미래이든, 가정법 과거 · 미래이든 우리말 해석은 그 표현들이 구별이 안될 만큼 같기 때문에 상황에 따라 얼마든지 바꿔 쓸 수 있으므로 아래의 예문들도 항상 가정법 미래로 한정된 것이 아니란 걸 상식적으로 알아두기 바란다. 그리고 아울러 또 부언하지만 귀결절의 조동사의 경우도 앞뒤 절의 의

15) Quirk 외, *앞 책*, pp.143, 1093)

미관계에 따라 다양하게 바꿔 쓸 수 있다)

o If she should try harder, she would/will pass the exam.

o If she were to try harder, she would pass the exam.

(cf) If she tries harder, she will pass the exam. (직설법 현재)

If she tried/were trying harder, she would pass the exam. (가정법 과거)

o (Even) If you should change your mind, nobody might/may blame you.

o If they would(=would be willing to의 뜻) help us, we could finish it early.

o If you would succeed in life, you would have to work harder.

o If you would(=wish to의 뜻) succeed in life, you will have to/must work harder.

(would를 wish to로 바꿔버리면 문 전체는 직설법이 된다)

o If you would succeed in life, work harder. (앞과 같음)

o (Even)If I were to be born again, I also would live with you!

(cf) If I was to (do so), I could do so. (be to 구문으로서 직설법)

If we were to (do so), we could do so. (be to 구문 및 가정법)

(cf) He won't do it unless you **are to** specially ask him. (직설법 현재)

He wouldn't do it unless you **should/were to** specially ask him. (가정법 미래)

He wouldn't do it unless you specially **asked** him. (가정법 과거)

(註) 흔히 가정법에 집중하다보면 were to가 가정법이라 하여 혼동이나 착각을 일으키기 쉬운데, be to 구문에서 be가 현재형(am, are, is)이면 그 과거형인 was/were to도 당연히 be to 구문인데도 불구하고 가정법에만 집착하려는 오류를 범하게 된다. 그래서 was to는 가정법 구어체이고 were to는 문어체인양 학습자들은 스스로 혼란을 야기하는 결과를 초래하게 된다. 요컨대, 가정법이냐 직설법 be to 구문이냐는 앞뒤 절의 문맥에 따라 판단해야 한다.

또한 더욱이 학교문법에선 be to를 특수구문으로 별도로 다루고 있는 데다 특히 TOEFL · TOEIC에선 정통어법인 학교문법을 중시하고 있으므로 쓰기능력(writing ability)을 측정하는 작문기법(composition technique)에선 was to는 가정법 구어체가 아닌 직설법 과거형으로, were to는 앞뒤 문맥에 따라 직설법 혹은 가정법으로 구별하여야한다.

(4) 가정법 과거완료 (Subjunctive Past Perfect)

☞ 이미 '능동태와 수동태에 관한 고찰'에서 기존의 인식에 대하여 재정립한 바가 있듯이, 영어의 시제엔 능동태 · 수동태를 막론하고 소위 기본시제로서 현재 · 과거 · 미래의 3시제 밖에 없다. 따라서 그 밖의 문형들은 '시제'라고 부르지 않고 '시상'(時相, aspect)이라 한다고 하였다. 그러므로 본서(本書)에서도 '가정법 과거완료 (시제)'(Subjunctive Past Perfect (Tense))가 아니라 '가정법 과거완료 (시)상' (Subjunctive Past Perfective (Aspect))이라 해야 할 터이나 가정법 ↔ 직설법과의 관계를 다루고자 함이 주목적이며, 또한 자칫 혼동과 난해함을 피하고 기존의 인식에 부합코자 학교문법(school grammar) 차원에서 편의상 '가정법 과거완료'로 명명하고자 한다. 가정법 과거완료의 기본형은 다음과 같다.

조건절	귀결절
If …had + 과거분사 (만약 … 이었더라면) (만약 … 하였더라면) (cf)If … 조동사 과거형 + have +과거분사	…should …would …could …might …must } +have+p.p. (must: 틀림없이/반드시 … 하였을[이었을] 텐데)

가정법 과거완료란 과거 사실에 정반대되는 가정이나 상상, 소망을 나타내는 문장을 말한다. 따라서 문의 형태는 과거완료형이나 뜻은 과거이다.

☞ 간혹 조건절의 형태가 If … 조동사의 과거형 + have + p. p.로서 귀결절의 형태와 꼭 같은 문장을 볼 수 있는데, 이는 특별한 것이 아니라 조동사적 요소나 의미가 함축될 때 달리 표현했을 뿐이다. 가령, 한 예로서 be able to를 can으로 바꿔 쓰면 그렇게 된다.

eg) If she had been able to join us, everybody would have been happy.
=If she could have joined us, everybody would have been happy.

☞ 귀결절에 있어서의

a) should have + p. p.

b) would have had to + Root

c) must have + p. p.

a)는 주어가 1인칭이고 문의 내용이 단순미래적 성격을 가졌었거나, 주어가 2 · 3 인칭이고 문의 내용이 speaker의 의지를 나타내는 성격을 가졌을 때. 16)

eg) If I had been at home last night, I should have heard the noise.

* 후자는 이론상으론 있을 수 있으나 가정법 과거완료 구문에선 심지어 formal style(문어체)에서도 거의 쓰이지 않으므로 예를 생략한다.

b) would have had to + Root = should have + p. p.

(이 때의 should는 소위 obligational 'should'(의무적인 should)로서17) 「… 해야(만) 했을 것이다/ …을 하지 않으면 안 되었을 것이다」의 뜻이다.

eg) If he had apologized, you would have had to do so too.

=If he had apologized, you should have done so too.

c) must have + p. p.의 경우엔 must = have to 및 a)와 b)의 should의 의미가 아니라 논리적 필연성 내지 당연한 추정을 나타내고 있음을 기억해 두기 바란다.

eg) If you had not helped me with my business, I must have failed in it.

그럼 가정법 과거완료의 예문을 들어 직설법 과거로의 전환을 함께 고찰하고자 한다. 가정법 과거완료는 과거 사실에 반대되는 가정이나 상상 · 소망을 나타내므로 가정법 과거완료 → 직설법 과거로의 전환이 성립되기 때문이다.

☞ 모든 문장이 그렇듯이 구문상으로[문법적으로]만 옳다하여 문장이 성립되는 것은 아니다. 객관성과 보편성을 함께 지닐 때 완전한 문장으로 성립될 수 있다. 다시 말해서 문법적 요소도 갖추었으면서 사물의 理致나 現狀이라든가 自然現象의 보편적 진리에도 부합되는 문장이어야 공감을 얻게 된다.

그럴진대 가정법도 예외일 수 없다. 즉, '현재적 사실'이 뚜렷한 경우엔 가정법 과거는 성립될 수 있어도, 그를 다시 순전히 문법적 공식에 의거하여 가정법 과거완료는 성립될 수 없는 예가 허다하다. 그리고 가정법 과거 · 과거완료라해서 무조건 직설법이 가능한 것도 아님을 아울러 말해둔다.

---

16) *같은 책*, p.1011. Some BrE speakers maintain a distinction between *would* and *should* in the matrix clause parallel to that between *will* and *shall.*

17) *같은 책*, p. 1011.

eg) Not being married yet, I would/might /could/must love you. (O)

⇒Not having been married yet, I would/might/could/must have loved you. (X)

If he told a lie even to me, he must be a liar. (직설법 불가)

(Even)If Columbus had not discovered the West Indies, some one else might/ would /could/must have discovered it. (직설법 불가)

If he had not been killed in the war, he would be 30 years old now. (직설법 불가)

If he were a gentleman, he must behave himself gently. (O)

⇒ If he had been ~, he must have behaved himself gently. (X)

If there were not air and water on the Earth, nothing could live. (O)

⇒ If there had not been air and water on the Earth, nothing could have lived. (X)

* * *

If it had not been very cold yesterday, I should/would/might/must have gone out. (이후 예문들은 귀결절에 조동사를 아무거나 한 개씩만 사용함)

→ As/Because/Since it was very cold yesterday, I did not go out.

(이후부턴 종속절에 접속사를 아무거나 한 개씩만 사용함)

→ It was very cold yesterday, so I did not go out. (이후부턴 생략함)

→ I did not go out, for it was very cold yesterday. (이후부턴 생략함)

(cf) If it was not very cold yesterday, I should/would/might/must have gone out. (직설법)[18)]

If you had worked at English hard, you might be interested in it...........................(A)

→As you did not work at English hard, you are not interested in it.

---

18) *같은 책,* p. 156.
If I/he/she was leaving, you would have heard about it. (indicative)
If I/he/she were leaving, you would have heard about it. (subjunctive)

I would buy that book, but I do not have enough money. ....(B)
(돈이 있다면 저 책을 사겠지만, 지금 나에겐 충분한 돈이 없다.)
→I would buy that book if I had enough money. ....(C)

* 문(A)는 '가정법 과거완료 + 가정법 과거'로, 문(B)는 '가정법 + 직설법'으로 이뤄진즉, 이와 같은 문장들을 가끔 '혼합 가정법'이니 '가정법의 특수구문/특별용법'이니 말하고 있는데 이 책에선 가급적이면 보편성이 없거나 어려운 용어를 삼가 하고자 한다. 그래서 이러이러한 문장도 있다는 걸 보이면서 앞과 같이 그저 평이한 표현으로 설명하는 바이다.
  문(C)는 문(B)의 직설법 부분을 가정법으로 고친 것인데, 이를 규범문법적 차원에서 公式的으로 다시 직설법으로 환원하면 I can't buy that book, as I don't have enough money 가 된다. 이는 한 가지 사실을 갖고서도 영문의 표현 방법이란 그만큼 다양함을 말해주고 있다는 것이다. 즉, 과거처럼 인위적인 規範文法(=학교문법)的 규칙에만 얽매이지 않고 문법의 자연현상을 있는 그대로 기술하는 記述文法的 차원까지 융합시키면 그만큼 다양한 영문을 만들어 낼 수 있음을 뜻한다.

* * *

If he had had some money, he would have lent it to you.
→Since he didn't have any money, he couldn't lend it to you. (미어식)
→Since he had not any money, he couldn't lend it to you. (영어식)

If the rumor had been true, I should have been very glad.
=If the rumor had been true, how glad I should have been!
→Because the rumor was not true, I was not glad. (very glad이면 ?)
I might have married her if she had agreed/would have agreed.
(would: 주어의 의지)
→I did not marry her because she did not agree.
(가정법 귀결절이 I might have been married to her이면 → 직설법 주절은 I was not married to her가 된다)

If he had apologized, you should have done so too. (should: 필요/의무)
→As he did not apologize, you didn't have to do so, either.

If they had asked me, I would have had to speak.
=If they had asked me, I should have spoken.
→As they didn't ask me, I didn't speak/didn't have to speak.

If she had been able to join us on the hike, everybody would have been happy.
→As she was not able to join us on the hike, nobody was happy.
(완전부정)

→As she was not able to join us on the hike, everybody was not happy.
(부분 부정)
(이러한 경우는 앞에서 말한 바와 같이 순전히 문법규칙에 의하느냐, 기술적 의미(=내용)에 의하느냐에 따라 전자와 후자처럼 둘 다 가능하다)
(cf) If she could have joined us on the hike, everybody would have been happy. → As she couldn't join us on the hike, ~.

아래 예문도 마찬가지다.
If you had not helped me with my business, I must have failed in it.
→As you helped me with my business, I did not fail in it. (문법규칙)
→As you helped me with my business, I succeeded/could succeed in it.(내용)
→Thanks to your help with my business, ~. (내용)
→Thanks to you, I succeeded/could succeed in my business. (내용)
→I **owe to** you that I succeeded/could succeed in my business. (내용)

(5) 기타 가정법 구문

이와 같은 표현들은 지금까지 열거한 가정법의 형태와는 달리 으레 관용적으로 그렇게 쓰인다는 관용구로 생각하여 평소에 그대로 익혀두는 것이 훨씬 편하다. 따라서 가정법 과거 · 과거완료형이라 할지라도 뚜렷이 대조되는 직설법의 개념이 있는 것도 아니므로 **일정한 문법적 규칙**에 의하여 직설법 현재 · 과거형으로 굳이 바꾸려고 할 필요도 없거나 바꿀 수도 없다.

흔히 He talks as if he knew everything과 같은 문장을 (But) in fact, he does not know everything으로 바꿔 써서 마치 주어진 가정법 문장에 대한 직설법 문장인 것처럼 설명들을 하고 있는데, 이는 모든 이에게 설득력 있게 들리지 않고 다만 주어진 가정법 문장을 학습자들에게 이해시키기 위한 수단으로 밖에 보이지 않는다. 왜냐하면 이들 두 문장은 대화의 흐름상 He talks as if he knew everything, but in fact, he does not know everything 또는 He talks as if he knew everything. But in fact, he does not know everything의 문맥이 되어야지 아무런 단서(端緖)도 없이 (But)in fact, he does not know everything하고 느닷없이 불쑥 튀어나올 수는 없기 때문이다. 더욱이 He does not know everything만으로선 He talks as if he knew everything과는 전혀 상관없는 별개의 문장일 수도 있다. 달리 말해서 **문장전환**의 논리에 조금도 부합되지 않는다. 그 뿐만 아니라 상당한 뉘앙스 (nuance)를 갖기도 한다.

따라서 He talks as if he knew everything이라고만 하든가, 한마디 더 부언하고 싶으면 but 이하를 **동시에 덧붙여야** 완전히 의미가 통하게 될 것이다.

다음 문장과 비교를 해보자:

If I were a bird, I could fly high up in the air. ....(A)

As I am not a bird, I can't fly high up in the air. ......(B)

이 두 문장이야 (A)만 그대로 내버려둬도 좋고, (B)만 그대로 둬도 좋다.
두 문장을 연결하려면 오히려 되지 않는다. 단서 따위는 필요 없다. 즉, (A) ↔ (B)의 관계가 성립된다는 것은 문법적 규칙에 의해서든 기술적 의미에서든 부합될 뿐만 아니라 제각기 독립된 상태에서도 결코 별개의 문장일 수 없이 상대적 의미에 대한 이미지가 그대로 떠오른다. 요컨대, 문장전환이란 필요 · 충분조건을 제대로 갖추었을 때 설득력이 있는 것이므로 견강부회식의 억지 논리를 전개할 필요는 없다.

그럼, 수많은 가정법의 관용구 중에서 대충 예를 들어본다.

He is, as it were, a walking dictionary. (as it were = so to speak)

You had better lie in bed for a few days. ((cf)had best)

I'd rather we had dinner now.
(가정법 과거구문이나 가정적 의미보다는 공손한 표현 — Would/Could you ~? 따위의 이런 예가 꽤 많이 쓰인다)

I'd like to travel around the world. (소망)

God be praised ! (가정법 현재 — 기원)

It's (about; high) time you were in bed.

It's not as though we were poor. (as though = as if)

He talks/talked as if/though he had read through the Bible.
(주절보다 종속절의 시제가 앞서면 as if 다음엔 가정법 과거완료가 따른다)

* as if/though 다음이라도 '사실성이 강한 사물'을 묘사할 땐 가정법보다는 오히려 직설법을 쓰기도 한다.

He looks as if he's getting better.
It looks as if spring has come. (겨울철인데도 마치 봄 날씨처럼 따뜻할 때)

You walk as if you are drunk. (걸음맵시가 마치 술 취한 사람과 비슷할 때)
He speaks English as if he is an American. (그의 외모나 영어를 구사하는 솜씨로 봐서 '어쩌면 그가 미국인일지도 모른다'는 가능성을 배제하지 않는다)

She writes as if she is left-handed ....(A)
She writes as if she were left-handed. .....(B)

(A)가 오히려 '그녀는 실제 왼손잡이이다'라는 의미를 내포하고 있으며, (B)는 '그녀가 실제 왼손잡이는 아니다'라는 의미를 내포하고 있다.19)

* 그런데 다음의 예로 미뤄보아 비록 가정적 상황이라 해도 문어체에선 정상적인 규칙을 따를지라도, 구어체상으론 이런저런 심층적 의미의 구분 없이 as if /though의 경우에도 **비문법적 문체**가 쓰임을 알 수 있다: 20)

She treats me as if I **am/was**/were a stranger.

He talks as if he **has**/had a potato in his mouth.

She treated me as though I **was/were**/had been a stranger.

Come what may, we will go ahead with our plan.
(cf) Whatever may come/comes, we will go ahead with our plan. (직설법)

Be it ever so humble, there is no place like home.
(cf) However humble it may be /is, there is no place like home. (직설법)

Would (to God) that(=I wish) I were a little younger !
(아아 조금만 더 젊다면 !)

That he should betray us ! (그가 우리를 배반하다니 !)

(6) 가정법에서의 If의 생략

「*If*-절 + 귀결절」로 이뤄진 기본 가정법 구문에선 If를 생략할 수도 있는데, 그러려면 동시에 *If*-절은 V + S로 도치시켜야 한다.

If I were a little younger, → Were I a little younger,
(단, 구어체적으로 쓰인 If I/He/She **was** 따위는 불가)

---

19) 文 龍, 『高級英文法解說』(서울: 博英社, 1991) p. 164.

20) Quirk 외, *앞책*, p. 1110.

(Even)if the sun were to rise in the west,

→ Were the sun to rise in the west,

If he should come tomorrow, → Should he come tomorrow,

If she were trying harder, → Were she trying harder,

If she tried harder, → Did she try harder,

(일반동사로서 단순과거형이면 Did + S + Root로 한다)

If she had tried harder, → Had she tried harder,

If I could have helped you, → Could I have helped you,

(cf) If only I had listened to my parents !

→ Had I only listened to my parents !

If I had not seen it with my own eyes,

→ Had I not seen it with my own eyes,

(* Hadn't I seen it…은 불가) 21)

o 가정법 중에서도 핵심이 되는 것은 가정법 과거와 과거완료임은 두말할 나위가 없다. 직설법과 병행하여 다뤄져야 하기 때문이다. 뿐만 아니라 우리의 일상 생활상에 있어서도 어떤 상황들이 다른 가정법의 형태보다도 가정법 과거 및 과거완료의 형태로 표현되는 경우가 그만큼 많기도 하다.

그런즉, 拙著에서도 이들을 집중적으로 가정법 ↔ 직설법이라는 상대적 개념을 학교문법적 차원에서 가급적 상세히 다뤄 보았다.

그런데 한 사실을 갖고서도 가정법으로 표현하느냐 직설법으로 표현하느냐도 중요하고 또한 직설법으로 전환함에 있어서도 일차적인 규범문법적 차원도 중요 하나 문장의 내용이 바뀌지 않은 한, 개개인의 생각 · 감정도 저마다 다르고 보면 결국 문장표현의 다양성에 입각해야 하는 논리가 성립하게 된다.

따라서 과거의 일률적 문법원리나 원칙에만 얽매일 수만은 없게 되므로, 특히 우리의 중등학교의 영어교육에 있어서도 이젠 한 걸음 더 나아가 문장의 記述的

---

21) Quirk 외, *같은 책*, p. 1094.
For the negative, 'not' is placed before the lexical verb, the enclitic 'n't' not being possible.

의미 내지는 내용에 입각한 학습방법에의 접근의 필요성을 영어교사라면 누구나 이미 인식하고 있어야 할 상식이다. 거듭 말해서, 이미 졸저의 설명에서 보다시피 해당 가정법들을 직설법으로 전환함에 있어서 문법적 공식이란 공식은 다 동원하여 그토록 상세하게 설명을 하였음에도 불구하고 문장에 따라선 직설법의 표현은 달리 또 있을 수 있다는 것이다. 공식에 의한 획일적 해답이나 설명은 그로 말미암아 결과적으로 오늘에 이르기까지 상투적인 수단으로 모방과 답습만 일삼다보니 이렇다 할 특징이라곤 거의 찾아볼 수 없는 국내의 수많은 영어참고서들이 하나같이 획일화 된 연유라 하겠다. 대화상의 영문 구사능력에도 영향을 미치려니와 궁극적으로 다양성과 깊이를 갖춘 세련된 고급영문 구성능력엔 부족과 한계를 벗어나지 못할 것이다.

그럼, 다음 가정법 문장들을 우선 손쉬운 방법에 의하여 직설법으로 바꿔보자.

If you read the sentences carefully, you could understand them. ......(A)

→As you do not read the sentences carefully, you cannot understand them.

=Because you do not read the sentences carefully, you ~.

=Since you do not read the sentences carefully, you ~.

=You do not read the sentences carefully, (and) so you ~.

=You cannot understand the sentences, for you do not read them carefully.

If the price were not so high, I would buy it. ....(B)

→As the price is so high, I can not buy it.

If you were honest, everybody might believe you. ....(C)

→As you are not honest, nobody believes you.

If she tried harder, she must pass the exam next time. ...(D)

→As she does not try harder, she will not pass the exam next time, either.

학교문법대로라면 위의 해답들이 아마 전부일 것이다. 그러나 여기서 강조코자 하는 것은 이게 전부가 아니라는 점이다. 이미 앞에서의 한 예를 다시 언급한다면, If you had not helped me with my business, I must have failed in it가 순전한 문법규칙에 의한 구문을 배제하고서 내용의 기술적 관점에서 달리 표현한 바, 결과적으로 I owe to you that I could succeed/succeeded in my business라는 표현까지 유도해 낼 수 있었다. 문법적 구문과 비교하여 표현형식만 다를 뿐이지 내용이 변화된 것은 아니다. 요컨대, 이는 영미인들이 그들의 생각이나 감정을 표현함에 있어서 형식상의 문법적 규칙에 얽매이는 게 아니라 정통영어(=소위 the Standard English; the King's/Queen's English로 불리어 지는 것)의 경우 내면적으론 문법규칙을 중시하면서도 일상의 언어습관 내지 언어생활 가운데 어떤 표 현들을 더 즐겨 쓰고 있느냐의 언어의 보편성의 원리와도 밀접한 관계가 있음을 의미하기도 한다.

그럼, 위의 (A), (B), (C), (D)를 내용의 기술적 관점에서 직설법으로 다시 바꿔본다. 이 외에도 다른 표현들이 몇 개이든 있을 수 있다. 바로 이러한 탐구적 · 창의적 학습태도가 우리의 영어교육에서 하나씩 지향해 나가야 할 부분이다.

(A) Please read the sentences carefully, and you will understand them.

You do not read the sentences carefully; that's why you cannot understand them.

(B) The price is so high that I can not buy it.

The price is too high for me to buy it.

It is too expensive for me to buy.

(주어와 to-부정사의 목적어가 같으면 그 목적어는 중복 사용하지 않는다)

⇒ It is so expensive that I can’t buy **it**.

(복문으로 전환하면 해당부분에 목적어를 넣는다)

It is very[so] expensive. (So)I can't buy it.

(C) Be honest, and everybody/anybody will believe you.

(In order)to be believed by everybody /anybody, you should be honest.

(D) It is impossible for her to try harder. So she will never pass the exam next time, either.

We can't expect she will try harder. So she will fail (in) the exam next time, too.

* 이와 같이 기술적 관점(⇒영미인들의 언어 관습적 차원)에서 접근한다면, If only I had listened to my parents! 처럼 *If*-절만으로 표현된 경우에도 —규범 문법적 차원에선 직설법으로 나타내기엔 객관성이나 설득력이 없을지라도 — 직설법의 유도가 가능하다:

If only I had listened to my parents !

→I wish I had just listened to my parents !

⇒I'm very sorry (that) I didn't listen to my parents !

⇒It is a great pity that I didn't listen to my parents !

⇒I greatly regret not having listened to my parents!

(이하 부연 설명은 생략; 前部에서 설명)

⇒I should have listened to my parents !

(should have + 과거분사: ~ 했었어야 하는 건데)

⇒I had to listen to my parents ! But why didn't I do so ?

(심지어 話者의 어조나 심리로 보아 Alas, it is (of) no use crying over spilt milk!와 같은 표현까지도 덧붙일 수 있다)

17. 영문의 문체론(文體論)에 관하여

英文이란 문법적으로만 맞다 하여 통용되지 않는다. 다시 말하여 문법적으론 정확한 영문일지라도 영어다운 표현이 아니면 올바른 영문으로 인정되지 않는다. 바로 이 때문에 하나의 문장이 만들어지는 과정은 구문론에 입각해서만 아니라 동시에 문체론까지 적용되어 모든 이들이 수긍하는 객관성을 갖춤으로써 드디어 그 문장은 널리 쓰이게 된다.

그러므로 TOEIC · TOEFL에서는 표준 문어체 문장의 구조에 관한 지식을 묻는 문제가 반드시 출제될 뿐만 아니라, 나아가 영문 논문 · 소설 · 수필 따위는 그 자체의 생명이 좌우될 만큼 문체론에 있어서 중요한 요소들이기 때문에 그에 대한 연구는 꼭 필요하다.

1) 일관성(Coherence)의 원리

전체 문장을 통하여 주어[인칭] · 수 · 격 · 시제 · 태 · 법(mood)에 일관성을 지녀야 한다.

(a) **I** shall be glad to go if **my sister** goes with me. (X)

∵ 선행 주어와 불일치

(b) **I** shall be glad to go if **I** go with my sister. (O)

(a) Next year I **am** 63 years old, and my wife **will be** 59 years old. (X)

(b) Next year I **am** 63 years old, and my wife **is** 59 years old. (O)

(c) Next year I **shall be** 63 years old, and my wife **will be** 59 years old. (O)

* 시제 또한 논리에 맞게 일관적이어야 한다.

(a) We **won** the contest and an award was received by us. (X)

∵ 태의 불일치

(b) We **won** the contest and received an award. (O)

* 함부로 태를 바꿔 문장을 용장(冗長)하게 함은 좋은 문체가 아니다.

(a) **Do it** at once and **it should be finished** by tomorrow. (X)

(b) **Do it** at once and **let it be finished** by tomorrow. (X)

(c) **Do it** at once and **finish it** by tomorrow. (O)

(d) **Let it be done** at once and **(let it be) finished** by tomorrow. (O)

(설명) (a): 앞은 명령법, 뒤는 직설법이므로 문장기법상 좋은 문체가 아니다.

(b): 앞뒤가 같은 명령법이긴 하나 태가 불일치하기 때문이다.

(c): 앞뒤가 명령법이고 능동태이자 문체의 간결성의 원리에도 부합한다.

(d): 문장이 다소 긴듯하나 목적어를 강조코자 할 때 쓰이는 기법이다.

(a) If possible, he **would** go to the US and his wife **will**, too. (X)

(b) If possible, he **will** go to the US and his wife **will**, too. (O)

(c) If possible, he **would** go to the US and his wife **would**, too. (O)

(설명) (a)는 가정법과 직설법의 혼용이므로 일관성에 어긋난다.

2) 논리성(Logic)의 원리

구문상으로 맞지 않거나, 수식어와 피수식어의 관계가 모호하거나, 의미 전달에 필요한 말을 함부로 생략하는 등 문장의 뜻이 어색하고 애매한 비논리적 표현은 피해야 한다. 글의 내용도 논리적 어순에 맞게 전개해야 한다.

(a) Every **soldier** must be faithful to **their** military duty. (X)

(b) Every **soldier** must be faithful to **his** military duty. (O)

(c) **All** soldiers must be faithful to **their** military duty[duties]. (O)

* 우리말에서 흔히 일어나는 모순현상(a번 문장)인데 언뜻 그런 식으로 생각하다 보면, 영문에서는 뒤따르는 소유격이 단수인 문두의 주어의 수와 일치 하지 않는다.

다음 예문은 격(格; case)이 구문상 맞지 않은 경우이다.

(a) A: This noise gives me a headache!

B: **Me, too!** (=It gives **me** a headache, **too!**) (O)

(b) A: I wish I had a drink.

B: **Me, too**. (X) (→ **I** wish I had a drink, **too**)

* 구어체에선 의미론적인 관계만이 유지될 뿐 파격(破格; 문법적 구문의 무시) 현상 때문에 TOEIC/TOEFL과 같이 규범문법을 중시하는 구문에선 삼가는 것이 최선의 방법이다. 한 가지 더 예를 들어본다.

A: My feet are aching from long walking.

B: **Me, too**. (X) (→**Mine** are aching from long walking, too)

(설명) My feet→Mine이기 때문에 Me는 틀린다.

특히 다음과 같은 경우는 의미마저 다르기 때문에 (* 순전한 구어체 문장이라야 기껏 열 손가락도 다 꼽지 못할 것인데도 불구하고 혹자들은 문어체와는 별도로 구어체 문장이 부지기수나 되는 것처럼, 영어회화의 큰 방편이나 되는 것처럼 떠들어 대는 오류를 범하고 있음) 함부로 표준 어법을 무시한 美語式 구어체 표현을 써서는 안 된다.

(비교) (a) She likes you better than **I** (like you).

(b) She likes you better than (she likes) **me**.

(a) I admire my son more than *my wife*. (X)

(b) I admire my son more than **I admire my wife**. (O)

(c) I admire my son more than **my wife does**. (O)

(설명)의미 전달에 필요한 말을 생략하여 뜻이 애매모호함.

(a) Coming home late, the house was (found) dark. (X)

(b) **Coming** home late, **I** found the house dark. (O)

→When I came home late, I found the house dark.

→I came home late and found the house dark.

(설명) 분사 coming의 의미상 주어가 the house는 될 수 없으므로 비논리적이다.

(a) My doctor told me frequently to exercise. (X)

(b) My doctor **frequently told** me to exercise. (O)

(c) My doctor told me **to exercise frequently**. (O)

(설명) (a)의 frequently는 told도, to exercise도 수식하는 관계이므로 모호함을 피하고 수식어의 위치는 뚜렷이 해야 된다. (a)에서와 같이 수식어가 앞뒤 어(구)를 두루 수식하는 경우를 squinting modifier(사팔뜨기 수식어; 곁눈질 수식어)라고 하는데 비논리적이므로 써서는 안 된다.

(a) We only skated for an hour. (X)

(b) We skated for **only** an hour. (O)

(설명) (a): 우리는 한 시간 동안 스케이트 타기만 하였다.

(b): 우리는 한 시간 동안만 스케이트 타기를 하였다/~를 탔다.

해석에서 보듯이 위 두 글은 물론 상황에 따라 있을 수 있다. 그러나 (b)의 표현이 일반적이다. 그러므로 수식어를 잘못 두면 문장의 뜻이 바뀌거나 어색하고 비논리적인 표현이 되므로 특히 부사의 위치는 유의해야만 한다.

이러한 부사엔 almost=nearly, even, hardly=scarcely, merely =only = just 등이 있는데 일반적으로 피수식어(구) 앞에 놓인다.

o I go to school at night, and work part-time at two jobs at daytime. (X)

→ I work part-time at two jobs at daytime, and go to school at night. (O)

(설명) 일련의 생각을 일의 발생 순서에 따라 논리적으로 전개한다.

3) 간결성(Terseness; Brevity)의 원리

문학작품의 미사여구나 수사적 표현과는 달리 국문이든 영문이든 단순히 의견을 표현함에 있어서 같은 뜻을 가진 말의 중복 또는 군더더기 말로 문장을 복잡하게 하는 것은 피해야 한다. 그리고 한 문장 안에서 생략이 가능한말은 가급적 생략해버리면 그만큼 간결해진다.

(a) The guy sometimes behaves (himself) <u>badly</u> <u>in a bad manner</u>. (X)

(b)The guy sometimes behaves (himself) **badly**. (O)

(c) The guy sometimes behaves (himself) **in a bad manner**. (△)

(설명) (a): 유사어(구)의 중복. 그러나 (c)는 영문표현의 다양성에 비추어 볼 때 굳이 간결성에서 벗어났다고는 할 수 없다.

(a) This is the way how I have done it. (X)

(b) This is the way that I have done it. (O)

(c) This is the way I have done it. (O)

(d) This is how I have done it. (O)

(e) This is the way in which I have done it. (O)

(설명) (a): 동의어의 중복, (b): that은 관계부사로도 쓰인다.

(e): 관계부사 = 「전치사 + 관계대명사」

* the time when, the place where, the reason why도 마찬가지다.

그러나 관계부사 how와 why의 선행사는 일반적으로 각각 the way와 the reason이지만, when과 where는 선행사가 각각 the time과 the place일 때만 중복을 피해야 하나 구체적인 때와 장소를 나타내는 말이 선행사로 대체되면 when과 where는 동의어의 중복이 아니다.

(예) My father was born in 1925(,) when my grandfather passed away. (O)

My father was born in the year when my grandfather passed away. (O)

I often go to my hometown(,) where I have my second brother. (O)

(부언) the reason why와 연관하여 The reason is because …도 종종 출제되는 문제이므로 The reason is that …, 혹은 It is why [because] …로 해야 함.

(a) As a rule, I usually wake up late. (X)

(b) I **usually** wake up late. (O)

(설명) 역시 유사어(구)의 중복. 이러한 예는 수없이 많은데 몇 가지 더 예를 들어보면, sufficient enough → sufficient, be newly innovated → be innovated, advance forward → advance, combine together → combine, during the time of → during, repeat again → repeat, return back → return, compete together → compete 등

(a) June 25(th), 1950 was the day when the Corean War broke out in Corea[on the Corean peninsula]. (X)

(b) June 25(th), 1950 was the day when the Corean War broke out. (O)

물론, 이 문장을 그 때보다는 사건을 강조하면 The Corean War broke out on June 25(th), 1950이 됨은 말할 나위도 없다.

(설명) 쓸데없는 군더더기 말.

다음은 생략법(ellipsis)의 몇몇 예다.

o For lunch, I ate three buns and (I) drank two cans of 7-up.

o My father works on a farm, and I (work) in a factory.

o I won a lottery in 2000, and my wife (won a lottery) in 2005.

o He looked angry, and she certainly was (angry).

=He looked (angry), and she was certainly angry.

(설명)뒤 문장의 동사가 be동사이면 전후 문장의 보어 생략 가능.

be, have, 조동사가 문미에 오면 부사는 그 앞에 둬야한다.

o We wanted white wine, but they served us red (wine).

o Darling, I am happy if you are (happy)!

o Mom is dusting the furniture because Dad won't (dust the furniture).

o Although (I have been) told to stop, I must keep on working.

(설명) be동사와 연관되어 부사절에서 어구의 생략이 가능.

o Any person **that[who] parks** his car here will be fined!

→Any person **parking** his car here will be fined!

o The visitors (who are) from other countries are welcome(d)!

o You may go back home if you want to (go back home).

(설명) (go back home) 대신 do so로 대동사를 써도 되나 역시 생략 가능함. 위에서와 같이 어구의 반복을 피하기 위하여 to 이하의 동사의 생략법을 pro-infinitive(代不定詞)라고 한다.

o I live in Ulsan, and I work at the front desk of a hotel. (△)

→I live in Ulsan, and work at the front desk of a hotel. (O)

→ Living in Ulsan, I work at the front desk of a hotel. (O)

4) Parallelism(竝置法, 竝行[列]規則, 對句法)의 원리

두 개 이상의 단어 · 구 · 절이 접속사(특히 등위 접속사나 상관접속사)에 의해 연결될 때나, 비교구문에서 비교의 대상이 되는 내용을 문맥상으로 문법적 구조 내지 형태를 앞의 것(들)과 같게 하는 문장기법을 말한다.

이는 매끈하고 rhythmical한 문장을 만들기 위한 문체상의 필수 요소이다.

이 원리는 때때로 일관성 및 논리성과도 상통하는 점이 많으며 지극히 간단하다.

(a) **Teaching** is **learning**.

(설명)비교의 대상으로서 주어가 단어(동명사)이므로 보어도 단어(동명사)이어야 함.

(b) **To teach** is **to learn.**

(설명)비교의 대상으로서 주어가 어구(to-부정사)이므로 보어도 어구(to-부정사)이어야 한다.

(a) She is neither **charming** nor **talented**.

(설명)앞말이 단어(형용사)이므로 뒷말도 단어(형용사)이어야 함.

(b) She has neither **charm** nor **talent**.

(설명)앞말이 단어(명사)이므로 뒷말도 단어(명사)이어야 한다.

(c) She has neither **charms** nor **talents**.

(설명) 앞말이 명사의 복수형이므로 뒷말도 수를 일치 시킨다(가산명사)

* 그 근거로는 가령, 二行聯句로 된 정형시에서 end rime(脚韻)을 맞추려고 할 때 face와 grace, faces와 graces 처럼 1행의 끝말이 단수이면 2행의 끝말도 단수이나, 1행의 끝말이 faces와 같이 복수형이면 2행의 끝말도 graces로 복수형으로 압운(押韻)시키는데, 산문에서도 그러한 문장 표현을 사용하면 그만큼 세련된 문장이 될 수 있기 때문이다.

(d) **She is not charming**, and **neither is she talented**.

(설명)앞 표현이 절이므로 뒤 표현도 절이어야 한다.

(a) She died **when she was 90 years old**, and her husband died **when he was 95 years old.**

(설명)앞 표현이 절(부사절)이므로 뒤 표현도 절(부사절)이어야 한다.

(b) She died **at the age of 90**, and her husband died **at the age of 95**.

(설명)앞 표현이 어구(부사구)이므로 뒤 표현도 어구(부사구)이어야 한다.

(c) **When she was 90 years old** she died, and **when her husband was 95 years old** he died.

(설명) 문 (a)(b)는 '죽음'을 강조하여 주절을 앞에 둔 경우이고, 문 (c)는 '나이'를 강조하여 종속절을 먼저 두었기 때문에 뒤 표현도 문장의 어조 내지 리듬을 맞추기 위하여 문맥을 맞춘 것이다.

o Pushkin was **Russia's** greatest poet, and Tolstoy (was) **her** greatest novelist.

(설명) 격(소유격)의 일치

(cf) Pushkin was *Russia's* greatest poet, and Tolstoy (was) *the* greatest novelist *of Russia*. (X)

(설명) 앞말이 'ʼs의 소유격인데 뒷말은 of-phrase로 구문이 일치하지 않음.

(a) The visitors admired **my paintings**, but they disliked **my sculptures**. (O)

(b) **My paintings** the visitors admired, but **my sculptures** they disliked. (O)

(c) *My paintings* the visitors admired, but they disliked *my sculptures*. (X)

(설명) 문(a)에서는 목적어가 다같이 타동사 다음에, 문(b)에서는 목적어를 강

조한 경우로서 다같이 문두에 놓여졌으나, 문(c)에서는 목적어의 위치가 고르지 않아 논리성 · 일관성 · 병행규칙에 다 어긋난다.

(a) Mr A, you must finish your work by 5.
(and) Mr B, you must finish your work by 6. (O)
(註)특별히 강조하는 경우가 아니면, 간결성의 원리에 입각하여 (and) Mr B, you(must finish your work) by 6처럼 더욱 생략법을 적용할 수 있다.

(b) Mr A, your work must be finished by 5.
(and) Mr B, your work must be finished by 6. (O)
(a)와 마찬가지로 must be finished를 생략할 수 있다.

(c) Mr A, you must finish your work by 5.
(and) Mr B, your work must be finished by 6. (X)
(설명) (a)의 두 글은 능동태, (b)의 두 글은 수동태로 이뤄졌으나 (c)의 경우는 능동태와 수동태의 혼용이므로 역시 문장기법상 맞지 않다.

(참고문헌: 이재옥,『이재옥TOEFL』(昭明社) · 문용,『고급영문법해설』(博英社) · Quirk 외 *같은 책* — <영문의 문체론> 참조

이 밖에도 Parallelism의 예는 헤아릴 수가 없고, 문체론에 입각한 문장기법(composition technique)의 설명을 세세히 다 하려면 끝이 없을 정도이지만 전반적으로 이에 관한 학습으로는 충분하다고 여겨져 끝낸다.

Part Two

(Part Two에서 記述된 내용 중 일부는 빠진 설명을 보충 하였다기보다는 Part One 이나 부록에선 기술의 용장(redundancy)함과 복잡성을 피하거나, 혹은 보다 학문적 차원에서 독자에 따라서는 필요할지도 몰라 참조용으로 부연 · 부언한 것이다)

1. **모음자의 사일런트(묵음자**; silent, mute)**에 대하여**

cak<u>e</u> · hom<u>e</u> · fac<u>e</u> · lif<u>e</u> · hop<u>e</u> · mad<u>e</u> … 와 같은 단어들의 끝 자 'e'와 tong<u>ue</u> · dialog<u>(ue)</u> · harang<u>ue</u> · fatig<u>ue</u> · antiq<u>ue</u> · arabesq<u>ue</u> · baroq<u>ue</u> · picturesq<u>ue</u> · Romanesq<u>ue</u> · grotesq<u>ue</u> 등과 같이 g나 q 다음에 오되 단어의 끝에 붙는 'ue'가 사일런트라고 하는 것이다.
이에 대하여 후자의 경우에 한해서는 사일런트라고 볼 수 있으나, 전자의 경우엔 사일런트로 볼 수 없다. 왜냐하면 'e'라는 음소(音素)가 있음으로 해서, 이를테면 hope의 o가 [ou]의 음가(音價)를, made의 a가 [ei]의 음가를, life의 i가 [ai]의 음가를 갖게 되지만, 'e'가 없으면 음가[발음]가 전혀 달라지기 때문이다. 따라서 이런 경우의 'e'음은 표면상으로는 성음(聲音)현상을 보이지 않는 것 같지만 실제로 발음에 작용하고 있다고 보아야 할 것이다. 말하자면 사일런트란 그 단어에 spelling(철자)으로선 작용하나[쓰이나] 그 자모가 발음상으론 무시되거나 하등 영향을 끼치지 않을 때 그를 가리켜서 그 단어의 silent 또는 mute라고 한다. 결론적으로 영어(=영 · 미어)의 모음자의 사일런트는 위에서 언급한 단어들의 g나 q 다음의 어미 –ue에 국한될 뿐이다. 즉, 예외로 간주하면 될 뿐이다.
이마저도 'dialog'는 미어에선 사일런트 현상과는 상관없다.
요컨대, 영어단어의 사일런트란 일반적으로 자음에서 일어나는 현상이다.

2. **모음의 종류에 대하여**

1) 단순모음: 단모음과 장모음(단모음에 長音符[:]가 붙은 모음)

2) 중(重)모음: 2중모음과 3중모음.

o 2중모음: [ei] · [ai] · [ɔi]등과 같이 **발음기호상에** 단모음이 둘로 나란히 되어있는 모음. 그 외 [au]· [ou] · [iə] · [εə] · [uə] · [ɔə]가 있다.

o 3중모음: [eiə] · [aiə] · [ɔiə] · [auə] · [ouə]와 같이 **발음기호상에** 단모음이 셋으로 나란히 되어 있는 모음.

o 반모음: [j] · [w] · [r](美音에서)를 말함인데 즉, 높은 모음에서 곧 다른 모음의 발음으로 이동하는 음이다.
가령, you[ju:]는 [j]에서 [u:]로, way[wei]는 [w]에서 [ei]로, rain [rein]은 [r]에서 [ei]로 곧 이동하는 것을 뜻한다.

3. **기능어 · 내용어란** ?

o 기능어: 연결이나 보조역할을 하는 문법적 기능을 갖는 말.
관사 · 전치사 · 접속사 · 관계사 따위가 이에 속한다.

o 내용어: 문장의 내용전달의 중추적 역할을 하는 의미에 더 큰 비중을 두는 말.
명사 · 대명사 · 동사 · 형용사 · 부사 · 의문사 등이 이에 속한다.

4. 문강세의 일반적 위치에 대한 부연

(△표는 보편적으로 통용은 되고 있으나 학자들 사이에 꼭 일치된 이론은 아니다. **'강조·비교·대조'의 경우는 상황에 따라 얼마든지 달라질 수 있으므로 예외로 한다**)

△「부사+형용사」는 형용사에 강세를 둔다.

very góod / much bétter

△「부사+부사」는 뒤에 강세를 둔다.

very fást / just nów

△「동사+부사」는 부사에 강세를 둔다.

run fást / come sóon

* 관용구로 쓰이어 서로 떼어 놓을 수 없는 turn óver, take óff, get úp 따위의 二語動詞(two-word verb)와 구별할 것.

△「동사+형용사」는 형용사에 강세를 둔다.

keep sílent / get óld

△「형용사+명사」는 명사에 강세를 둔다.

good néws / pretty gírl

o「동사+목적어」의 경우, 목적어가 명사이면 명사에, 대명사이면 동사에 강세를 둔다.

He likes Máry.

He líkes her.

△ 한 어구에서 강세는 보통 끝부분에 온다.

get up éarly, joyful as a lárk, the day before yésterday, ladies and géntlemen, day and níght, o 인칭대명사가 포함된 어구(Tóm and I); 「전치사+명사」는 명사에, 「전치사+대명사」는 전치사에 강세를 둔다.

He is at schóol. / He is agáinst me.

△「sáy so / △thínk so / and só forth[on]」 따위는 표시한 바와 같이 강세를 붙인다.

* so는 부사, 보어로서의 대명사 양쪽으로 다 쓰이며, 부사로 쓰일 때에도 명사어구나 절의 반복을 피하기 위한 대명사적 의미를 갖는다.

△도치구문의 동사나 반복되는 말엔 강세를 붙이지 않는다.

Dówn comes the ráin in tórrents.

(비가 억수같이 쏟아진다)

Púpils are réading a bóok as their téacher is reading it.

강세에는 흔히 단어강세 · 구강세 · 문(장)강세가 있다고 하는데, 이 중에서 구강세를 문강세와 따로 떼어 놓을 수는 없다. 다시 말해서, 구강세란 「단어 + 단어」의 형태로 되어있는 것에 대하여 붙인 하위 개념으로 표현상의 차이일 뿐 보통의 경우 문장에서도 어구의 강세의 위치나 의미가 달라지지는 않기 때문에 결국 문강세에 내포[일치]되는 것이므로 강세는 크게 두 가지로 나뉜다.

그런데 문강세에 있어서는 앞에서 설명한 바와 같이 비교 · 대조 · 강조 등의 예외적인 경우를 제외하곤 기능어 · 내용어 별로 강세 원칙에 따라 문장에 강세를 적용하면 된다. (* Prator, Jr. 외, *Manual of AE Pronunciation (3rd ed.)*, p.29)

그러면, 본란에서 언급된 (어)구강세 규칙은 부록의 영문읽기에서 설명된 1) · 2)항의 문강세 원칙과는 일치하지 않는다는 것을 알 수 있다. 문제는 일반원칙에 대하여 실제 내용 및 발음상의 차이 · 피상적이거나 구구한 설명으로 인해 학습에 크게 혼란을 일으킨다는 점이다.

그런데, 앞에서 제시한 문제점들을 충족하고 있는 게 바로 *Manual of AE Pronunciation* (이하 *Manual*로 약칭)이다. 그래서 본서에서도 이 *Manual*의 내용에 의거하여 설명하고 있음을 알려둔다. 그러나 역시 발음 · 강세 · 억양에 대해서 중점적으로 상술한 다른 저서의 내용도 참고로 소개하고자 한다.

Norman C. Stageberg저 *An Introductory English Grammar, 4th ed.* (姜善永 · 安璋允

· 張景基 共譯, 『大學英文法』(학문사))에서 설명하고 있는 강세유형(stress pattern)을 보면, 우선 어구나 문장의 강세를 4등급으로 세분(즉, 제1강세(´), 제2강세(ˆ), 제3강세(`), 약강세(˘))하여 어구나 문장에 적용하고 있다. 그런데 약강세는 보통 표기하지 않는다. 그럼 그 실례를 보자.

1) 복합명사의 강세는 ´ ` 로 표기하고 있다.
   húla hòof / dísh(-)wàsher(식기 세척기)

2) 「수식어 +명사」의 강세는 ˆ ´ 로 표기하고 있다.
   pôor hóuse / wôrking mán
   ° { ˆ´ }는 다른 저서의 { ` ´ }강세유형에 해당된다.

3) 「동사 +목적어」의 강세는 ˆ ´ 로 표기하고 있다.
   They lôve bírds.(목적어는 명사)
   They are côoking ápples.

4) 「동사 +부사」의 강세는 ˆ ´ 로 표기하고 있다.
   lôok óut / côme dówn

또, R. Quirk 등이 쓴 *A Comprehensive Grammar of the English Language* (p.1594)를 보면(이하 Quirk로 약칭), 일례로

A Frénch tèacher teaches French.
A Frènch téacher is French.
} 와

A tóy fàctory produces toys.
A tòy fáctory is a model of a factory used as a toy.
} 에서

복합명사의 강세는 역시 ´ ` 로 표기하며, 「수식어 +명사」의 관계는 ` ´ 로 표기하고 있다. 그런데 사전에 복합명사의 강세 표기를 보면, 동일한 어구에서도 {´ `}의

강세유형으로 되어있는 것들이 있는가 하면 {ʹ ʹ}로 되어있는 것들도 이루 헤아릴 수가 없다. 또 Oxford판 영영사전에는 주강세(ʹ)만 표기한 어구들이 있는가 하면, {ʹ ˋ}의 강세형을 취하고 있는 것들도 있다.

한편, 「형용사나 현재분사 +명사」의 어구에서는 사전들을 보면 {ʹ ʹ}로 주강세로 표기되어 있다. wálking díctionary, gólden áge, …가 그 예이다.

cf) Énglish tèacher / bús stòp 따위는 수식어–피수식어의 관계가 아니라 복합명사[합성명사]이다.

이는 그만큼 구강세 내지는 문강세가 복잡 미묘함을 말해주는 것이며 따라서 학자들의 의견에도 차이가 있음을 나타내고 있다.

그러면 본서에서는 다음과 같이 결론적으로 요약코자 한다.

1) 어구나 문장에서의 강세는 <u>보통의 경우,</u> 기능어와 내용어에 따라 강세의 보편적 원칙으로 삼되, 강세부호는 주강세(ʹ)와 약강세(ˋ)로 구분하여 주강세를 으뜸으로 하며, 약강세는 잠재하는 것으로만 인식한다. 따라서 복합명사의 경우에는 주강세만을 표기하여도 될 것이다. 구두로 표현할 때엔 말할 나위도 없이 앞의 요소를 뚜렷하고도 강하게 발음한다는 것이다.

   예) Énglish tèacher(영어선생) → Énglish teacher (※ *Manual*, p.29)
      dáncing gìrl(무희) → dáncing girl
      Whíte Hòuse(백악관) → Whíte House
      slót machìne(= vénding machìne) → slót machine(= vénding machine)

2) 한 어구가 두 가지 의미를 지닐 때, 즉 복합명사 외에 「수식어(형용사) +피수식어(명사)」의 관계가 될 때에는 어떻게 할 것인가? 복합명사와 정반대로 생각하면 될 것이다. 왜냐하면, 이러한 경우에는 복합명사일 때와 비교하여 구성요소와 의미의 차이는 뚜렷하면서도 어구의 형태는 똑같아서 보거나 듣는 이로 하여금 발음·문법구조·의미의 혼동이나 곡해를 피하기 위해서는 부득이 강세에 의해서 구별할 수밖에 없으므로 악곡에서 반음 내릴 때처럼 수식어는 약강세를 잠재적으로 적용하고 피수식어는 주강세를 명시한다. 곧, 복합명사일 때 앞의 요소에 주강세만을 표기 하거나 강하게 발음한다면, 「수식어(형용사) +피수식어(명사)」의 관계일 때에는 뒤의 요소에 주강세만을 표기하거나 강하게 발음한다

는 것이다. 이는 마치 가령, thirty와 thirteen과의 발음의 혼동을 피하기 위해서 thirty는 1음절에, thirteen은 2음절에 강세를 두는 것과 같은 이치라고 하겠다.(※ *Manual*, p.20)

예) Ènglish téacher(영국인 선생) → English téacher
dàncing gírl(춤추고 있는 소녀) → dancing gírl
whìte hóuse(흰 집) → white hóuse

3) 앞의 1) · 2)항의 경우를 제외한 그 밖에 「단어[품사] +단어[품사]」라든가 한 어구가 둘 또는 그 이상의 단어들로 구성되어 있는 경우에는 <u>강세의 보편적 원칙</u>을 적용한다. 다시 말해서, 이들 경우에는 내용어는 강세를 붙이고, 기능어는 강세를 붙이지 않는다. 다만, 다음과 같은 학자들의 의견도 있다는 점을 함께 인식할 필요가 있을 것이다.
가령, Stageberg에 의하면(※ 『대학영문법』, pp.61~62), 앞에서도 강세유형에 대한 그의 이론을 4가지만 간략하게 소개한 바 있지만, 특히 2)항(수식어 +명사) 및 3)항(동사 +목적어)과 관련하여 내용어 일지라도 강세를 {ˆ ′}로 나타내고 있는데 (중 · 고교 과정에선 {` ′}이나 약강세는 무시하고 결국 주강세만 남음), 이에 대한 그의 이론적 근거를 제시해 본다.

① 일례로서, intellectual의 단어강세는 ìntelléctual이다. 그러나 intellectual curiosity의 구강세는 ìntellêctual cùriósity(중 · 고교 과정 등에선 intellèctual curiósity)가 된다. 여기서 intellectual의 제1강세가 구강세에서는 제2강세로 한 등급 낮아진다. 이렇게 강세가 낮아지는 게 구강세의 특징이며 또한 구에는 제1강세가 하나 밖에 없으며 보통 어구의 끝에 온다는 것이다.

예) vêry háppy / the dây before yésterday
gô for béer / jôyful as a lárk
get ûp éarly / lâdies and géntlemen
ûp and dówn / wânt to léave, etc.
단, 인칭대명사가 포함된 어구는 예외에 속한다.

그런데 위의 설명에 대하여 좀 더 부언코자 한다. 가령, 「부사 +형용사」일땐 형용사에 강세를 둔다고 하나 부사에 강세를 전혀 주지 않는다는 것은 아니다. 말하자면, 부사보다는 형용사를 좀 더 강하게 발음한다는 것이다. 그러면 「부사 +형용사」의 강세유형은 「수식어 +명사」와 같이 {ˆ ˊ}가 되나 중 · 고 교과정 등에선 주강세(ˊ)와 약강세(ˋ)만을 취급하되 약강세마저 거의 무시하는 경향이 있기 때문에 형용사에만 강세를 표기하는 결과가 된다. 그래서 앞의 요소에도 강세가 붙는다는 것을 명시하기 위하여 학자들 중에는 심지어 double mark, 즉 heavier stress(″)를 붙이는 이들도 있다. Quirk(pp.1594~1595)를 실례로 들어본다.

the tòy fáctory he gót for his bi̋rthday.

It is the addréss he sént the le̋tter tò.

He sént the létter to the addréss he had been gi̋ven.

② 영어가 약강격 언어(弱强格 言語-iambic language)라는 점이다. 이는 문맥에 따라 강세의 위치가 달라지는 강세의 이동현상에 의해서, 뒤에 오는 단어의 첫음절에 제1강세가 올 때 단어에서 제일 강한 강세가 앞으로 이동해서 제1강세가 연달아 나오는 것을 피하고 약한 강세와 강한 강세가 반복되는 경향이 있다는 것이다. 따라서 제1강세는 제2강세로 약화되며 영어에서는 한 어구에 제1강세가 하나 밖에 없는데다, 그것도 구의 끝 부분에 있게 되므로 「수식어 +명사」라든가 「부사 +형용사」따위에서는 뒤의 요소에 주강세가 오게 된다.

(보기) 앞의 예에서처럼 unknówn과 downtówn의 단어강세는 형용사일 때 보통 2음절에 둔다. 그러나 an ûnknòwn thíef와 the dôwntòwn bákery에선 강세가 표기한 바와 같다. 결국 두 어구의 강세유형은 약강 / 약강격이 되고 있다. 시구(詩句)로 말한다면 운각(foot)이 약강 / 약강의 2보격 리듬을 이루고 있는 셈이다.

요컨대, Prator, Jr.나 Robinett가 영어를 제2외국어로 사용하는 거의 대다수 국민들을 대상으로 강세유형을 다루고 있다면, Stageberg 등은 영어를 모국어로 사용하는 국민들을 대상으로 하여 일반적 단계보다 좀 더 구체화 · 세분화 · 전문화한 단계로 stress pattern을 다루고 있다. 그렇다면 본서에서는 어구나 문장의 강세유형은 제반 준거 및 *Manual*과 일반사전식의 설명을 바탕으로 강세의 보편적 원칙에 의거하여 — 강조 · 대조 · 비교 등의 예외적인 경우를 제외하고는, 복합적 의미를 갖는 어구이면 ⓐ 복합명사는 앞 단어에, ⓑ「수식어 + 명사」의 관계일 땐 명사에 강세를 붙이며, ⓒ오로지「수식어 + 명사」의 관계만이 성립 되는 어구에는 수식어(들)와 피수식어 모두 강세를 붙이는 것으로 한다. 아래 예문들을 보자.

She is a dáncing girl. (무희)

A dancing gírl among them is my síster. (춤추고 있는 소녀)

He is a wálking díctionary [a góod bóy].

After having retíred from públic sérvice, he líves in a remóte sólitary pláce with his wífe.

I gó to the gým in the mórning(s), génerally.

* 강세(부호)를 표기하는 방법에 심지어 '악보식'이란 것도 있는데 활용되지도 않을 너무나 비실용적인 이론이라서 설명에서 제외하였다.

5. 억양에 대한 부연

1) 본란에서 :이나 ;앞에선 2-3-1음조로, ,앞에는 2-3-2음조로 나타낸다고 하였는데, 이러한 문미이전의 억양유형은 문법적 구문이나 문장의 의미에 의해서라기보다는 speaker의 태도(attitude) 여하에 따라 달라질 수 있기 때문에 2-3-3음조로 발음한다고 해서 틀렸다고 말할 수는 없다. 특히 ,의 경우엔 2-3-3음조로 말하게 되면 상대방에게 기대나 호기심을 주기도 한다. 참고로 ,앞을 2-3-3음조로도 표시해 본다.

③ ③
② In a minute, I'll have a sur prise for you.
(곧, 너에게 줄 깜짝 놀랄 선물이 있네)

③ ③
② I looked down, and there was my key.
(밑을 내려다보자, 바로 거기에 내 열쇠가 떨어져 있었다)

◦ 위 글에서 there에 강세와 함께 high note가 된 이유는 down을 높은 음조로 나타냄으로써 there를 강조했기 때문이다.

2) A or B / A, B or C 따위의 형태를 취하면서도 선택의문문(alternative question)이 아니고 yes-no question일 때의 억양유형도 꼭 한 가지만 있는 것은 아니다.

(선택 의문문) Would you like coffee or tea? (양자택일)

(yes-no 의문문) 1) Would you like coffee or tea?

(〃) 2) Would you like coffee or tea?

(커피나 차나 (그 외) 뭘 좀 드시겠습니까?)

o 1)보다는 2)의 억양이 보편적임.

6. **긴 문장에 있어서** breath group (**호흡군**)**과** pause(休止)

긴 문장을 읽을 때 그 문장을 전체적으로 봐서 가장 큰 부분부터 작은 부분으로 끊어나가되, 긴 문장일수록 끝까지 끊어나가지 말고 작은 부분들은 가급적 그보다 바로 더 큰 부분 속에 포함시켜 나가면 된다. 그리고 대등한 부분은 끊으려면 다 같이 끊고 끊지 않으려면 다 같이 끊지 않는다.
호흡군은 일명 의미군 이라고도 말할 수 있다.

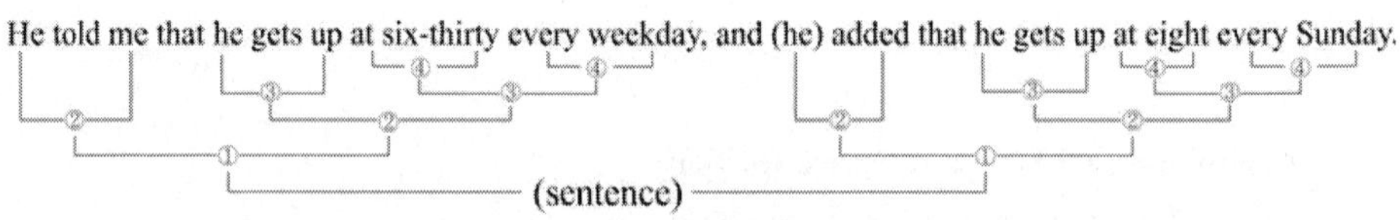

그러면, 이 문장은 개인에 따라서 and 앞에서 휴지를 한번만 둘 수도 있고, 혹은 me/that과 added/that 사이에서 똑같이 휴지를 더 두어 세 번까지 끊어도 좋다. 그런데 He gets up at six-thirty every weekday의 단문에서는 up/at 사이에서 한번 끊을 수도 있고, 그렇지 않아도 좋다. 그러나 이 문장이 위와 같이 긴 문장에 내포된 절일 때에는 up/at 사이에서 끊는다면 문장 전체적으로 볼 때 발음의 중단이 필요 이상으로 많아지고 심지어 every 앞에서도 끊는다면 발음의 중단은 더욱 많아지고 (이렇게 끊다보면 앞의 주어진 문장은 무려 일곱 번을 끊게 된다) 그럴수록 유연함이 없어지게 되고 보다 딱딱한 느낌을 갖게 한다. 그렇다면 앞의 글은 크게는 두 부분, 작게는 네 부분으로 구성되었다고 보면 좋을 것이다.

7. 구두점의 용법에 대한 부연

인용문이라도 대화문이나, 연설문 · 법정변론 · 회의록 따위의 내용을 신문이나 잡지 등에 보도할 때(기사화가 아니라도 상관없음)는 발언자의 이름 다음에 :을 찍고 [인용문의 앞에 :을 찍고] 인용문에는 인용부호를 붙이지 않는 것이 보통이다.

Tom: Mary, I have loved you for years.
Judge Harlan: If you do not answer frankly, the jury will draw its own conclusions.
(Harlan판사: 당신이 바른대로 대답하지 않으면, 배심원이 독자적으로 평결을 내릴 것이다)

위의 경우에 해당되지 않는 일반적 상황에서도 같다. (colon 용법의 3항 참조)
결론적으로, 콜론을 찍는 대신에 인용부호를 붙이지 않는다는 것이다. 그러나 인용부분이 동사의 목적어일 때는 ,를 찍고 인용부분에는 인용부호를 붙이는 것이 일반적인 원칙이다.

8. shall의 특수용법

다음과 같은 경우의 shall은 미래시제가 아니다. 즉, 성경구절 · 문학작품 따위에서 '예언'을 나타내거나, 문서 · 경기규칙 등에서 '의무 · 명령'을 나타내거나, '조약· 법률 조항'에 shall이 쓰일 때를 말한다.

Man shall not live by bread alone.
(인간은 빵만으론 살지 못하리라)

Ask, and it shall be given (to) you; seek, and you shall find; knock, and it shall be opened unto you. (Matthew Ⅶ.7)
(구하라, 그러면 얻으리라. 찾으라, 그러면 발견하리라. 두드리라, 그러면 열리리라)

Oh, East is East and West is West, and never the twain shall meet! — R. Kipling
(「동양, 서양」은 보통 the East=the Orient, the West=the Occident임)
(동은 동, 서는 서, 둘은 서로 영원히 만날 수 없으리라!)

Each competitor shall wear his back number.

Members shall register their names in the book.

Article 1: The Republic of Korea shall be a democratic republic.

Article 8: All citizens shall be equal before the law.

9. So +S +V, So +V +S, Neither +V +S에 대한 부연

탐구심이 강한 학습자들은 아마 다음의 사항들까지도 생각이 미치리라 여겨져 설명을 부연한다.

A: We have had much snow this year.

B: So we have. (=Yes, we have had much snow ~)

So have we. (×)

이 경우의 we는 총(칭적) 인칭(generic person)으로서 대화자들이 모두 내포되기 때문이다. 그러나 특정인들을 가리키는 A집단의 we와 B집단의 we 사이에서 대화가 오가는 상황이라면 대화의 내용에 따라서 다음과 같이 될 수 있다.

A: We shall be punished by our teacher.

B: So you will. (=Yes, you will be punished by your teacher)

So shall we. (=We shall be punished by our[your]teacher, too)

A: You asked me to leave.

B: So I did. (=Yes, I asked you to leave)

C: So did I. (=I asked you to leave, too)

(=I also asked you to leave)

So did she[he⋯].

세 사람 이상이 모인 상황이며 B의 'I'와 C의 'I'는 다르다.

그런데 So +S +V의 경우에 독립된 문장들로 표현하지 않고 한 문장으로 표현하면 뜻이 전혀 달라진다. 왜냐하면 말하는 주체에 따라서 you와 I가 서로 달라지기 때문이다.

You asked me to leave, and so I did.

=You asked me to leave, and I did so.

=You asked me to leave, and I left.

o so I did의 so는 I did so의 so와 같은 뜻이며 단지 강조를 나타낼 뿐이다.

o 조동사 중에서도 have to · ought to · had better · had best · would rather · used to · may well · may[might]as well과 같은 두 단어 이상으로 이루어져 있는 조동사와 need · may[might]· dare 등은 So +S +V/So +V +S 구문에선 실제로 그다지 쓰이지 않고 있다.
그렇다면 어떻게 표현할 것인가?

(○) She might be ill, and <u>he might (be), too</u>.
(△) She might be ill, and so might he.
위의 예문에서 보듯이 정상적인 어순이 선호되고 있다. 그리고 need와 dare는 현대영어에선 본동사(일반 동사)로 주로 쓰이기 때문이다.

A: He needs to go there at once.
B: So he does. (=Yes, he needs to go ~)
So do I. (=I need to go there at once, too)
(=I also need to go there at once)

o So[Neither]+V +S 구문에선 표현하기에 따라서 일상대화에선 시제를 꼭 일치시키지 않아도 된다.

A: My son is a doctor.
B: So will my son. (cf. So is my son)

A: I have decided to withdraw from the union.
B: So will I. (cf. So have I)

A: He withdrew from the union.
B: So will I.(cf. So did I)

A: She is well over forty. But <u>she isn't married yet</u>.
B: <u>Neither will I</u>. I am a celibate.

C: Neither was my sister.

(= My sister wasn't married till then, either)

※ Neither +V +S에서 유의할 점

A: John didn't see the accident.

B: Nor did Mary —①

Nor Mary, either —②

위 ①·②의 표현은 독립된 문장일 때 문어체에선 가급적 쓰지 않도록 하고 있다. 그 이유는 간단히 말해서 neither는 부사이나, nor는 접속사임에도 불구하고 부사처럼 오용되고 있어 원칙상으로 맞지 않기 때문이다. 그러나 구어체에서는 쓰이기도 한다.

o 다음 대화들도 서로 비교하며 음미해보자.

A: Life is short, but art is long.

B: So it is. (A의 전문을 한 진리적 사실로 보아 반복 내용을 it으로 받다)

A: The couple are happy now and will be happy in the future, too.

B: So they are and will be. (△ So they are and so they will be)

Brother: Father often gets up at ten, has brunch at eleven and goes out at twelve on Sunday.

Sister: So he does. (=Yes, he often gets up at ten ~)

A: He got up early, (and) so caught the first train.

B: So he did.

A: He got up early, (and) so could catch the first train.

B: So he did and could. (=Yes, he got up early ~)

o B가 「나도 그래」 하는 식으로 한다면 So did I, and so could I 가 된다.

o A의 진술에 대하여 B의 응답 방법에는 물론 So ~외에 여러 가지가 있으나, 여기서는 So+S+V 구문에 관하여 보다 상세한 설명을 하기 위함이다.

10. **PA**(prepositional adverb) · **부사 · 전치사의 관계에 대하여**

1) Come in. (in은 부사—come을 수식): ∴1형식 문장.

Come in the room. (in은 전치사 — the room 앞에 놓여 the room을 목적어로 취하고 있다. in the room은 부사구)

Come in the room. (in the room이 come을 수식 ∴1형식)

cf. a chair in the room. (형용사구 — a chair를 수식)

2) She turned on the man[him].(그 남자[그]에게 대들었다)

S (자)동사 전 on의 목적어

부사구(동사 수식) ∴1형식(S +V +부사구)

3) She turned on the gas. (가스의 꼭지를 틀었다)

S (타)동사 PA 타동사구의 목적어

타동사구(=하나의 타동사로 간주한다) ∴3형식(S +V +O)

만약 on을 전치사로 간주한다면, the gas가 on의 목적어가 되며 turned의 목적어는 없어져버린다. 아무튼 이러한 문장은 모든 문장이 그렇듯이, 구문 분석이 이론상으로 어려우면 해석(직역)을 해보면 뚜렷해진다.

즉, 타동사(구)는 우리말로 「~목적어 +**을[를]**+**동사**」의 형식을 반드시 취한다:

(목적격 조사)

I want to go abroad. (3형식: S +V +O(to go) +부사)

나는 외국에 가는 것을 원한다 → 외국에 가고 싶다.

I think that he is a liar. (3형식: S +V +O(that 이하 명사절))

나는 그가 거짓말쟁이라는 것을 생각한다 → 거짓말쟁이라고 생각한다.

She bought me a pair of gloves. (4형식: S +V +IO +DO)

그녀는 나에게 장갑(한 켤레)을 사 주었다.

* 4형식 문장은 간접목적어(~에게)와 직접목적어(~을[를])의 형식을 갖는다.

(cf) She bought a pair of gloves for me. (3형식)
S V O 부사구

4형식의 IO와 DO의 위치를 바꾸면 IO와 DO의 개념은 없어지고 3형식이 된다.

I believe him (to be) honest. (5형식: S +V +O +OC)

나는 그를 믿는다, 정직하다고 → 그가 정직하다는 것을 믿는다 → 정직하다고 여긴다.

= I believe that he is honest. (3형식)

(구문 분석) I believe him(S + V + O) + (to be) honest의 문형(文型)으로서 (to be) honest가 목적어인 him을 설명하고 있으므로 him = (to be)honest의 관계가 성립된다고 하여 목적보어라고 말한다.

cf. He is believed (to be) honest by me. (2형식)

반대로 수동태인 이 문장에서는 (to be) honest가 주어인 He를 설명하고 있으므로 He = (to be) honest의 관계가 성립된다고 하여 주격보어라고 한다.

It is believed by me that he is honest. (1형식) (S + V + 부사구)
(가주어) 동사 부사구 (진주어)

이 문장은 본래 That he is honest is believed by me 이지만 주어가 너무 길고 쓰이지도 않으므로 그 자리에 It을 대신 놓아 '가주어'라 명명하며, 아울러 That ~ 이하는 문미에 두어 가주어에 대한 상대적 개념으로 **'진주어'**라고 하는 것이다. 사실 수동태 자체도 어색하여 문법적 설명에 불과할 뿐, 마땅한 경우를 제외하고는 그 밖에도 일단 능동태가 선호되는 문장이 대부분이다.

He looked his thanks. (3형식)

그는 감사의 뜻을 눈으로 나타냈다.

My mother takes care of our baby. (3형식: S +V(takes care of) +O)

내 어머니께서 우리 애를 돌보신다.

(혹은 S +V(takes) +O(care) +형용사구)로 보기도 하나 전자가 보편적이다.

They listened to me. (3형식: S + V(listened to) + O)

그들은 내 말을(me) 귀담아 들었다 (listened to) (me = what I said)

cf. I was listened to by them. (1형식: S +V +부사구(by +them))

내 말이 그들에 의해서 경청되었다 → 그들에게 경청되었다.

They lived a happy life. (3형식: S +V +O(a happy life))

그들은 행복한 삶을 살았다 → 행복하게 살았다.

=They lived happily. (1형식)

He kept silent. (2형식)

그는 계속 조용한 상태에 있었다 /잠자코 말이 없었다. → 침묵을 지켰다.

He kept silence. (3형식)

그는 침묵을 지켰다. (=침묵을 유지했다)

이 두 글의 의미는 같으나 구문상으론 전혀 다르다. 비교는 간단하다.

즉, 동사(kept)대신에 be동사로 대체했을 때 문장이 성립되는 경우와 그렇지 못한 경우가 있다.

He kept silent. → He was silent.

성립되는 경우로서 S +V +C가 되어 2형식임을 알 수 있다.

He kept silence. → He was silence.

이때 He was silence는 He was a boy와 같은 문장(그는 침묵이었다)이 되어 성립되지 않는 경우이다. 고로 He kept silence는 S +V +O로서 3형식이다.

She	turned	the gas	on.
S	(타)동사	O	부사

I	took	off	my hat.
S	(타)동사	PA	타동사구의 목적어

(took off: 타동사구)

= I took my hat off. (off: 부사) → I took **it** off.

* 위와 같이 -ly형 부사가 아닌 정확히 말하여 **전치사적 부사**(=부사는 원칙적으로 목적어를 취하는 것이 아니지만 타동사와 결합하여 타동사구로서 마치 전치사처럼 목적어를 취한다하여 그러한 부사에 대하여 붙여진 이름)일 경우에 타동사의 목적어가 대명사이면 반드시 '타동사 +**목적어** +부사'의 어순임을 명심 한다.

cf. I took my hat off the peg.
S (타)동사 O 전치사 off의 목적어
(off the peg: 부사구)

(나는 걸이못에서 모자를 떼었다 / 집어 들었다)

(이때의 took ~ off는 관용구도 아니며, 앞의 took off와는 전혀 별개이다)

cf. I looked at him.
S 자동사 전치사 타동사구의 목적어
(looked at: 타동사구)

11. 분사구문의 종류 및 용어에 대하여

분사구문은 마치 여러 가지 분류기준이 있고, 따라서 많은 종류[명칭]와 공식이라도 있는 것처럼 설명하고 있는 것을 보게 되는데, 이는 이해가 부족한 학생들로서는 상당한 혼란을 야기케 된다.

분사구문은 일반분사구문, 독립분사구문, 무[비]인칭 독립분사구문의 3종류로 나뉜다. 그 밖의 용어들은 일반적으로 주절과 종(속)절(중문은 등위절과 등위절)과의 관계에 따라 이 셋을 근거로 하여 파생된 것에 불과하다.

일반분사구문이란 (주)문의 주어와 분사의 의미상 주어가 같은 분사구문을 말한다. 이는 복문에서 주절의 주어와 종속절의 주어가 같을 때이다.

독립분사구문이란 문의 주어와 분사의 의미상 주어가 다른 것을 말한다. 이는 주절의 주어와 종속절의 주어가 다를 때인데, 분사의 의미상 주어(주격으로 표시)를 반드시 명시한다.

무인칭 독립분사구문이란 분사의 의미상 주어(we · you · they · people · one)가 특정인이 아닌 일반적인 사람으로서 주문의 주어와 달라도 이를 생략하는 경우의 독립분사구문을 말한다. 이 분사구문은 보통 관용구(숙어)로 쓰인다. 그럼 분사구문에 있어서의 파생적 개념에 대하여 알아본다.

o 시제상의 개념으로 단순분사구문과 완료분사구문이 있는데, **단순분사구문**이란 주문의 동사의 시제와 분사의 시제가 같은 분사구문을 말함이며, 이는 복문에서 주 · 종속절의 시제가 같은 때이다. 보다 구체적으로 말하자면, 주절의 시제가 현재일 때 종속절의 시제도 현재 또는 미래이며, 또 주절의 시제가 과거이면 종속절의 시제도 과거일 때이다.

완료분사구문이란 주문의 시제보다 분사의 시제가 앞서는 것을 말함인데, 이는 복문에서 주절의 시제가 현재일 때 종속절의 시제가 과거 또는 현재완료상이며, 주절이 과거이면 종속절은 과거완료상일 때이다.

(※ 문의 형태를 일컬을 땐 ~완료형, ~진행형이라고 해도 좋다)

수동분사구문 — 이는 (단순)분사구문이 수동태, 즉 Being +과거분사의 형태를 취하는 데서 붙여진 명칭이다. 소위 수동분사구문이 되는 경우는 종속절이 수동태일 때이다. 과거분사는 종속절이 수동태이기 때문에 분사구문에서도 당연히 놓였을 뿐이다. 따라서 공식 운운하지만 특별히 따로 있는 것이 아니다.

수동완료분사구문 — 이는 완료분사구문이 수동태, 즉 Having been +과거분사의 형태를 취하는 데서 붙여진 명칭일 뿐이다. 소위 수동완료분사구문이 되는 경우는 종속절이 수동완료형일 때이다. 수동완료분사구문 역시 공식이 특별히 따로 존재하는 것이 아니다.

이상으로 분사구문의 각종 용어에 대해서 알아보았는데, 국내의 참고서들을 보면 '일반분사구문'이란 용어 대신에 경우에 따라 '단순분사구문', '수동분사구문', '완료분사구문', '수동완료분사구문'이란 용어들이 즐겨 쓰이고 있는데, 이는 어디까지나 파생적으로 붙여진 용어에 불과하다. 요컨대 분사구문은 크게는 3종류, 굳이 좀 더 세분한다면 주 · 종(속)절의 주어 및 시제의 동일여부에 따라 주어의 경우 3종류, 시제의 경우 2종류(단순 및 완료분사구문)로 나눌 수도 있을 것이다. **다시 이 5종류를 더 압축하여 설명과정에 분사구문의 용어로 쓰이는 종류를 말하면, '독립분사구문 · 무인칭 독립분사구문 · 단순분사구문 · 완료분사구문'의 4가지이다.** 그렇다고 보통 2가지 명칭을 같이 사용하지는 않는다. 그럼 실제 예문을 들어보자:

Because I have a touch of cold, I have been (a) hospital.
(감기기가 있어서 방금 병원에 다녀왔어요)
→Having a touch of cold, I have ~.
위 문장은 두 절의 <u>주어</u>가 같으므로 일반분사구문이며, 또 <u>시제</u>가 같다는 점 (주절이 현재완료상이고 종속절이 현재이면 같은 현재시제로 간주함)에선 단순 분사구문이 된다. (* 이 둘의 경우엔 시제가 중시되므로 이 문장은 단순분사구문이라 한다)

(○) Because my son has a touch of cold, I am taking him to hospital.
→(△)My son having a touch of cold, I am taking him to hospital. (끝에 *표 설명 참조)

이 문장은 두절의 주어가 서로 다르다는 점에선 독립분사구문, 시제가 같다는 점(현재와 현재진행형)에서는 단순분사구문이 된다.
(* 이 두 분사구문의 경우엔 주어가 중시되므로 이 문장은 독립분사구문이라 한다)

He was depressed because he was scolded by his teacher.
He was depressed, (being) scolded by his teacher.
이 문장은 주어가 같은 점에선 일반분사구문, 시제가 같은 점에선 단순분사구문, 또 종속절이 수동태이기 때문에 수동분사구문이 된다.
(* 이 문장의 경우엔 단순분사구문이라 한다. '태'보다는 '시제'에 유의해야 하고, 수동분사구문이란 단순분사구문의 파생어에 불과하며 분사구문에서 태의 여부는 중요하지 않다)

He is depressed because he has been scolded by his teacher.
→He is depressed, (having been) scolded by ~.
이 글은 일반분사구문이면서 또한 시제가 다르다는 점(주절은 현재이고 종속절은 현재완료상)과 동시에 종속절이 수동태이므로 수동완료분사구문이라고도 한다.
(* 그러나 이 문장 역시 수동태보다는 시제가 중시되므로 그저 완료분사구문이라고 한다)

If we speak strictly, the earth is elliptical.
→ Strictly speaking, the earth is elliptical.
이 글은 종속절의 주어가 일반사람(=총(인)칭)을 의미하므로 무인칭 독립[절대]분사구문이며, 시제가 같다는 점에선 단순분사구문이나, 이와 같은 분사구문은 보통 단순분사구문이란 용어는 쓰지 않는다. 즉, 시제는 고려하지 않는다.
(* 분사의 의미상 주어가 총인칭이면, 시제에 관계 없이 무조건 무인칭 독립분사구문이라 함)

(註) 가령, 'Strictly speaking, the earth is elliptical'이란 이 문장은 '문(장)의 종류' 중 어디에 속하느냐는 물음에 답한다고 할 경우, '평서문 및 단문'이라는 대답은 없다. '학습 내용이 무엇을 이해시킬 것인가?'라는 학습목표에 따라 대답은 달라진다. 즉, '용법이나 서술형태에 따른 종류'를 가르치고자 하면 '평서문(=서술문)'이라 할 것이며, '구조상의 종류'를 가르치고자 하면 '단문'이라고 말하듯이 분사구문의 명칭[개념]도 마찬가지다.

o 분사구문의 being과 having been의 생략에 대하여 부언한다.

— being과 having been의 생략은 이들의 의미상 주어와 문의 주어가 같을 때, 그리고 같은 주어일 때 수동분사구문에선 (being) +과거분사 / (having been) +과거분사처럼 생략을 선호한다.

—「with +목적어 +형용사/과거분사」 구문은 with your mouth (being) full/ with his arms (being) crossed처럼 소위 무동사(verbless) 구문이라 하여 being의 생략을 선호한다.

그런데, 영어권의 어느 원어민 영문과 교수의 말에 의하면 두 주어가 서로 같을지라도 다음의 △와 같은 표현도 그들 사이에는 별로 선호하지 않는다는 것이다.

(cf) Hungry, he ate up all the cake. (△)

Being hungry, he ate up all the cake. (O)

요컨대, 분사구문임을 명시코자 할 때엔 구태여 being[having been도 마찬가지]을 생략하지 않는 게 무탈하다. 문장에 따라선 being의 생략으로 인하여 분사구문의 뜻도 되고 형용사구의 뜻도 되는 의미의 이중성(ambiguity) · 심지어 非文(unacceptable; ungrammatical)이 될 수도 있기 때문이다.

(예) Jason, *told of his son's accident,* immediately phoned the hospital.

⇒Jason, *who was told of his son's acccident,* immediately phoned ~.

⇒ Jason was told of his son's accident, *and (he) immediately phoned* ~.

Hot, I can't drink coffee. <Quirk 외, *앞 책,* p. 427>

⇒*When I am hot*, I can't drink coffee.

⇒I can't drink coffee *hot*.

(To make good tomato chutney)

You should pick the tomatoes *when (they are) green*. (O)

You should pick the tomatoes *green*. (O)

Green(,) you should pick the tomatoes. (X)

Being green, the tomatoes should be picked. (O)

⇒*When the tomatoes are green*, they should be picked. (O)

Green(,) the tomatoes should be picked. (X)

더욱, 다음과 같은 독립분사구문에 대해선 그 분의 대답은 한마디로 "No"였다. (분사구문에서 being을 생략한 경우인데, having been을 취하는 문장에서도 마찬가지다. 그들은 쓰지 않는다는 게 간단한 이유이다)

My wife a teacher, my children are very proud of her. (X)

He not idle, I would employ him. (X)

He idle, I will not employ him. (X)

* 그렇다면 독립분사구문(absolute participial construction)이란 것도 관용구처럼 쓰이는 몇몇 전형적(典型的)인 어구를 제외하고는 오히려 복문/중문을 그대로 쓰거나, 또는 두 절을 나눠 각각의 단문으로 표현하면 된다. 다음 인용문에서도 이를 뒷받침 한다.

Apart from a few stereotyped phrases below, absolute clauses are formal and infrequent. (Quirk 외, *앞 책*, p. 1120)

(eg) the present company excepted(여기에 계시는 분들은 제외하고), all told(전체로, 모두, 합계), weather[time] permitting, God willing(하늘/신의 뜻이라면)

12. 복문 → 단문으로의 전환에 있어서 준동사의 명칭에 대하여

to-부정사와 동명사도 시제에 한해서만 역시 분사구문과 마찬가지로 단순부정사/단순동명사, 완료부정사/완료동명사라는 개념이 있을 뿐, 만약 종속절이 수동태라고 해서 별도의 명칭이 있는 것은 아니다. 물론, 문장전환의 원리는 셋 준동사가 꼭 같다. 주·종절의 주어와 시제에만 유의하되, 어느 준동사를 택하느냐가 문장 바꿔쓰기의 실질적인 관건이다.

1) **단순부정사**: to be +과거분사[종속절이 능동태이면 to +Root]

2) **단순동명사**: being +과거분사[종속절이 능동태이면 Root +ing]

3) **완료부정사**: to have been +과거분사
[종속절이 능동태이면 to have +과거분사]

4) **완료동명사**: having been+과거분사
[종속절이 능동태이면 having +과거분사]

(eg) 1) I am ashamed that I am scolded by people.
→I am ashamed to be scolded by people.

2) I am ashamed that I am scolded by people.
→I am ashamed of being scolded by people.

3) I am ashamed that I was[have been] scolded by people.
→I am ashamed to have been scolded by people.

4) I am ashamed that I was[have been] scolded by people.
→I am ashamed of having been scolded by people.

1) I was ashamed that I was scolded by people.
→I was ashamed to be scolded by people.

2) I was ashamed that I was scolded by people.

→I was ashamed of being scolded by people.

3) I was ashamed that I had been scolded by people.

→I was ashamed to have been scolded by people.

4) I was ashamed that I had been scolded by people.

→I was ashamed of having been scolded by people.

(註) ashamed는 be ashamed to~와 be ashamed of~라는 관용구[숙어]에 의하여 부정사와 동명사로의 전환이 가능하다. 분사구문으로의 단문은 종속절(=that-절)이 명사절이므로 불가.

13. 복문을 단문으로 바꿀 수 있을 때, to-부정사의 의미상 주어 표시 방법

1) It is +형용사 + to do형(型) — to do의 의미상 주어가(누구나 해당되는) 일반적인 사람일 때

It is necessary that we (should) keep early hours. (※15장 참조)

→It is necessary that everybody (should)~

→It is necessary to keep early hours.

cf. It is difficult to speak English fluently.

1)과 같은 형태이나 difficult엔 that-절을 쓰지 않으므로 이 문장의 복문의 형태는 없다.

2) It is +형용사 +for +의미상 주어(=종속절 주어의 목적격) + to do형.

It is necessary that I(should) get up early tomorrow morning.

→It is necessary for me to get up early ~.

사람의 <행위> 자체에 대한 판단을 나타낼 때는 의미상 주어 앞에 'for'를 붙이나, <성질>에 대한 판단을 나타낼 땐 'of'를 쓰는데, 역시 복문의 형태는 없다. 단, 다음과 같이 바꿔 쓸 수 있다.

It is(very/so) kind of you to help me with my work.

→You(very/so) are kind to help me with my work.

→How kind (it is) of you to help me with my work!

이러한 형용사로는 다음과 같다(반의어는 생략함):

careful · crazy · mad · greedy · nice=good(=kind) · bad · wrong · sweet(=kind) · silly · stupid · foolish · wise · clever · right · brave · selfish · cruel · polite · rude · generous · mean · thoughtful · childish · hateful · shameless···

3) It seems/is said that ~구문 → 진주어 절의 주어 +seem/be said + to ~

It seems that you are so tired.

→You seem to be so tired.

It is said that the TV actor will marry soon.

→The TV actor is said to marry soon.

4) S +타동사 +that ~구문 → S +타동사 +to ~

(주 · 종속절의 주어가 같은 경우)

I thought that I would return home early.

→I thought to return home early.

5) S +타동사 +that ~구문 → S +타동사 +목적어 +to ~

(주 · 종속절의 주어가 다를 경우)

I thought that you would return home quite late, Honey!

→I thought you to return home quite late, Honey!

6) S +타동사 +의문사절 구문 → S +타동사 +의문사 +to ~

(주 · 종속절의 주어가 같을 경우에 한한다)

I'm thinking where I should go to buy something like that.

→I'm thinking where to go to buy something like that.

7) 종속절이 형용사절일 때.

This is the house which I shall live in after marriage.

→This is the house for me to live in after marriage.

8) 종속절이 부사절(that-절)일 때.

I rose early so that I could[might; would] catch the first train.

→I rose early (in order) to [(so as) to] catch the first train.

(종속절이 목적을 나타내므로 to-부정사도 목적을 뜻하는 부사구)

I rose so early that I could catch the first train.

→I rose early enough to (be able to) catch the first train.

(긍정문에서는 enough to)

I rose so late that I could not catch the first train.

→I rose too late to (be able to) catch the first train.

(부정문 에서는 too ~ to)

14.「so ~ that」과「such ~ that」에 대하여

이 두 구문을「결과」의 부사절이라고 말하는 이들이 있는데, 다음 설명과 예문을 참고하기 바란다.

본래 구문상의 해석(뜻)은 종속절→주절의 순서임을 상기해야 할 것이다. 주절→종속절의 순서로 해석하고 있다는 것은 의역(意譯)임을 말해둔다. 이에,「결과」의 부사절로 여기는 것 같은데, 그렇게 보자면「정도 +결과」의 내용을 공유(共有)하는 부사절로 보아야 합당하다.

그러나 본서에선 원칙적 구문(분석)상의 해석(=종속절 → 주절의 순서)에 의하여「정도」를 나타내는 부사절로 간주한다. 그리고 그에 상응하는 단문의 형태도 긍정 · 부정이냐에 따라 too ~ to / enough to / so ~ as to / such ~ as to / not too ~ to도 마찬가지로「정도」를 나타내는 부사구가 된다.

He is so honest that he is respected by everybody.

=He is honest enough to be respected by everybody.

그는 모든 사람들로부터 존경받을 만큼 퍽 정직하다.

→그는 퍽[너무나] 정직하므로 모든 사람들로부터 존경 받는다.

cf. He is so honest a man that he is respected by everybody.

=He is such an honest man that he is respected by everybody.

cf. He is so old that he can't work.

그는 일할 수 없을 만큼[정도로]이젠 너무 나이가 많다.

→그는 이젠 너무 나이가 많아서 일할 수 없다.

= He is too old to (be able to) work.

그는 일하기엔 이젠 너무 나이가 많다.

→그는 이젠 너무 나이가 많아서 일할 수 없다.

He is not so old that he can't work.

그는 일할 수 없을 만큼 늙지는 않았다.

=He is not too old to (be able to) work.

cf. He is so[very] honest, so that he is respected by everybody.

(, so that ~이하는 '결과'를 나타내는 부사절이다)

15. 이성적 판단을 나타내는 형용사와 It~that-절

의지 · 결단 · 필요 · 의무 · 당연성 · 가능성 · 충고 · 소망 따위를 나타내는 형용사를 말하며, that-절에서는 (should) +Root가 쓰인다.

미어에선 가정법 현재(시제 · 인칭 · 수에 관계없이 원형동사)가 주로 쓰인다: natural · proper · improper · appropriate · fitting · essential · good · important · necessary · vital · imperative · impossible · compulsory · crucial · obligatory · advisable · desirable · preferable · 명사에 no wonder···

eg) It is natural that he (should) be mad.
    It was natural that he (should) be mad.

※ 이성적 판단을 나타내는 형용사 중에서 '사람'을 주어로 삼는 주요 형용사에 anxious · eager · willing이 있다.

eg) We were anxious that there (should) be no misunderstanding.

16. **감정적 판단을 나타내는 형용사와 It ~ that-절**

여러 가지 감정들을 나타내는 형용사를 말하며, that-절에서는 should +Root가 쓰이며 「~하다니」로 해석한다. **과거형은「should +have +과거분사」**이다. 그런데 감정적 판단의 경우에는 should +Root 대신 직설법도 그대로 쓰이는데, 그럴 때는 「~하다니」의 주관성이 전혀 없는 객관적 표현이 된다. 그러면, '감정적 판단'이 아닌 보통의 경우이다.

감정적 판단은 사람의 <성질>에 대한 판단을 의미하는 것이 아니고, 이성적 판단과 같이 <행위>에 대한 판단을 의미한다. 감정적 판단은 성질 형용사의 경우와는 달리 보통 복문의 형태로 쓰이며, 같은 형용사가 사람의 <행위> 및 <성질>에 대한 판단을 나타내는데 공통으로 쓰이는 것들도 있다:
strange · regrettable · shameful · curious · disastrous · dreadful · fortunate · tragic · sad · silly · odd · peculiar · logical · awkward · extraordinary · unfortunate · admirable · deplorable · lamentable · remarkable · irrational · understandable···, 놀람 / 기쁨 / 충격 / 분노 / 실망 / 당혹 등의 감정을 나타내는 -ing형 형용사, 명사에 a pity가 있다.

eg) It is surprising that you should say so.[you say so]
It is strange that - she is late.
- she should be so late.
It is strange that - she married such an old man.
- she should have married such ~.

※ 감정적 판단의 형용사로서 '사람'을 주어로 삼는 것: afraid · angry · glad · grateful · happy · hopeful · proud · regretful · sad · sorry · thankful···, 감정을 나타내는 -ed형 형용사, 그 외 동사에 regret, wonder 등이 있다.

eg) I am surprised that you should say so.[you say so]
I'm so thankful that nobody was hurt.

※ It ~ that구문에서 that-절에 직설법 동사만 쓰는 형용사:
사실이나 진리 · 지식(truth or knowledge) · 확신(certainty or confidence)을 나타내는 것들로서 주어의 인칭 · 수 / 시제에 따라 그대로 쓰면 된다.
apparent · evident · likely · unlikely · possible · true · untrue · certain · implicit · obvious · well-known · clear · plain···

eg) **It** is true that she never shows up on time for an appointment.

o that-절에 직설법 동사만 쓰는 형용사 중에서 '사람'을 주어로 삼는 것:
aware · conscious · confident · sure · afraid · ashamed ···

eg) **We** were confident that Karen was still alive.
I am aware that I should finish it by tomorrow.

이때의 should는「~해야 한다」의 의미로 이성적 · 감정적 판단의 should와는 전혀 다른 보통의 경우이다.

17. possible / impossible의 용법에 대하여

앞의 설명에서 보면 possible은 that-절에 직설법 동사, impossible은 should +Root (이 때의 should는 가정법을 나타내는 것이 아니고, 더욱이「~해야 한다」의 의미도 전혀 아닌 '추정(推定)의 should' 라고 하며 뜻밖의 놀람이나 의구심을 나타낸다. 영어로 'putative should'로 불린다), 또는 가정법 현재를 사용하는 것으로 되어 있다.

그런데 impossible은 possible과 마찬가지로 that-절에 직설법을 사용하되, '능력'을 나타낼 땐 둘 다 that-절이 아닌 to-부정사의 형태를 취한다.

eg) It is possible / impossible for us to swim across the river.

단, 사물의 개연성(어떤 일이 일어날 확실성 · 가능성의 정도)을 나타낼 경우에는 흔히 that-절로 나타낸다.

eg) It is possible that he is still alive.

It is hardly possible that I can get there by six.

cf. It is probable that your team will win the game.

= Your team will probably win the game.

= Probably, your team will win the game.

→ It is probable for your team to win the game. (×)

→ Your team is probable to win the game. (×)

18. **주어(사람)** + **동사** + **that** + **(should)** + **Root 구문**

이성적 판단의 형용사에서와 같은 의미의 should를 that-절에 쓰는 예를 동사나 명사에서도 아울러 설명한다. **(※ 미어에선 Root만 사용)**

1) 동사 — 주절에 주장 · 명령 · 제안 · 결심 · 요구 · 충고 · 同意 · 권고 · 동의(動議; move) · 추천 · 호소 등 <요망>의 뜻을 강하게 나타내는 동사가 있을 때.

2) 명사 — 이들 동사의 명사형이 주어로 쓰이거나 주절 부분에 있을 때에도 꼭 같다. 형용사가 주절에서 보어나 수식어로 쓰일 때에도 마찬가지다.

The committee **proposes/proposed** that Mr smith **be** elected.

I **demand(ed)** that the committee **reconsider** its decision.

They **recommend** that this tax **be** abolished.

We were faced **with the demand** that this tax **be** abolished.

The employees **have demanded** that the manager **resign**.

It **was proposed** that we **act** at once.

The order was that we **be** stay indoors.
= **It was ordered** that we **be** stay indoors.

They **insisted (were insistent)** that we **not eat** meat.

Mr Chairman, I **move** that this bill **be** passed.
그 밖의 동사는 다음과 같다:

suggest · advise · decide · determine · resolve · request · ask · require · urge · command · agree · arrange · stipulate 등.

이 중 arrange와 stipulate는 단문에서 「for +의미상 주어 + to do」의 형태를 갖는다.

o suggest와 insist, decide 동사에 관하여

이 동사들은 사용빈도도 높지만, 용법에 있어서 주의를 요하는바, 주어 자신의 의지를 나타낸다든가 또는 뜻에 따라 종속절의 동사의 형태는 직설법이 된다는 점이다.

eg) She suggested that I am responsible for the contract.

Are you suggesting that I have betrayed you?

이때의 suggest는 「암시하다, 넌지시 말하다」의 뜻이다.

I insisted that he changed his clothes.

She insists that he is guilty of fraud.

She insisted(to me) that her daughter always came home early.

이러한 경우의 insist는 「…이라는 것을 강력히 요구하다」의 뜻이 아니고 「**사실 등을 강력히 주장하다(우기다)**」의 뜻이므로 즉, 사실을 그대로 나타내므로 직설법이 따른다. 좀 더 이론적으로 설명한다면 insist가 '간접적 지시나 명령'(indirect directive)을 뜻할 땐 가정법을, '간접적 진술'(indirect statement)을 뜻하면 직설법이 주로 쓰인다. 보다 이해를 돕기 위하여 다음 가정법의 예를 비교해본다:

We **insist** that he **be** admitted to hospital immediately.

She **insisted** that her daughter **(should)** always **come** home early.

=**Her insistence** was that her daughter ~.

* decide/ determine/ be determined/ resolve도 주어 자신의 결심 또는 의사를 나타낼 땐 종속절은 「will +Root」 따위의 직설법을 그대로 쓴다.

He decided that he would be a lawyer.

= His decision was that he ~

19. 동명사의 의미상 주어에 대하여

동명사의 의미상 주어도 분사나 to-부정사의 그것과 형태는 다를망정 표시 하는 원리는 마찬가지다.

1) 의미상 주어를 명시하지 않는 경우

문장의 주어와 같거나 일반주어(=총인칭: we · you · they · people · one) 일 때.

She is proud of being pretty.

It's great fun playing baduk.

=Playing baduk is great fun.

o 술부가 감정적인 반응을 나타낼 경우 의미상 주어가 일반주어일 때 It이 가주 어인 구문에선 동명사를, 감정을 나타내지 않는 경우에는 to-부정사를 쓴다.

단, 가정법이면 감정의 경우에도 to-부정사를 사용하는데, 이는 to-부정사에 if의 뜻이 있기 때문이다.

eg) It would be nice to be young again.

2) 의미상 주어를 명시하는 경우

의미상 주어가 특정인이나 사물일 때 명사 · 대명사, 생물 · 무생물, 단어 · 어구이냐에 따라 차이가 있는데 그 일반적인 경향은 다음과 같다.

① 인칭 대명사이면 소유격으로 표시.

그러나 구어체에선 목적격도 흔히 쓴다.

I insist on your[you] going there.

② 명사(사람 · 생물)이면 소유격 · 목적격

I insist on John's [John] going there.

③ 부정대명사이면 목적격

There is no objection to both them going there.

④ 무생물(대) 명사이면 목적격.

We were glad of the exam being over.

We are anxious about the summer coming a little earlier and earlier every year.

⑤ 의미상 주어가 재귀대명사나 동격의 명사를 수반하면 목적격.

I have heard of John the driver being injured.

I have heard of John himself being injured.

⑥ 형용사 · 분사 따위가 명사로 전용되어 의미상의 주어가 되었을 땐 목적격.

There is no expectation of the French withdrawing their demands.

⑦ 의미상 주어가 수식어(구)를 수반하거나 접속사로 연결되어 긴 어구를 이룰 땐 목적격.

Do you remember the student and teachers protesting against the new rule?

⑧ 지금까지 동명사가 타동사나 전치사의 목적어로 쓰일 때와는 달리, 동명사가 문장의 주어로 쓰이면 동명사의 의미상 주어는 소유격으로 나타낸다.

My forgetting her name was embarrassing.

20. 타동사구를 갖는 문장의 수동태에 대하여

eg) They paid no attention to my words.

→No attention was paid to my words by them. (○) …①

→My words were not paid any attention to by them. (△)…②

→My words were paid no attention to by them. (△)…③

위와 같은 두 수동태가 가능한 것으로 흔히 인식되고 있으나 원어민 교수에게 문의한즉,「타동사구의 목적어」보다는「타동사의 목적어」를 수동태의 주어로 삼을 때 보편적 문장이라고 한다. ②, ③의 문장에 대해선 한마디로 전치사와 그 목적어가 동떨어진 환문은 좋은 문장형태가 아니라는 것이다. 즉, 문법상으로 "겨우 있을 수 있을 뿐, 실제는 거의 쓰지 않는 표현"이라고 한다.

o 수동태에서 by us[you · them]의 생략에 대하여 무턱대고 생략함으로써 때때로 의미나 의사전달이 불명하거나 혼란을 일으키기 쉽다. 물론 행위자가 관념적 · 추상적 존재이면 생략함을 선호할 수 있으나 그렇지 않을 경우(이는 문맥상으로 판단 할 수 있다)에는 무턱대고 생략하지 않는 것이 오히려 명확한 표현이 될 수 있다.

eg) They paid no attention to my words.

→No attention was paid to my words by them.

앞 문장에서 they를 막연한 행위자 또는 일반인 주어로 간주하여 by them을 생략함은 문맥상으로 보아 무리이다. 두 대화자 사이에 이미 언급된 특정의 사람들로 보아야 한다. 요컨대, by us[you · them]의 생략여부는 문맥(=문장의 전후관계)에 따라 판단하는 것이 좋다.

21. 시제(tense)와 시상(aspect)에 대하여

1) 시제(時制)

동사의 어형변화에 의한 시간관계의 표현을 말한다. 그런데 학교문법에서 는 종래의 전통문법의 일부 학설에 따라 의미적 범주(semantic category)로서 현재시제 · 과거시제 · 미래시제로 설정하고 있으나, 현대 언어학의 관점에서는 시제가 동사의 어형변화를 근거로 한 문법개념이라는 이유에서 동사의 형태적 범주(morphologic category)로서는 영어의 시제에는 현재시제와 과거시제만 있을 뿐 미래시제는 없다. 말하자면, 현실세계에서의 시간은 과거· 현재 · 미래로 나눠지지만, 동사의 어형변화를 근거로 삼을 때 영어에 미래라는 시제는 없다.
따라서 future tense가 아닌 future time으로서의 미래의 표현은 will/shall+Root, 현재시제(eg. The parcel arrives tomorrow), be going to + Root, 현재진행형(The parcel is arriving tomorrow), 미래진행형(The parcel will be arriving tomorrow) 및 그 밖에도 be about to + Root(=be just going to + Root/be on the point of + V-ing로 대체할 수 있는 be about to ~는 '아주 가까운 미래'를 나타내기 마련이어서 시간부사를 필요로 하지 않는다: I'm just going to read your essay. = I'm about to read your essay), be to + Root로 나타낸다.
(* Quirk 외, pp. 213-218; 문용, pp. 95-105)
그러나, 본서에서는 Kaplan의 *English Grammar*, p.175에 의거하여 의미상으로 기본시제를 현재 · 과거 · 미래로 설정하였다.

2)시상(時相)

우선 결론부터 말하건대, 능동태에서 12시제, 수동태에서 8시제라는 표현은 '12시상', '8시상'으로 표현해야 맞다. 그러면 시상이란 무엇인가?

(a) He reads a newspaper everyday.

(b) He is reading a newspaper.

(c) He has just read a newspaper.

예문 (a), (b), (c)는 시제라는 관점에서 본다면 모두 현재이다. 그러나 (a)는 습관, (b)는 진행, (c)는 완료의 뜻을 갖는다. 말하자면, (a), (b), (c)는 시제는 동일하나 시상은 다르다.

또, 다음 예문들을 보자:

(d) He is reading a newspaper.

(e) He was reading a newspaper.

(f) He has just reading a newspaper.

(g) He had just read a newspaper.

(d)와 (e), (f)와 (g)는 각각 시제는 다르나 시상은 같다. 시상이 같다는 것은 (d)와 (e)는 둘 다 진행형이요, (f)와 (g)는 둘 다 완료형이기 때문이다.

진행형과 완료형이란 시제가 아니라 시상을 나타내는 말이다. 그래서 (가령)현재진행시제, 현재완료시제, 현재완료진행시제가 아니고, '현재진행상', '현재완료상', '현재완료진행상'으로 표현해야 한다.

이를 나무에 비유한다면, 현재시제라고 하는 줄기(stem/trunk)위에 다시 몇 개로 돋아난[분화된] 가지들[boughs]에 해당하는 게 현재진행형[상], 현재완료형[상], 현재완료진행형[상]인 것이다.

그렇다면, **시상**이란 같은 범주의 시제에 한하여 그의 기본시제를 기준으로 행위 · 동작의 진행이나 완료 따위의 구별을 나타내는 동사의 문법적 형식을 말한다. 바꿔 말해서, 시상이란 기본시제를 기준으로 문장의 뜻[동사의 뜻]에 따라 달라지는 동사의 형식 [또는 문장의 뜻에 따른 동사의 형식의 미묘한 차이]이라고 말할 수 있다.

시상은 1)동사의 형식적 측면과 2)동사의 의미적 측면으로 나눠서 생각할 수 있는데, 시제와 시상을 이해하기 위해서라면 1)의 경우만 알면 된다.

즉, 앞에서 설명한 내용인즉 기본시제에 대하여 be + -ing로 나타내는 진행상(progressive / durative / continuous aspect)과 have +p. p.로 나타내는 완료상(perfective / perfect aspect)이 있으며, 이는 다시 각 <u>시제</u>와 형식에 따라 …진행상[형], …완료상, …완료진행상 (이는 진행상 · 완료상과 대등한 독립적인 개념이라기보다는 완료상 겸 진행상이기도 한 두 시상의 결합형으로 간주함)과 같은 명칭으로 불린다.

그리고 기본시제들은 진행상 · 완료상이 각각 갖는 의미에 대하여 상대적으로 그들과 구별되는 의미적 시상을 갖는다. 앞의 예문 (a) (b) (c)를 다시 본다.

(다른 예) (a) I get up at 7 every morning.

(b) I am getting up at 7 this week.

(a)가 기간이 명시되지 않은 상당히 오랫동안 계속될 동작의 반복[습관]을 나타낸다면, (b)는 금주에 한하여 반복될 동작을 나타낸다.

(a) I live in Seoul.

(b) I am living in Seoul. (당분간/지금은 서울에 살고 있다)

(a)는 오랜 기간의 계속적인 상태를 나타내는 반면, (b)는「내가 서울에 살고 있는 것은 당분간에 한한 일」로서 한정된 기간 동안의 계속을 의미한다.

(a) When we arrived, she made coffee.

(b) When we arrived, she was making coffee.

(a)는「우리가 도착한 후에 그녀가 커피를 끓였다」는 뜻이고, (b)는「그녀가 커피를 끓이고 있을 때 우리가 도착했다」는 뜻이므로 (a)는 행위의 기동(起動; 시작), (b)는 행위의 진행을 나타내는 시상을 지닌다.

(a) Man sneezes.

(b) He sneezes.

(c) He has just sneezed. (Man has just sneezed.(X))

(a)는「인간은 재채기를 하는 동물이다」라는 뜻으로 (a)의 sneeze는 '인간의 생리적 속성'을 나타내어 습관성을 시상으로 삼는다.

(b)의 sneeze는 (같은 기본시제이지만)「특정한 사람이 감기라도 들어서 자꾸 재채기를 한다」는 뜻으로 일시성(一時性) 시상을 갖는다.

(c)는「그가 방금(순간적으로 한번) 재채기를 했다」는 뜻이므로 시상은 순시상(瞬時相)이다.

(a) He knocked (at ; on) the door.
(b) He was knocking (at ; on) the door.

(a)는「그는 문을 (한번) 두드렸다」의 뜻이므로 시상이 행위의 순시성[순간적 행위]을 나타내지만, (b)는「그는 문을 연거푸 두드려댔다」는 뜻이므로 이 경우의 시상은 행위의 반복성[반복적 행위]을 나타낸다.
시상의 이해는 동사의 정확한 용법을 익히며, 선명한 의사 전달 및 문장 표력을 기르는데 퍽 중요하다. 이에 대하여 좀 더 피부로 느끼고자 실증적 예문을 더 들어본다.

(a) I smell the perfume. (향수 냄새가 난다)
(b) I'm smelling the perfume. (향수 냄새를 맡고 있다)

(a) I feel the ground with my foot. (발밑으로 땅을 감촉할 수 있다)
(b) I'm feeling the ground with my foot. (발로 땅을 더듬고 있다)

(a) I taste salt in my porridge. (죽에서 소금 맛이 난다)
(b) I'm tasting the porridge to see if it contains enough salt.
(소금이 넉넉히 쳐졌는지를 확인하기 위하여 죽 맛을 보고 있다)
(a) 의 문장들은 그 시상이 비자의적(非自意的) 의미를 갖는데 반하여, (b)의 문장들은 자의적(自意的) 의미를 갖는다.

(a) She is kind.
(b) She is being kind(=she is acting kindly toward someone).
(a)는「그녀의(변함없는)성격」에 대한 언급이며, (b)는「그녀의 일시적인 행동」에 대한 언급이다.

(a) He resembles his father. (He is resembling~. (X))

(b) He is resembling his father more and more.

(a)는 resemble=is like의 뜻이지만, (b)는 more and more라는 부사구가 부가됨으로써 동사의 뜻도 달라지게 되어 is resembling = become like의 뜻을 갖는다. (날이 갈수록 점점 더 아버지를 닮아 간다)

(a) I saw him this morning.

(b) I have seen him this morning.

(a)의 경우 saw로 미루어 보아 (a)의 this morning은 과거를 나타내는 부사이다. 그러므로 내가 그를 만난 것은 오전이나 이 말을 입 밖에 낸 시각은 오후 때이다. 그러나 (b)의 경우엔 만난 것도 이 말을 입 밖에 낸 것도 오전이다. 즉, (a) (b)는 이야기의 전달 시점이 상이함을 나타낸다.

(a) Have you been to the bank yet? (벌써 은행에 갔다 왔어?)

(b) Have you been to the bank already? ((아니)벌써 은행에 갔다 왔어?)

두 문장의 우리말 표현은 어조를 들어보지 않고 글로서는 분간이 어려운 터이나 (a)는 그 여부를 전혀 모르고 묻는 이른바 「의문」의 뜻을 나타내고, (b)는 벌써 갔다 온 것에 대한 「의외의 놀람」을 나타내거나, 갔다 온 것을 알고 있거나 적어도 그러리라는 짐작을 하며 묻는 경우이다. 즉, (a) (b)는 둘 다 형식적으론 현재완료상이지만, 의미적으론 부사에 의해서 시상이 다르다.

(a) I cut my finger.

(b) I've cut my finger.

(a)는 보다 구체적으로 나타낸다면 I once cut my finger의 뜻으로「과거의 사실을 기술」하는 데 그치고 있다면, (b)는「과거의 사실이 현재에 미치고 있는 결과를 기술」하고 있다: (손가락을 베어 그 결과 아직도 피가 나고 있거나 상처가 아물지 않았음을 암시하고 있다)

((a)는 상처의 흔적을 찾아볼 수 없거나, 흔적은 있더라도 상처는 완전히 나았음을 나타낸다)

(a) She was an invalid all her life. (한평생 병약자였다)

(b) She has been an invalid all her life. (한평생 병약자이다)

(a)는 과거의 사실의 기술(記述)이란 점에서 She is now dead(그녀는 지금 죽고 없다)라는 뜻을 내포하고 있는 데 반하여, (b)는 여전히 병약자이기는 하나 그래도 아직 살아있다 (She is still alive)는 뜻이다.

즉, 시상은 「상태나 동작[행위]의 현재까지의 계속」을 나타내고 있다.

o 특히 존재 유무와 관련한 문장의 경우, 동사의 형식에 따라 죽은 자가 생존인물로, 존재하지 않는 것이 존재하고 있는 것으로 둔갑되는(또는 그 반대) 엄청난 실수를 범하게 되므로 세심해야 한다.

(a) Who has eaten my chocolates? (누가 내 초콜릿을 다 먹어 버렸어?)

(b) Who has been eating my chocolates?
(누가 내 초콜릿을 이렇게 먹었을까/ 먹었느냐?)

(a)는「내 초콜릿이 다 없어졌다」는 뜻의 현재의 결과를 나타내는 데 대하여, (b)는「아직 좀 남아 있다」는 뜻이 내포되고 있는즉, 지금까지 계속된 행위 (동작)와 관련된 현재의 상태를 나타낸다.

(a) It is considered polite to <u>stand up</u> when one's senior comes in the room. (순시상)

(b) Don't <u>stand</u> if you are tired, but sit down. (계속상)

o sit down과 sit, put on과 wear, get on과 ride, catch와 hold, hit과 beat의 관계도 마찬가지다.

Did you <u>find</u> what you <u>looked for</u>? (찾던 것 찾았니?)
(a) (b)

(a)와 (b)의 위치가 바뀌면 안된다. 시상이 다르기 때문이다. 즉, look for는 찾는 「과정」을 나타내며 find는 그 과정의 「종결 ; 종지」를 나타낸다.

(a)I hope you'll give us some advice. (지속상 ; 계속상)

(b)I am hoping you'll give us some advice. (일시상)

o hope · want · wonder와 같은 상태동사는 일반적으로 진행형으로 쓰이지 않으나, 진행형이 오히려 정중한 표현이 될 뿐만 아니라 일시적 시상을 나타냄으로써 지속적 시상에 비해서 상대방에게 심리적 부담을 덜 주고자 할 때 쓰인다는 미묘한 차이점이 있다.

위의 글에서는 (b)의 경우보다 (a)의 경우에 you가 심리적 부담을 더 느끼게 된다. 또 한 예로서 What are you wanting?보다는 What do you want?의 경우에 speaker인 I가 좀 더 심리적 부담을 갖고서 표현하는 것이 된다.

(참고문헌: 문용, 『고급영문법해설』– <時制와 時相>)

22. the place(that) you live…에 관하여

이 구문에 대한 우리들의 상식은 the place (that) you live in/at이다. 이는 선행사(antecedent ; 일명 head noun이라고도 함)와 관계사절의 동사와의 관계 여하로 성립되는 것인즉, 다 같이 장소를 나타내는 말일지라도 the location · the spot · the street 등등이 선행사일 땐 일정한 전치사가 따르는 데 대하여, 선행사가 the place 일 땐 동사가 자동사(live 등등)임에도 불구하고 「Linguistic Inquiry Journal」(1985)誌에 실린 Larson교수의 논문에선 위의 구문도 가능하다고 주장하고 있다. 그 이유에 대해서는 의문이 풀리지 않으나 이에 대한 유추가 가능한 근거로서 다음 예를 들 수 있다.

"The place (for you) to stay (at) is the university guest house."(* Quirk 외, P. 1266)에서 at를 생략할 수도 있다. 이것은 to-부정사를 관계사절로 바꿀 때에도 전치사의 생략이 가능함을 말해주는 것이다. 즉, The place (that) you should stay (at) is the university guest house가 된다. 그러나 같은 책, P.1255의 That's the place (that) she stays/works/studies에선 전치사를 넣을 때 이론(異論)이 있을 수 없다고 함으로써, 전치사가 없는 구문들에 대하여 보편성을 부정하고 있다. 그렇다면 우리들은 다소 native speakers 사이에선 이러한 구문이 쓰이고 있는 즉, 이는 특별히 예외적인 것으로 보아야 할 것이다. 따라서 where를 that으로 바꿔 쓸 수 있다고 하는 것도 「the place where + S + V(자동사)」의 구문에만 한해서 그렇다고 봐야 할 것이다.

23. He who works hard deserves some reward에 대하여

이러한 경우의 'He'는 총칭적 인칭(generic person)을 나타내는 He이다. 어느 개인, 즉 특정인을 가리키는 He라면 문장이 성립될 수 없다. 바꿔 말해서, He works hard와 He deserves some reward의 두 문장을 결합하려고 할 때 제한용법으로는 불가하다. 왜냐하면, 특정인을 나타내는 인칭대명사는 제한용법에서 선행사가 될 수 없기 때문이다. 그렇다면 아예 완전히 독립된 두 문장으로 의사를 표현하든가, He works hard, and (he) deserves some reward와 같이 중문으로 표현할 수 있을 것이다.

또한 관계사를 이용하려면 He, who works hard, deserves some reward처럼 비제한 용법으로 해야 한다. 결과적으로, 일반인(=비 특정인)을 가리키는 총인칭의 He(=One의 뜻)이면 제한용법, 특정인을 가리키는 He이면 비제한 용법으로 구별된다. 그런데 현대영어에선 총인칭의 경우 단수형인 He보다는 이의 복수형인 Those를 써서 Those(=People의 뜻) who work hard deserve some reward의 문형(文形)이 선호된다. 그 이유인즉 He who ~는 문어적이어서 딱딱 하고 또한 의고체(literary and archaic style)라는 것이다. 그리고 He는 주격에 한하나, Those는 주격 · 목적격에 두루 쓰인다.

Heaven helps those who help themselves.
William the Conqueror built the Tower of London to protect himself from those (whom) he had conquered.

No one is allowed on the premises except those who have an ID card.

그런데 총 인칭에 We · You · They · People · One에서 We ·You · They를 전술한 Those와 비교하여 똑같은 총 인칭임에도 불구하고 관계사절이 다를 땐 We · You · They와 이들의 목적격인 us · you · them이 쓰일 수 없는 것은 원래 인칭대명사라고 하는 그 본질적 속성 때문으로 봐야할 것이다.

Those who rely upon the sword will/shall perish by it. (O)

They who rely upon the sword ~ (X)

For those (who are) interested in nature, our company offers hikes each week. (O)

For them interested in nature, ~ (X)

Since the job was going to be difficult, he asked only those he trusted to assist him. (O)

Since the job was going to be difficult, he asked only them he trusted to assist him. (X)

o 관계대명사로서의 who의 용법 중에 제한적용법 · 계속적용법 외에 '단독용법'이란 것이 있는데, 이것은 고어체로서 선행사를 생략하고 who가 단독으로 쓰이는 것을 말한다. 고어체이기는 하지만 시구(詩句) 따위에서 foot(운각)를 맞추기 위하여 이와 같은 문체가 쓰일 수도 있다.

Whom (=Those whom) the gods love die young. (才人早死)

Who (=He/One who) works hard deserves a reward.

24. 관계사의 효용성(效用性)에 대하여

관계사의 기능은 두 문장을 한 문장으로 연결하는데 있다. 그런데 유의할점은 문장기법상으로 볼 때 그 중의 하나가 문장의 간결성(brevity)이다. 말하자면, 문장의 표현은 불필요한 어구를 가급적 삼감으로써 간결(brief)하고 경제적(economical)이어야 한다. 따라서 문법적으로는 틀림이 없을지라도 가령, 문제의 해답을 선택함에 있어서도 긴 어구보다는 짧은 어구를, 복문보다는 단문을 우선으로 한다.

사실, 관계사에 의한 두 문장의 연결은 문장이 사뭇 길어질 뿐만 아니라, 때로는 구문이 난해해져 그 글을 쓰는 이가 아니고는 문장의 의미를 파악하기 어렵거나 곡해할 수도 있다. 따라서 관계사가 꼭 필요한 경우를 제외하고는, 이를테면 부정사, 분사, 동격, 전치사 따위를 이용한 단문으로 표현이 가능한 경우에는 관계사의 선호도가 낮다.

eg) I have no house in which I can live.

→I have no house to live in.

o I have no house in which to live. (which to live in은 틀림)의 표현도 있으나 사용빈도가 낮다.

I have no pen with which I can write.

→I have no pen to write with.

I have no relative on whom I can depend.

→I have no relative to depend on.

There is no way in which you can do it.

→There is no way for you to do it.

o ~ which you can do it in과 ~ for you to do it in은 틀린다.

(본문에서도 설명)

The man who works/who is working behind the desk is my boss.

→The man working behind the desk is my boss.

Jane was a brilliant swimmer.

She represented Britain in the Olympics.

→Jane, *the brilliant swimmer*, represented Britain ~.

(*the brilliant swimmer*는 Jane과 동격으로서 주격이다)

*동격(同格; Apposition) —다른 명사의 뜻을 한층 뚜렷이 하기 위하여 '수'와 '격'이 같은 명사를 나란히 둘 때 이 관계를 동격이라 한다.

(다른 예) Do you remember Jane, *the British brilliant swimmer*?

(*the* ~는 Jane과 동격으로서 목적격이다)

I bought this book at Jane's, *the bookseller's*.

(*the bookseller's*는 Jane's와 동격으로서 소유격이다)

o 동격의 표시는 문맥에 따라 , 외에 of, or, that으로도 나타낸다.

eg) A lady *of* Jane has just called you.

(A lady=Jane이므로 *of*는 동격관계를 나타내며 of~는 형용사구이다)

We find Negroes, *or* Black people in Corea, too sometimes.

(Negroes=Black people이므로 *or*는 동격어구를 잇는 접속사)

The rumor *that* the former National Assemblyman took briberies has turned out true.

(The rumor=*that* ~briberies이므로 *that*은 동격의 명사절을 이끄는 접속사)

* * *

I cannot understand the reason that she behaves like that.

→I cannot understand why she behaves like that.

→I cannot understand her behavior[behaving] like that.

The loud noise of the subway trains frightens people who come from the country.

→ ~ people from the country.

→ ~ country people.

이 외에도 본문의 「관계사의 단축」을 참고하기 바란다.

25. 집합명사(collective noun)와 군집명사(noun of multitude)

명사의 종류(5가지)에 군집명사란 명칭은 없다. 다만 집합명사에 속하는 것들 중에서 단수의 의미를 가지면 집합명사, 복수의 의미를 가질 때에는 군집명사라 하여 개념의 차이를 나타내기 위하여 붙여진 이름에 불과하다.
즉, 집합명사는 둘 이상의 구성요소가 모여 하나의 집합체가 만들어진 것이기 때문에 단수개념이며, 군집명사는 정반대로 하나의 집합체를 이루고 있는 개개의 구성요소들을 가리키는 것이기 때문에 단수형태지만 둘 이상이라는 복수의 뜻을 갖는다.

(eg) My family is large. (집합명사)
My family are all healthy. (군집명사)

(cf) (미어) How is your family?
(영어) How are your family?
Two families live in my house.
('가구, 세대'란 뜻의 보통명사)

* family, committee, class, crew, audience, fleet와 같은 집합명사는 그 문장의 문맥으로 보아 집합체를 나타내느냐 각 구성요소를 가리키느냐에 따라 단·복수 둘 다 될 수 있다.

* '가산명사'(countable noun)와 '불가산 명사'(uncountable noun)란 명칭도 명사의 종류에 해당되는 말이 아니고, 하나·둘로 셈할 수 있느냐 없느냐 [직접 단수·복수로 나타낼 수 있느냐 없느냐]에 따라 다시 둘로 대별하여 보통명사와 집합명사를 가산명사, 물질명사·추상명사·고유명사를 불가산 명사에 속한다고 하나 일반적으로 가산명사는 보통명사, 불가산명사는 물질명사를 대표적으로 말하는 별명에 불과한 것이다.

26. **tall과 high의 용법의 차이**

사람의 키나 사물의 높이를 말할 때 tall과 high가 흔히 오용되고 있음에도 정확히 인식을 못하고 있다. How tall are you? = What's your height?처럼 명사의 경우엔 height가 공통적으로 쓰이나 형용사의 경우엔 사람, 특히 사물의 종류에 따라 high와 tall은 구별된다. 높이를 말할 때 단순히 '높다', '높은'과 같이 (1)진술(statement)이냐, (2)'~ meters, ~ stories'와 같이 수치(measurement)에 관해 말하느냐에 따라 tall과 high의 용법에 주의를 요한다.

즉, (1)의 경우 mountain, wall, rock 따위는 high; 사람의 키 및 그 외 사물들 (너비보다 높이가 월등하거나, 자라서 혹은 쌓아올려서 높게 된 것)에는 tall이 쓰인다. 그러나 (2)의 경우 height는 공통적으로 쓰이나 형용사는 대상에 따라 tall과 high가 구별된다.

(eg) This building is very tall. (statement)
This is a very tall building. (")
What a tall building this is! (")

A: How high is this building? (measurement)
B: It's 300 meters high[in height]. (")
It's 100 stories high[in height]. (")
(cf) A: What's the height of this building?
B: It's 300 meters.
It's 100 stories.

A: How tall are you?
B: I am 6 feet tall[in height]. (measurement)

A: What's your height?
B: It's 6 feet.

This tree/pagoda/clock tower/electric pole is very tall. (statement)

This tree/pagoda/clock tower/electric pole is 50 meters high. (measurement)

(그러나) This wall/rock is high. (statement)

This wall/rock is 20 meters high. (measurement)

Mt Halla is the highest of all in South Corea. (statement)

Mt Halla is 1,947 meters high. (measurement)

27. 동사의 종류와 명칭에 대하여

특히 영문법의 기초 지식이 정립되어 있지 않은 학생들이 가장 혼란을 일으키는 것이 8품사 중에서 무엇보다 중요한 동사의 개념에 대한 이해이다.

그 때문에 다른 내용들마저 학습전이가 되지 않는가 보다. 학습 내용에 따라 20개 정도의 동사의 명칭이 설명 중에 마구 바뀌니 갈피를 잡지 못하자 열심히 듣다가도 체념하는 학생들을 무수히 보았다.

그럼, 동사의 종류란 한 마디로 말할 수 없고 다음과 같은 분류 기준에 따라 말해야 한다.

* 속성에 따라 be동사(am · are · is), 조동사[will(be going to; be about to), shall, can(be able to), may, must(should · have to · ought to), had better (may[might] as well), may well, would rather 따위], **일반동사**(be 동사와 조동사 외의 모든 동사)로 나뉜다.

넓은 의미의 영문의 동사란 크게 이 3가지이다. 그럼에도 불구하고 1)항의 명칭 외에 여러 가지로 나누는 것은 상황에 따라 단순히 세 가지 명칭으로만 일컫기엔 문법적 기능이나 의미상으로 맞지 않기 때문에 별명에 불과한 것들이다. 그래서 학습 내용[목표]에 따라 본래는 일반동사인 것이 각기 다른 이름으로 불려지게 되는 것이다. 일례로서 '문장의 5형식'에 관하여 공부한다면 '타동사와 자동사', '완전동사와 불완전동사'란 용어가 쓰일 것이며, '동사의 활용'에 관하여 공부한다면 '규칙동사와 불규칙 동사'란 말이 쓰인다.

그럼, 다음의 동사의 명칭들은 일반동사에서 파생된 것들이다.

1) 목적어 **유**무에 따라: **타동사**와 자동사로 불려진다.

(**좁은 의미**의 명칭으로 동사의 종류를 일컬을 땐 이것을 지칭한다)

그래서 1 · 2형식 문장의 동사는 자동사로 불리고, 3 · 4 · 5형식 문장의 동사는 타동사로 불려진다.

2) 보어 **유**무에 따라 **불완전 동사**와 완전동사로 불린다.

그래서 1·3·4형식 문장의 동사는 완전동사로, 2·5형식 문장의 동사는 불완전동사로 불린다.

(결론) 1형식 문장: 완전 자동사　　2형식 문장: 불완전 자동사
3형식 문장: 완전 타동사　　4형식 문장: 완전 타동사
5형식 문장: 불완전 타동사

3) 활용에 따라 규칙동사와 불규칙동사로 나뉜다.
동사를 현재 → 과거 → 과거분사로 바꿀 때 어미가 -(e)d로 끝나면 규칙동사, 그렇지 않고 불규칙적으로 변하면 불규칙동사라 한다.

(예) <u>규칙동사</u>
love — loved — loved　　book — booked — booked
study — studied — studied　　picnic — picnicked — picnicked

<u>불규칙동사</u>
know — knew — known　　sing — sang —sung
cut — cut — cut　　come — came — come
can — could — X　　be(am, is/ are) —was/ were — been
do, does — did — done　　have, has — had — had
show — showed — shown/showed　　must — X — X
(shown의 사용 빈도가 높기 때문에 일반적으로 불규칙동사로 간주함)
dream — dreamt/ dreamed — dreamt/dreamed
learn — learnt/learned — learnt/ learned
(이런 동사들은 불규칙동사의 범주에 넣는데, 과거와 과거분사형 둘 다 사용 빈도가 높기 때문에 규칙형과 불규칙형 둘 다 해당된다)
* can, must, may, will 등의 조동사도 활용면에선 불규칙동사에 해당된다.

4) 동작[행위]을 수반하느냐, 상태를 나타내느냐에 따라 동작동사[행위동사]와 상태동사[비행위동사]로 불린다.

* 진행형을 공부할 땐, '일반적으로 행위동사는 진행형으로 나타낼 수 있으나, 상태동사는 진행형으로 나타낼 수 없다'는 말을 듣게 될 것이다.

(eg) I am always missing those foreign cities I once visited. (X)

I always miss those foreign cities ~. (O)

I am knowing/loving her. (X)

I know/love her. (O)

I am seeing a cat and a rat over there. (X)

I see a cat and a rat over there. (O)

(cf) I am looking at a cat and a rat over there. (O)

(비교) see: ~이 보이다 / look at: ~을 보다

I am understanding what you say. (X)

I understand what you say. (O)

5) 주어의 인칭과 수 · 시제 · 태 · 법(mood)에 따라 변하면 정(定)동사, 변하지 않으면 부정(不定)동사[= **준(準)동사**]라고 한다.

* 이와 같이 동사를 분류할 때 상대적 개념으로 정동사와 부정동사라는 용어가 쓰일 뿐, 보통 '준동사'(=부정사, 동명사, 분사)란 용어만 빈번히 쓰일 뿐이다. 그리고 **정동사는 단순히 (그 문장의) '동사'**라고만 불린다.

* 그 외 각종 동사의 명칭으로 본동사(한 문장에서 의미와 문법적 기능의 상호 보완 관계에 따라 조동사에 대한 상대적 개념으로 본동사라는 이름을 붙인 것에 불과한 용어이다), 사역동사('상대방에게 ~을 하게 하다'라는 뜻을 가진 동사들에게 붙여진 이름), 지각동사(시청후미촉각의 감각을 나타내는 동사들을 통틀어 붙인 이름), do 동사(do, does를 통칭), have 동사(have, has를 통칭)란 말들이 있지만 필요 때마다 하나하나 해당 동사를 언급하기보다는 통틀어 편의적으로 붙인 명칭에 불과할 뿐 동사의 분류기준에 해당되지는 않는다. 바꿔 말해, 모두가 일반동사를 근간으로 하는 상황에 따른 명칭[용어]일 뿐이다.

그리고 대(代)동사(pro-verb)란 것도 동일한 (일반)동사의 반복을 피하기 위하여 대신 쓰이는 do를 가리키는 말로서 다음과 같은 예이다.

(eg) A: Do you **like sports**? B: Yes, I **do**.

A: Do you **like me**? B: Yes, I **like you**. → Yes, I **do**.

A: **Did** you ever **like her**?

B: Yes, I once **liked her**. → Yes, I once **did**.

No, I never **liked her**. → No, I never **did**.

(cf) 만약 No, I did not (like her)와 같이 응답을 하였다면 did는 본동사로서의 대동사가 아니고 조동사이며 이 문장은 같은 어구[동사]의 반복을 피하기 위하여 생략(어)법을 쓴 것이다.

A: I like apples. B: So **do** I. [=I **like (them)**, too]

His wife speaks English better than he **does**. [=speaks (English)]

28. 영문의 5형식에 대하여

문장전환에서 언급한 바와 같이 영문은 구조상으로 볼 때 단문 · 중문 · 복문 ·혼문이 있다. 그럼 '영문의 5형식'은 모든 문장에 적용되는 것일까? 아니다. 이 넷 중에서 취급되는 것은 바로 단문을 가지고 몇 형식 문장이라고 말하는 것이다. 그리고 예외가 있다면 복문의 경우 '주어 + 타동사(구) + that-절'에 한정될 뿐이다.

eg) I think that he is a liar.
(주어) (타동사) (목적어) ∵ 명사절로서 think의 목적어이다.
따라서 이 문(장)은 S + V + O의 구문이므로 3형식 문장이다.

She is proud that she is smart.
(주어) (타동사구) (목적어)

* 'be proud'가 타동사구인 까닭은 '~을 뽐내다'의 뜻을 취하므로 타동사구가 되고 거꾸로 that-절은 명사절로서 be proud의 목적어가 된다.
따라서 이 문장도 3형식 문장이라고 말한다.

그러면 이제부터 단문과의 관계에서 문(장)의 5형식을 세세하게 설명한다.
5형식을 이해하려면 먼저 공식부터 외우고 있어야 한다. 참고로 1형식(S+V), 2형식(S+V+C), 3형식(S+V+O), 4형식 {S+V+(I)O+(D)O} , 5형식 (S+V+O+C)이다.

*** 수식어인 형용사(구)와 부사(구)는 문의 5형식과 관계가 없다.**
문(장)의 4요소인 주어(subject) · 동사(verb) · 목적어(object) · 보어(complement)가 5형식을 결정하는 요소이다.

(유의) 형용사가 명사를 수식할 때와 보어로 쓰일 때를 혼동하지 말 것.

*** 주어가 될 수 있는 것은 noun(狹義의 명사)과 명사상당 어구(대명사 · 동명사 · 명사구 · 명사절을 말함)인데 이 두 가지를 통틀어 Noun(廣義의 명사)이라 한다. 보어가 될 수 있는 것은 Noun과 형용사[구]이다.**

eg) I wake up at 7 every morning on weekdays. (1형식)
S V 부사구 부사구 부사구

* 1형식 문장의 동사를 '완전자동사'라고 말하는 이유는 목적어도 보어도 취하지 않고서도 완전한 문장이 되기 때문에 붙여진 이름이다.

I am not married yet. ....1)
S V 부사 V 부사

⇒ I am not married yet. ....2) (∴ 1형식)
S V 부사

= I have not married yet. (1형식)

= I haven't got married yet. (1형식)

(註) 구문분석의 방법으로 1)은 좋지 않다. 단어 하나하나를 분석하는 것은 오히려 혼돈스럽고 까다롭게 여겨질 따름이다.
2)와 같이 한 의미군 끼리는 하나로 묶는다. 즉, 형용사[구]는 명사 · 대명사에 붙이며, 동사는 not · never 등등의 부사가 사이에 끼어 있든 없든, 한 문장 내에 동사가 (나란히) 둘 이상 있어도(V +V, V +V +V, V + V + V + V) 한 개의 동사일 뿐이다.

(예) **All of them** are **the couple's** children.

The two girls **on the stage** are **my** daughters.
I **have always kept** **my** word with anybody.

He must have told me **a** lie.

I can't play the piano.

eg) I am happy/a teacher. (2형식)
S V C

I am not married yet. (2형식)
S V C 부사

(註) 분사(현재분사와 과거분사)는 본래의 속성은 동사로서 그 파생어이다.
분사는 문장에 따라 동사, 혹은 형용사의 성질(=문법적 기능과 뜻)을 갖는다. 위 문장의 married는 형용사의 뜻도 있으므로 주격보어로 취급 할 수 있어, 이 글은 결국 S + V + C의 구문을 이룬다. 앞의 1형식 문장은 'be +자동사의 과거분사'의 형태로서 행위가 아닌 현재의 '상태'를 나타낸다.

You look very tired. (2형식)
S V 부사 C(형용사)

⇒You look very tired.
S V C

(註) 위 문장의 very는 tired를 수식하는 부사인데 부사라 할지라도 이처럼 '부사 + 형용사'의 꼴로 나란히 밀접한 관계에서는 한 어군으로 묶는 것이 오히려 구문분석이 간결해진다. 더군다나 부사는 무조건 문의 5형식과는 관계가 없지 않은가.

* 2형식 문장의 동사를 '불완전 자동사'라고 함은 목적어는 취하지 않되, 동사만으론 의미가 불완전한 그 동사의 뜻을 도와주는 구실을 하는 보어를 취하기 때문에 붙여진 이름이다.
그리고 2형식 문장의 보어를 '주격보어'(**s**ubjective **c**omplement)라고 함은 주어 = 보어의 관계가 성립되거나, 또는 보어가 주어에 대한 상황을 설명해 주기 때문에 붙여진 이름이다.
I am a teacher에선 I = a teacher이며, I am[feel] happy에선 주어인 I가 happy 하다는 말이다.

eg) I really love all of you. (3형식)
S 부사 V O

cf) All of you are really loved by me. (1형식)
S V 부사구

(3형식 문장을 수동태로 바꾸면 1형식이 된다)

* 3형식 문장의 동사를 '완전타동사'라고 함은 목적어를 취하되 목적어만으로도 [=보어가 없이도] 완전한 문장이 되기 때문이다.
위 두 문에서 보다시피 같은 동사이지만 그 문장에서의 문법적 기능 여하에 따라 완전타동사가 되고, 다른 편으로는 완전자동사가 되기도 한다.

eg) I teach them English. (4형식)
S V IO DO

* 이중(二重)목적어를 취하는 문장을 4형식이라고 하며, 이러한 문장의 동사를'완전타동사'라고 함은 역시 목적어는 취하되 보어를 필요로 하지 않기 때문이다.
하나 유의할 점은 '전치사 + Noun'의 형태와 같은 **부사구**가 아닌 말의 우리말 뜻이 '~에게'에 해당되는 말이면 '간접목적어'(**i**ndirect **o**bject), '~을[를]'이면 '직접목적어'(**d**irect **o**bject)라 한다.

* 이중목적어를 가지는 4형식 문장의 동사를 흔히 dative verb(여격동사; 수여동사)라 한다. 이유는 ⓐ 여격(與格: 명사 · 대명사가 IO일 때의 목적격을 말함)을 취하기 때문이다. ⓑ 동사가 사람 · 사물 · 동물이든 대상에게 무엇을 주거나 베푼다는 뜻을 지닌 말이기 때문이다.

eg) I gave my mother/her a gift on her birthday.
ⓑ ⓐ

I bought my father/him a gift on his birthday.
ⓑ ⓐ

I made my wife/her a gift on her birthday.
ⓑ ⓐ

그러나 4형식이 3형식 또는 1형식으로 바뀌면 그 동사는 더 이상 dative verb가 아니다.

cf) I teach them English.

= I teach English to them. (3형식)
S V O 부사구

* 4형식 문장의 IO와 DO의 위치를 바꾸면 3형식이 되며, 이제는 IO이니 DO라는 명칭은 없어지고 단순히 목적어라고 말한다.

I teach them English.

⇒They are taught English by me. (3형식)
S V O 부사구

* 우리말과 비교하여 영어에선 수동태가 꽤 많이 쓰이는데 상황에 따라 행위의 주체(=행위자)가 아닌 객체(=피행위자)를 강조하고자 할 때이다.
위 문장에서 IO인 them을 강조코자 주어로 삼으니 수동태가 되는 것이다.

* 4형식은 목적어가 2개이니까 다음과 같이 DO를 강조하여 주어로 삼을 수도 있다.
I teach them English.
⇒English is taught them by me. (△) (3형식)
⇒English is taught to them by me. (O) (1형식)
S V 부사구 부사구

이미 앞에서 수동태를 학습한대로 두 개의 목적어를 마구 주어로 삼아 수동태로 표현할 수 있는 경우는 조건과 동사에 따라 극히 한정되어 있다.
또한 위 (△)의 문장의 형태는 언어직관상으로도 (O)보다는 널리 쓰이는 문장은 못된다.

eg) I made my daughter a teacher. (5형식)
S V O C

* 5형식 문장의 동사를 '불완전타동사'라고 함은 목적어를 취하되 동사만으론 의미가 불완전한 그 동사의 뜻을 도와주는 구실을 하는 보어를 취하기 때문에 붙여진 이름이다.

그리고 5형식 문장의 보어를 '목적보어'(**o**bjective **c**omplement)라고 함은 목적어 = 보어의 관계가 성립되거나, 또는 보어가 목적어에 대한 상황을 설명해주기 때문에 붙여진 이름이다.

위 문장에서 my daughter = a teacher이며, 또한 가령 I make my wife happy에선 목적어인 my wife가 happy하다는 말이다.

cf) I made my daughter a teacher.

⇒My daughter was made a teacher by me. (2형식)
S V C 부사구

(5형식을 수동태로 바꾸면 2형식이 된다)

I make my wife happy.

⇒My wife is made happy by me. (마찬가지로 2형식)

위 두 문에서 보다시피 같은 동사이지만 그 문장에서의 문법적 기능 여하에 따라 불완전타동사가 되고, 다른 편으로는 불완전자동사가 되기도 한다.

*** 5형식의 다른 예문**

o I made my boy cry. (made가 **사역동사**이므로 cry를 Root로 씀)

⇒My boy was made to cry by me. (2형식)
S V C 부사구

*목적보어(OC)가 동사이면 수동태인 2형식에선 (능동태의 made가 사역동사이므로) 'to + Root'의 명사구로서 주격보어가 된다.

o I saw her sing merrily. (saw가 **지각동사**이므로 sing이 Root임)
S V O C 부사

⇒She was seen to sing merrily by me. (2형식)
S V C 부사 부사구

* 5형식 지각동사일 때에도 수동태에선 **'to + Root'**의 명사구로서 주격보어가 된다.

cf) I saw her singing merrily.
S V O C 부사

⇒ She was seen singing merrily by me. (2형식)
S V C 부사 부사구

* OC가 현재분사이면 수동태인 2형식에서도 그대로 쓴다.

o We don't allow you to smoke here. (5형식)
S V O C 부사

⇒You are not allowed to smoke here. (2형식)
S V C 부사

(註) 이 문에서 to smoke는 명사구로서 각각 목적보어, 주격보어인데 이러한 구문에서 'to + Root'가 명사구이냐 형용사구이냐 부사구이냐를 구별하는 방법은 대개 바로 앞의 말이 to-부정사로부터 직접 수식을 받으면 그 말의 품사에 따라 부사구나 형용사구가 되고, 그렇지 않는 경우라면 명사구로 보면 거의 들어맞는다.

* 그런데 문법적으로 도무지 구의 구별[품사와 절의 경우도 꼭 같음]이 안되면 직역(直譯)에 의한 비문법적 방법으로 알 수 있다.
대강 기본적인 내용을 설명컨대, 명사구는 (1) 주어일 땐 우리말 뜻으로 끝에 반드시 **'~는/가/은/이'**라는 주격조사가 붙으며, (2) 목적어일 땐 반드시 **'~을/를'**이라는 목적격 조사가 붙으며, (3) 주어와 목적어의 자리(예컨대 5형식 문장처럼)가 아니면 보어 구실을 한다고 보면 거의 틀림없다.

eg) To teach is to learn.
S(가르치는 것이) V(이다) C(배우는 것)

(설명) is가 불완전 자동사이므로 to learn은 목적어가 될 수 없고 더욱 우리말의 **'~것'**은 명사에 해당하며 주어는 이미 있으므로 명사구로서 보어일 수밖에 없다.

eg) I don't want to travel abroad.
S 타동사 O(여행하는 것을) 부사(해외로/에)

(설명) 우선 한 문장의 동사라 함은 주어 바로 다음의 동사를 말한다. 그러면 자동사와 타동사 중 어느 것일까? '동사와 바로 다음의 어구(단어 또는 구)만'을 떼어서 **직역**을 통해 그 어구의 끝말에 **'~을/를'**이 붙으면 그 어구는 목적어라 칭하며 동사는 타동사라고 부른다. 이를 바꿔 말하면, 우리말 표현이 **'~을/를 + 동사의 뜻'**의 관계가 성립하면 주어 다음의 동사는 타동사이며 동사 바로 다음의 어구는 그 타동사의 목적어라고 부른다. 윗글의 「don't want +to travel」을 직역하면 「여행하는 **것을** + 원치 않는다」가 성립되므로 결국 문 전체는 S +V +O +부사로서 3형식이 됨을 알 수 있다. 반대로 자동사는 '~을/를 +동사의 뜻'의 관계가 성립하지 않는 경우라고 생각하면 두 동사의 구별은 그야말로 식은 죽 먹기다.

eg) I would like to learn how to play golf in the future.
S V(조동사+본동사=1V) O(의문사+to-부정사는 명사구) 부사구

(직역) 난 미래에[장차] '골프하는 법**을** 배우고 싶다/배우고자 한다.'
때와 장소를 나타내는 말은 그 문장의 주어 · 보어 · 목적어가 아닌 한 무조건 부사이다. 이와 같이 구문분석은 한 어군(語群)끼리 묶어서 한다는 것은 이미 언급한 바이다. 문의 형식은 역시 3형식이다.

eg) I don't want my wife/her **to travel** abroad.
S V O C 부사

(설명) 'V +명사 · 대명사의 목적격 +to-부정사'의 형태이자 my wife/her → to travel의 관계인데다 해석(직역)만 해 봐도 구문의 이해가 뚜렷해진다.
'나는「내 아내가/그녀가 (해외로) 여행하는 **것을**」원치 않는다'이므로 to travel의 뜻만 보아도 명사구로서 이 글에서의 문법적 기능은 목적어는 이

미 나와 있으니 자연히 목적어를 설명해 주는 구실을 할 수밖에 없는 목적보어가 되는 것이다.

eg) He will teach me/my wife how to play golf/English.
S V IO DO

(설명) 4형식인 이 문장 역시 5형식 문과 마찬가지로 V + 명사·대명사의 목적격은 같으나 5형식이 to-부정사가 수반되는데 반하여 4형식은 명사나 의문사 +to-부정사가 따른다는 차이점이다.

아니 해석만 해 봐도 '그는/그가 (장차) **나에게**/내 아내**에게** 골프하는 법을/영어를 가르쳐 줄 것이다'이므로 me는 IO, how~/English는 DO이다.

eg) He was seen to play golf there.
S V C 부사

(해석) '그가 그곳에서 골프하는 것이 보였다' 이므로 주어는 이미 He로 정해져 있고, 그러면 to-부정사는 명사구로서 He → to play golf의 관계로 주어를 설명하는 주격보어 구실을 한다. 그리고 was seen은 일단 목적어를 취하지 않았기 때문에 자동사이나 보어 구실을 하는 어구(Noun 또는 형용사)를 수반하고 있으므로 불완전자동사이다. 사실 이 문장은 능동태인 5형식을 수동태로 바꾸면 이와 같은 2형식이 된다.

이상으로 명사구가 되는 to +Root와 의문사 + to +Root에 관하여 살펴보았다. 그럼 이제 형용사구와 부사구에 관하여 살펴보자.

형용사와 부사는 명사(Noun)와는 달리 그 문장 내의 어떤 말을 수식하는 수식어 역할을 함으로써 그만큼 어떤 상황을 구체적으로 설명해준다. 만약 장식품과 같은 수식어가 없다면 국문이든 영문이든 얼마나 딱딱하고 무미건조한 글월이 되지 않겠는가!

교단 경험으로 미뤄 참고로 초보자들을 위해서 먼저 구의 형태부터 어떠한 것인가를 아울러 이해시키는 게 필요하겠다.

(a) 영문에서 가장 많이 볼 수 있는 **'전치사 +Noun'**이다.

그 문장에서의 문법적 기능이나 의미에 따라 **형용사구** 혹은 **부사구**가 된다.

eg) **<u>The phone</u>** **<u>on the table</u>** <u>is</u> <u>mine</u>. (* be: 이다)
S 형용사구 V C

(설명) on the table이 S를 수식하므로 형용사구(∵ 명사를 수식하는 말을 형용사라고 하기 때문)이다. 이를 비문법적 방법인 직역에 의한다면 '테이블위에 있<u>는</u>/테이블에 놓여 있<u>는</u> **<u>전화기</u>**는 내 것이다'에서 어떤 경우라도 형용사는 반드시 그 끝 字[音]가 '~ㄴ, ~ㄹ'이 붙고 바로 수식을 받는 명사가 따른다. 즉, 앞의 '<u>는</u> + **<u>전화기</u>**'처럼 말이다.

The phone에 정관사(the)가 붙은 이유는 형용사구의 수식을 받아 일정한 사물로 한정되기 때문이다.

*** 정관사의 용법 중 형용사구[절]의 수식을 받는 명사는 <u>特定한 대상</u>(사람 · 동물 · 사물)으로 간주하여 the를 붙인다.**

그러면 전후 문장의 on the table에서 table에 the가 붙은 이유는 다음과 같다.

*** 정관사의 용법 중 대화자들 사이에 이미 인식되고 있거나, 혹은 독특하고 유일한 것을 가리키는 <u>周知의 대상</u> 앞에는 피수식—수식과 상관없이 대개 the를 붙인다.**

eg) the sun/moon/earth/universe/air/world/sky/Lord/government/sea 등.

이 밖에 대양/강/산맥/사막/배/열차/항공기/신문/공공건물/호텔/극장/박물관/정식국호(the Republic of Korea) 등의 이름 앞.

반면에 대화자 끼리 화제에 처음 오르거나, 여럿 중 임의(任意)의 것 하나를 가리키는 단수 보통명사 앞엔 부정관사(a · an)를 쓴다.

한편, 물질명사 · 추상명사와 같은 불가산 명사는 특정의 경우가 아닌 일반적 의미로 쓰이는 한 관사를 붙이지 않는다. (관사에 관한 중요 사항은 별도 설명)

cf) <u>The phone/My phone</u> <u>is</u> <u>on the table</u>. (* be: 있다)
S V 부사구

(설명) 같은 어구라 할지라도 이 문에서의 on the table은 is를 수식하는 부사구이다(∵ 폰이 있는 위치를 on the table이 설명해 주므로).

그리고 이를 비문법적인 직역의 방법으로 설명하자면 부사는 우리말로 아무리 갖다 붙이려 해도 그 끝 자[음]가 '~ㄴ, ~ㄹ'에 해당되지 않는다. 즉, 전화기는 '테이블 위**<u>에 (놓여)있다</u>**'이다.

eg)**The children at table** are my son and his friends.
S V C

(설명) at table은 The children을 수식하는 형용사구. 이를 해석하면 '식사중인/식사(를) 하고 있는 아이들은 우리 애와 그의 친구들이다.

cf) The children are at table.
S V 부사구

(설명) at table은 동사 are를 수식하는 부사구. 부사란 보다 엄밀히 말해서 모든 단문에 있어서 그 문장 중의 동사나 형용사 혹은 다른 부사를 수식하는 말을 가리킨다. 직역에 의한 비문법적 방법은 '아이들이 식사(를) 하고 있다/식사 중에 있다'이므로 S인 명사가 직접 at table에 걸리는 형용사구와는 거리가 전혀 멀다.

eg) Get me **something** **to drink**, please.(*S가 생략된 명령문)
V IO DO 형용사구 부사

(설명) 바로 직역을 해보자, '뭐 마실/마실 수 있는 것 좀 가져 오라'이므로 역시 to drink가 대명사인 something을 수식하는 형용사구이다.

cf) I got into the kitchen to drink water. (* 1형식)
S V 부사구(전+Noun) 부사구

(설명) '나는 들어갔다 부엌으로/부엌에 마시기 위해/마시려고 물을' → '나는 물을 마시기 위해/마시려고 부엌에 들어갔다'이므로 into the kitchen은 got을 수식하는 부사구, to ~도 부사구이다.

(유의) to drink water의 water는 to-부정사 내에서[즉, 문중의 어구 중에서] 단지 drink의 부분상의 목적어에 불과하므로 문 전체를 대변하는 목적어가 아니기 때문에 이 문장을 구성하는 문(장)의 4요소와는 아무 상관이 없다. 그리고 구문의 이해가 부족하여 만일 이 글을 '나는 물을 마시기 위한/마실 부엌으로 들어갔다'라는 이치에도 맞지 않고 표현도 어색한 오역으로 to-부정사가 the kitchen을 수식하는 형용사구라고 오판하지 말 것이다. 왜냐하면 우리말 뜻풀이가 틀렸으니 올바른 구문분석이 있을 리 없다.

eg) This is **the very room** **to rent**. (* 2형식)
S V C 형용사구

(설명) to rent의 뜻은 '세(를) 놓**을**/세(를) 놓기 위**한**/세(를) 놓으려는 바로 그 **방**' 이므로 바로 앞의 the very room을 수식하는 형용사구가 된다.

(유의) 모든 경우가 다 그렇듯이 이 문의 the very room에서도 명사 앞에는 제 아무리 몇 개의 수식어가 붙어도 핵심어는 마지막 말인 '명사'이기 때문에 결국 그 어구 전체는 한 의미군(쉽게 말해서 한 덩어리)으로 간주하여 to rent가 보통 the very room을 수식한다고 말한다.

eg) I have **a fiancée** **to marry** two months later. (* 3형식)
S V O 형용사구 부사구

(설명) 두 달 후에 결혼**할**/결혼하게 **될**/결혼 예정**인 피앙세**'로 형용사구임을 알 수 있다.

eg) He succeeded in life by studying so hard in his youth. (*1형식)
S V 부사구 부사구 부사 부사 부사구

(설명) 모두 전치사 +Noun의 부사구이며, hard는 study를 · so는 hard를 · in~는 study를 수식하지만 그렇게 생각하는 것보다는 '때'를 나타내므로 부사구로 여김이 퍽 쉽다.

(※ so와 hard의 관계처럼 부사가 부사를 수식하는 경우를 문중의 다른 부사를 수식한다고 말한다.)

다음 형용사구의 형태로 「전치사 +Noun」중에서도 형용사의 구실을 하는 **of-phrase(=of +Noun)**가 있다.

우리말로는 **'~의'** 뜻으로서 대개 **명사 다음에 of~**가 따른다.

참고로 대명사는 소유격이 정해져 있으나 명사를 소유격으로 만들고자 하면 두 가지 방법이 있는데, 물론 형용사구는 아니지만 's(Apostrophe 's'라고 부름)를 붙여서 소유격으로 만드는 것은 대개 사람이나 짐승의 경우이며, 무생물일 때엔 이 of-어구를 사용한다.

그럼 of-어구의 예를 들어 본다.

eg) One of the legs of the table is cleft.

(설명) of the legs는 One을 수식, of the table은 the legs를 수식하는 각각의 형용사구이다.

* One of the legs of the table is cleft. (1형식)

S V

One of the legs of the table is cleft. (2형식)

S V C

1형식은 cleft를 cleave의 과거분사로 다뤄 is cleft를 하나의 동사로 보아 현재의 상태를 나타내며, 2형식은 과거분사의 형용사적 용법에 따라 cleft를 형용사로 다뤘기 때문에 같은 글이 다른 형식이 될 수도 있다. 앞에서도 이런 예가 있었지만 둘 중 어느쪽이 보편적 구문분석법이냐고 묻는다면 전자이다.

eg) One of my father's friends[A friend of my father's] died of cancer.

(설명) A friend of my father's (friends)에서 같은 말의 생략, died of cancer(암으로 죽다)에서 of~는 died를 수식하는 부사구이다.

*** 사람 · 동물 · 무생물과 상관없이 관사, this, that, some, any, no 따위가 선행하면 보통 of + 소유격[독립소유격]이 따른다.**

eg) **some** friends of my son's = some of my son's friends

no friend(s) of my son's = none of my son's friends

a portrait of my mother's(어머니가 갖고 계시는 초상화)

(cf) a portrait of my mother(나의 어머니를 그린 초상화)

(b) to + Root(=to-부정사)

구의 형태 중 다음으로 많이 쓰이는 것인데, 이미 자연히 언급 되었으므로 부사구가 되는 예만 몇 개 더 들어본다. 부사구[절]가 영문에서 가장 빈번히 쓰이는데 명사구[절] · 형용사구[절]만 이해하면 자연히 부사구[절]는 구별이 될 것을 확신한다. 그래서 부사구[절]는 굳이 수식 여부를 따질 필요 없이 구나 절의 의미만으로 인식해도 그 용법의 이해는 충분하다.

eg) I've been to the airport to see/send my wife off. (목적)

My father lived to be 74 years old. (결과)

(설명) to-부정사를 우선 '목적'을 나타내는 것처럼 역(逆)으로 해석하여 사리에 맞지 않거나 우리말 표현이 어색하면 '결과'로 간주한다.

I'd be so happy to make her my wife! (조건)

You're foolish enough to believe such a fellow! (이유 · 판단의 근거)

이럴 때의 to-부정사는 '~ 하다니/이라니'로 해석한다.

My father is too old to do farm works. (정도)

* too··· to~를 '몹시 ···이므로 ~할 수 없다'로 해석하여 '결과'를 뜻한다는 견해도 종종 있으나 원뜻으로 추리하여 '정도'로 봄이 더 합당하다.

To say nothing of English, he understands French and German.

* 문 전체를 수식하는 독립부정사는 부사구이다.

This English novel is very difficult to read. (단순히 difficult를 수식)

We were all sad to hear of/about her sudden death. (원인)

* 슬픔 기쁨 등의 감정을 나타내는 형용사 · 동사 뒤에 to-부정사는 '원인'을 나타내는 부사구로 간주한다.

(c) 의문사 + to-Root = 명사구

(설명)주로 쓰이는 의문사는 what · which · how · when · where이다.

eg) I forget what to say.(forget: 지금 생각나지 않는다)

The problem is how/when to help him.

Please show me where to wash my hands.

Would you tell me which to choose?

(d) 전치사가 없는 형태 — this · that · every · next · last · tomorrow와 같은 말을 수반하는 어구엔 전치사를 쓰지 않는다. 장소를 가리키거나 이러한 때를 나타내는 어구들은 주어 · 보어 · 목적어 구실을 하지 않는 한 부사구로 간주한다.

eg) I woke up at 10 this morning / this day.

I get up at 7 every morning.

I went to bed very late last night/that night.

I must get up very early tomorrow morning.

* 그런데 직역에 의한 비문법적 방법으로도 구의 이해와 더불어 5형식을 분간하기가 애매한 문장들은 어떻게 분석할 것인가?

eg) It is of no importance.
S V C(형용사구) ∴ 2형식

(증명) 이 글은 다시 풀이하면 It is not important와 같으므로 of importance = important에서 어(구)의 형태는 서로 다르나 그 뜻은 같다는 것을 알 수 있다. 따라서 of+추상명사 = 형용사구로서 보어가 된다.

eg) We are of an age. (우리는 같은 나이이다)
S V C

(설명) 물론 이 문장도 풀이하여 2형식임을 증명할 수 있겠으나 잘 쓰이지도 않는 문장으로까지 구구히 할 필요가 없이 of+추상명사 = 형용사구 이며,또한 be동사가 '~이다[아니다]'의 뜻이면 2형식 문의 동사라 생각하면 된다.

eg) She seemed to be ill.
S V C

(증명) 이 글은 It seemed that she was ill과 같으므로 to be ill 또한 형용사구로서 보어가 됨을 알 수 있다. 말하자면 주어진 글과 she was ill은 같은 형식이다.

eg) They[People] believe him to be honest. (5형식)
S V O C(목적보어)

=They[People] believe that he is honest. (3형식)
S V O(명사절:believe의 목적어)

=He is believed to be honest by them[people]. (2형식)
S V C(주격보어) 부사구

o 이 문은 이미 설명된 것이지만 문장전환에 의한 형식의 변화를 한 번 더 강조 한 것이다.

이상으로 '동사' 및 '문의 5형식'에 관하여 학습하였는데 동사를 이해한다는 것은 곧 문의 5형식을 정확히 판단할 수 있는 수단이다.

부언하여 '구'를 안다는 것은 문장의 구문분석을 정확히 함으로써 영문을 올바르게 이해하고 또 표현 할 수 있는 수단이다.

아울러 가장 근본인 '품사'의 이해는 다양한 영문을 구사할 수 있는 능력을 기르는데 밀접한 관계를 이룬다.

29. 명사 대용으로 one[ones]을 쓸 수 없는 경우

1) 불가산 명사 대용으로 쓰지 않음.

I like red wine better than white.

2) '소유격 + own' 다음.

This car is my own.

3) 수사 다음.

He has five daughters, and I have three.

4) 최상급 형용사와 'the + 비교급' 다음.

I have 2 brothers; the elder is handsomer than the younger.

I have 3 sisters; the eldest is the smartest of the three.

5) 부가 의문문에서도 쓰지 않음.

One can't be too careful, can <u>you</u>?

30. think-류의 동사와 간접 의문절의 표현[어순]

'의문사 + think / suppose / imagine / believe'

(eg) Who do you think I am?

What can you suppose he said to her?

(cf) 'know, remember, tell, hear, etc + 의문사'

Do you remember who I am?

Can you tell me what he said to her?

31. 일상생활과 밀접한 사물의 영어(BrE)와 미어(AmE)의 어휘 비교의 예

(단어뿐 아니라, 어구· 문장· 발음· 철자· 구두점 등에 있어서도 많은 차이를 보인다)

[BrE]	[AmE]
football	soccer
post/pillar box	mailbox
flat	apartment
telly	TV
video	VCR
lounge	living room
settee	sofa
toilet(bathroom: only for bath)	bathroom(for both uses)
(공중 화장실)public toilet	restroom
cooker	range/stove
tea towel	dishcloth
(electric) ring	burner
tap	faucet
dustbin	garbage/trash can
biscuits	cookies/crackers
porridge	oatmeal
afters/pudding	dessert
cling-film	plastic/kitchen wrap
a tin of sweets	a can of candy
film	movie
cinema	movie theater
mobile	cellular(*Konglish ‘hand phone’)
supper	dinner(also ‘supper’ sometimes)

rubber(=pencil eraser)	condom(usually)
rubbish	garbage/trash
chemist's (shop)	drugstore/pharmacy
garden	yard
TV aerial	TV antenna
(주택의 대문 앞 보도)pavement	sidewalk
(cf. 포장도로) roadway	pavement

<차의 외부 명칭>

[BrE]	[AmE]
windscreen	windshield
bonnet	hood
boot	trunk
buffer(s)	bumper(s)
number plate	license plate
tyre	tire
wing/mudguard	fender
sidelight	parking light
indicator	blinker
aerial	antenna
petrol cap	gas cap
wing mirror	side mirror
rear light	tail-light
reversing light	back-up light
handbrake	emergency brake
accelerator	gas pedal
gear stick	gear shift
indicator	turn signal

32. 둘 이상의 형용사가 명사를 수식할 때의 배열순서

1) 관사, 소유격, 지시형용사(this, that 등)는 맨 앞에 둔다.

2) 수량형용사(one, two, …)는 성질형용사(small, blue, …) 앞에 둔다.

3) 성질형용사가 둘 이상이면 의미상 명사와 밀접한 것부터 명사에 더 가까이 두되, 밀접도가 대등할 때는 and나 comma를 이용한다.

(예) big round blue eyes

clear and cold water

4) 가령, 여러 형용사가 명사를 수식할 경우는 '지시 + 수량 + 대소 +성상(성질 · 상태 · 형태 · 신구를 나타내는 형용사들) + 색채 + 재료'의 순서이다.

(예) this small shiny leather handbag

my new black leather handbag

(cf) that new black leather handbag of mine

this old interesting story-book

33. **'be + to-Root'**

흔히 'be to 구문'이라고 하지만 일반 조동사 및 그 밖의 대용으로 영문을 달리 표현하였음에 불과하며, 그 뜻은 문맥에 따라 적절히 해석하면 된다.
to-부정사의 명사구(~하는 것으로 해석 됨)와 혼동하지 않도록 주의할 것.

(eg) To see is to believe. (명사구)
= Seeing is believing.
What you have to do is to study hard. (명사구)
* have to do → have to(=should) + Root

I am to do it. = I can do it. (가능)

I am to do it. = I must[should] do it. (의무, 필요, 당연성)

I am to do it. = I will[am going to / am supposed to] do it. (예정)
I am to do it. = I intend[*or* plan] to do it. (의향[또는 계획])

Man is to die. = Man is destined to die. (운명)

34. Apostrophe ‘s’(= ’s)**로 명사의 소유격을 만드는 법**

o 격(格; Case)이란 명사 · 대명사가 문장에서 다른 말과의 관계를 설명하기 위한 어형 변화를 말한다.
격의 종류에는 주격 · 소유격 · 목적격이 있는데, 소유격이 같은 명사의 반복을 피하기 위하여 **‘~의 것’**이란 뜻으로 쓰이게 될 땐 특별히 소유격과의 용어의 혼동을 피하고자 ***‘독립 소유격’(= 소유대명사)***이라는 명칭을 쓴다.
대명사는 my · our · your · his · her · their · its · whose처럼 소유격이 정해져 있고 그 독립소유격(mine · ours · yours · his · hers · theirs · whose)도 정해져 있다.

eg) A: Whose phone is this? / ***Whose*** is this phone?
B: It's ***mine / Miss Gim's / his / hers.***
(설명) 앞에 phone이란 말이 이미 나와 있기 때문에 my phone/ Miss Gim's phone/ his phone/her phone이라 하지 않고 생략법을 쓴 것이다. 바로 이런 점들 하나하나가 영문의 원리(문장기법)에 다 적용되는 것이다.

eg) A: Who is he to you? (그는 너와 어떤 사이/관계이냐?)
B: Oh, he's one of my best friends. (= a best friend of **mine**)

명사의 소유격의 형태 중 of-phrase에 관해서는 앞에서 설명하였으므로 이 장(chapter)에선 ’s로 명사의 소유격을 만드는 법을 설명한다.
1) 단수명사이면 ’s를 붙인다.
girl's lady's man's child's James's ass's wife's

2) 복수명사 중에서 -(e)s로 끝나는 말은 s 다음에 ’만 붙인다.
girls' ladies' asses'(ass의 복수형) wives'(wife의 복수형)
-(e)s 외의 불규칙 변화의 복수형은 ’s를 붙인다.
men's children's women's

3)복합어이면 단수이든 복수이든 끝말에 ’s를 붙인다.

brother-in-law's   brothers-in-law's

4)어군(語群)이면 끝말에 ’s를 붙인다.

the Queen of England's   someone else's   Jack and Betty's mom

(cf) Jack and Betty's car (Jack과 Betty 공동소유의 차)

Jack's and Betty's cars (Jack's car and Betty's car)

5) 무생물의 특수한 소유격 — 다음과 같은 경우엔 무생물이라도 ’s를 붙여서 소유격을 만든다.

o 의인화 … Nature's works(조물주의 작품) the ocean's roar(대양의 외침)
Heaven's will(하늘의 뜻)

o 때 … today's paper(오늘 신문) a[one] day's journey(하룻길)
an[one] hour's walk(한 시간의 산책) two hours' walk

o 거리 … a boat's length(보우트 하나의 길이)
a stone's throw(엎어지면 코 닿을만한 거리)

o 중량 … two pounds' weight of pork(2 파운드의 돼지고기)

o 가격 … a[one] dollar's worth of candy(사탕 1달러어치)
two dollars' worth of candy

o 관용구 … art for art's sake(예술을 위한 예술)
for conscience' sake(양심의 가책으로, 양심상)
to one's heart's content(마음껏)
for mercy's sake(제발, 부탁이야)

＊ 같은 명사의 반복이 아님에도 house, office, shop, cathedral, palace 따위의 말이 생략되어 있다고 생각될 경우 보통 그 말을 생략하고 소유격으로 쓴다.

eg) I called at my elder brother's (house, home) on Sunday.

I have been to the barber's(shop).

I bought this magazine at a bookseller's(shop, store).

I have been to the lawyer's(office).

St. James's (Palace) is in London.

Westminster Abbey and St. Paul's (Cathedral) are very famous in London.

35. 관사(Articles)에 관한 중요 사항

앞 장에서 관사의 가장 기초적인 용법에 관하여는 간략히 언급한 바가 있으므로 여기선 중요 사항들에 관하여 설명코자 한다.

<부정관사에 관하여>

1) 부정관사/정관사 +단수명사: 내표 단수라 하여 종류 전체를 나타낸다.

eg) A/The dog is a useful animal.

=Dogs are useful animals.

(예외) man이 인류(mankind), 남성(male sex)을; woman이 여성(female sex)을 뜻할 때에는 단수 무관사이다.

eg) Man is to die.

Man is stronger than woman.

2) 'of +부정관사 +명사'로 the same의 뜻.

eg) We are of an age. = We are of the same age.

We are all of a mind. = We are all of the same mind.

= We all[All of us] have the same mind.

3) each/every; per의 뜻.

eg) We work 8 hours a day.

It costs 3,000 won a kilo.

4) '...라는 사람'의 뜻.

eg)A Miss Yi came to meet you (during your absence).

5) '... 씨 집안의 사람'이란 뜻.

eg) He is an Ahn.

6) '부정관사 + 고유명사' = 고유명사의 보통명사화. (~와 같은 사람)

eg) He is an Edison.

=He is one[an inventor/ a great inventor] like Edison.

=He is such a great inventor as Edison.

He is a So-weol.

=He is one[a poet/ a great poet] like So-weol.

=He is such a great poet as So-weol.

7) 관용구처럼 쓰이는 경우는 그대로 암기한다.

eg) Many a student has been late for class. (단수 취급)

=Many students have been late for class.

a good/great many students = quite a few students

a little water/ a few students (反) little water/ few students

<정관사에 관하여>

1) 최상급의 형용사(명사를 수반 또는 생략된 상태), 서수, same, only, very(명사를 수식할 때에 强意의 형용사라고 함)와 같은 한정적 뜻이 강한 말 앞에.

eg) You are the very person that I have long wanted to meet!

She was the last (member) to attend the meeting.

* I like spring **best**. (부사의 최상급엔 the를 붙이지 않음)

* I am **happiest** when I am with you.

(서술적[보어]으로 쓰인 경우엔 the를 쓰지 않는다. 즉, 형용사의 최상급이라도 비교의 대상이 없이 서술적으로 쓰이면 the를 붙이지 않는데 이를 **절대 최상급**이라 한다)

cf) Mr. X is the richest man of us all.

=Mr. X is the richest (man) of us all.

2) 정도를 나타내는 계량의 단위 이름 앞.

eg) Beef is still sold by the 'geun' in some places of Corea.

Most of fruits are sold by the kilo in Corea.

(한국에선 대부분의 과일들은 킬로 당 얼마씩에/킬로 단위로 판다)

3) the + 단수 보통명사 = 추상명사의 뜻.

eg) The pen(=literary power) is mightier than the sword (=military power).

(文은 武보다 강하다)

What is learned in the cradle(=infancy) is carried to the grave (=death).

(세살 적 버릇 여든까지 간다)

4) the + 형용사/현재분사/과거분사 = 복수의 뜻.

eg) The rich will not realize the hunger of the poor sometimes.

(The rich = Rich people; the poor = poor people)

the dead = dead people / the dying = dying people /

the wounded = wounded people / the young = young people

* 문맥에 따라 단수, 또는 추상명사의 뜻을 가질 때도 있다.

eg) The deceased(=The dead man) was buried in the strange land.

The true(=Truth) is higher than the beautiful(=beauty).

(설명) the true/ the beautiful은 true people/ beautiful people의 뜻도 됨으로 문맥에 따라 그 뜻이 달라진다.

5) 가문 · 가족의 이름(문맥에 따라 뜻이 바뀐다)

eg) the Tudors(=the House of Tudor) 튜더씨 가문

the Gims(=the members of Gim's family) 김씨네 가족들

cf) the Gims = Mr and Mrs Gim 김씨 부부

6) the + 고유형용사 = 국민 · 민족을 뜻.

eg) The Corean(=Corean people) are a persevering/great people.

the English/Japanese/Chinese/French/Dutch, etc

* the Greeks/Americans/Russians/Germans/Italians 등은 –s를 붙이는 바, 하나하나 외울 수밖에 없다.

7) 악기명, 「the +비교급, the +비교급」, 'the +비교급'에 of the two/이유를 뜻하는 어구가 따를 때, '목적격+신체 부분' 등.

eg) Can you play the guitar?

The sooner/The more, the better.

She is the older of the two.

I like you all the better for your faults.

She caught me by the hand/by the sleeve.

=She caught my hand/my sleeve.

He kicked me on the chin/ in the leg.

=He kicked my chin/my leg.

<관사를 쓰지 않는 것>

1) 관직 · 신분 · 친척 관계를 나타내는 말이 동사의 보어이거나, 딴 말과 동격으로 쓰일 때. 이때의 명사는 형용사적인 의미가 강하기 때문이다.

eg)He was elected chairman of the committee.

Elizabeth II, Queen of England, acceded to the throne in 1952.

2) 식사/언어명/인명으로 된 저서/역명/두 명사가 짝을 이룬 경우/by + 교통 · 통신 수단/부름말/通常의 국명/공원 이름/산 이름/호수 이름/학교 명칭/거리명/잡지 이름/공항 이름 등이 수식어구가 없이 쓰일 때.

* 대학과 같은 기관의 명칭은 그 고유의 명칭에 따라 익힐 뿐이다.

* the Netherlands(=Holland), the Philippines, the Hague 등은 예외.

eg) I usually have **breakfast** at 8.

cf)I usually have **a light/heavy breakfast**. (부정관사 +형용사 +식사)

English is widely used all over the world.

cf) The English language ~. (English는 고유 형용사)

Korean = the Korean language

Hamlet and Robinson Crusoe (둘 다 작중 인물의 이름이자 저서명)

* 저서도 그 작가가 이름 짓기에 달렸다. 다시 말해서, 인명으로 된 작품이 아니라도 the가 붙지 않은 게 수없이 많다.

Let's meet around 12 at Seoul Station/Pagoda Park.

A pair of lovers are walking **hand in hand** along the bank.

Those poor couple are living **from hand to mouth**.

I go to school by bus/train/bicycle. (=on a bicycle)

I work in a building on the corner of **Fifth Avenue** and **72nd Street**.(* 자칫 틀리기 쉬운 표현)

Waiter, please bring my bill. (웨이터, 계산서 좀 가져 와요)

3) 경기 및 유희를 나타내는 명사 앞.

eg)I don't like playing golf/soccer/cards.

4) a half/ a second, an eighth처럼 분자가 1일 때 분수엔 부정관사를 쓰지만, half an hour, half passed seven처럼 시각엔 부정관사를 쓰지 않는다.

o 이상으로 관사에 관한 중요한 사항들은 거의 기술하였으나 그 밖에도 사소한 설명거리가 없는 게 아니다. 이를테면 관사의 종류나 유무에 따라 뜻의 차이가 있다든가, 관용구에 관한 예를 다 옮기기에는 한계가 있는 만큼 꾸준히 익혀 나가는 것이 최선의 방법일 것이다.

더욱 모든 영문법 지식을 한 권의 책을 통해서만 습득할 수 있는 책이 있다면 그 면이 네 손가락 정도는 꼽아야 할 것이다!

결국 각자의 능력 정도에 맞춰 이 책 저 책을 읽어 나가야 할 것이다.

36. **추상명사** + that-**절**

that의 기능이 동격의 명사절을 이끄는 접속사이냐 선행사인 명사를 수식하는 형용사절을 이끄는 관계대명사이냐를 알아보고자 하는 것이다. 구별하는 법을 모르고선 얼핏 보아 같은 것으로 혼동을 일으키기 쉬우나 엄연히 구별된다.
우선 예문을 보자.

1. He heard the news / that his team had won the game.
2. The news that he got from her / gave him a great shock.

문1에서 that이 관계대명사라고 가정한다. 그러면 관계대명사의 제한적 용법에서 that이 사용되는 격은 주격과 목적격이 있는데 이 중에서 어느 하나가 충족되면 that은 관계대명사이고, 그렇지 못하면 접속사이다. 그럼 위의 가정을 증명한다.

① that이 주격이 되려면 that +동사여야 하는데 that-절의 형태가 that +S(his team) +V(had won)이므로 주격 관계대명사가 될 수 없다.

② that이 목적격이 되려면 타동사나 전치사의 목적어가 되어야 하는데 had won의 목적어는 the game이고, 또 that-절에서 전치사는 없기 때문에 전치사의 목적어도 아니다. 그러므로 the news = that-절의 관계가 성립되는 동격의 명사절을 이끄는 접속사가 됨을 알게 된다.
부언하자면, 이와 같은 경우엔 that +V의 형태란 있을 수 없고, 또한 that-절에 타동사나 전치사가 있을지라도 이들 뒤에는 반드시 명사[대명사]가 붙는다는 것이다.

문2에서는 the news가 got의 목적어임을 알 수 있다. 그러면 선행사 = 관계대명사이기 때문에 that 역시 got의 목적어이다. 말하자면, that은 the news의 대명사 노릇과 함께 두 문장을 연결해주는 접속사의 구실을 겸하기 때문에 관계대명사(목적격)가 된다. 이를 입증하기 위해 두 문장으로 다시 나누어 본다.

The news gave him a great shock.

He got it from her.

두 공통어 중에서 명사는 선행사, 대명사는 관계대명사가 된다.

부언하자면, 앞의 ①과 ②의 조건이 충족되면 that은 관계대명사이다.

이와 같은 경우에 that-절은 that +V의 형태이거나 타동사나 전치사가 that-절의 끝에 놓인다는 것이다. 다른 어(구)가 붙을지라도 부사(구)와 같은 수식어일 뿐이다.

문2에서 from her는 got을 수식하는 부사구이다.

37. It ~that의 가주어 구문과 강조구문의 구별 방법

It is/was ~ that을 생략하여도 문장이 성립되면 강조구문이며, 비문법적이면 가주어[형식주어] 구문이다.

eg) I met her in the park yesterday를 갖고 각각의 어구를 강조해 본다.

o **It was** I **that** met her in the park yesterday.

(설명)주어 I를 강조한 경우로서 해당 어구를 생략하여도 주어진 문과 같다.

o **It was** her **that** I met in the park yesterday.

(설명)목적어 her를 강조한 경우로서 해당 어구를 생략하면 her가 문두에 나와 목적어가 강조되는 도치구문이 됨으로 문법적으로 성립된다.

o **It was** in the park **that** I met her yesterday.

(설명)부사구 in the park를 강조한 경우로서 해당 어구를 생략하면 in the park가 문두에 나와 부사구가 강조되어 역시 도치현상이 된다.

o **It was** yesterday **that** I met her in the park.

(설명)부사 yesterday를 강조한 경우로서 해당 어구를 생략하면 yesterday가 문두에 나와 부사가 강조되는 문으로 예사로 쓰인다.

eg) **It was** certain **that** he killed himself.

It was widely reported **that** he killed himself.

It is a pity **that** he can't join us for overseas travel!

(설명)셋 글에서 **It · be동사 · that**을 생략하면 비문법적인 글이 되어버린다. 이런 경우에 It ~that 가주어 구문이라 하는데, that-절(=진주어)이 따를 때 쓰인다.

*가주어와 진주어가 성립되는 경우는 that-절 외에도 to-부정사, 동명사, 곧 명사 상당어구(=진주어)가 따를 때 쓰인다. 아래 두 글은 2형식이다.

o It is a good habit to keep early hours(=keeping early hours).

=To keep early hours(=Keeping early hours) is a good habit.

o It is of no use crying over spilled milk.(=to cry over ~)
= Crying over spilled milk is of no use.

*가목적어와 진목적어의 이치도 꼭 같다. 단지 주어와 목적어라는 차이뿐이다.
그러나 진목적어로서는 주로 to-Root가 쓰인다.
(주의)가목적어를 생략하고 진목적어를 대치할 수는 없다.

o I think **it** (to be) a good habit **to keep early hours**. (5형식)
S V (가목적어) (목적보어) (진목적어)

=I think that it is a good habit to keep early hours. (3형식)
S V O(명사절)

o I think **it** (to be) a good habit **that we keep early hours**. (5형식)
=I think **it** (to be) a good habit **that one keeps early hours**.(5형식)
=I think that it is a good habit to keep early hours.

부 록

1. 발음

1) 모음과 자음/유성음과 무성음

영어의 발음은 모음과 자음으로, 모음은 다시 단순모음과 중(重)모음으로 나뉜다. 우리의 중고교 과정에서 쓰이는 모음의 수효는 문자로는 a·e·i·o·u의 5자이나, 소리(音)로는 이 다섯 음을 포함하여 17개가 된다. 이들을 우리나라의 사전에서 일반적으로 쓰이는 모음표기법에 따라 열거하면 [iː]·[i]·[e]·[ɛː]·[ɛ]1)·[æ]·[a]2), [uː]·[u]·[o]·[ɑ/ɔ]·[ɔː]·[ɑː], [əː]·[ə]·[ʌ]이다.

(1) [ɛ]는 [e]보다 입을 더 벌림.

(2) [a]와 [ɑː]의 구별 — [a]음은 eye[ai] · out[aut] · fire[faiə/ faiər/ faiɚ]와 같은 중모음의 첫 음을 발음할 때, 그리고 [ɑː]음은 father[fáːðə/ fáːðər/ fáːðɚ], star[stɑː/ stɑːr] 와 같은 장모음을 발음할 때 나는 소리이다.
[ɑː]음은 입을 크게 벌리되 좀 더 길게 「아—」로 발음한다.

(3) 미어의 [ɑ]음은 영어에서는 [ɔ]로 발음한다.

자음은 22개, 그러나 반모음으로 구별되면서도 자음으로 취급하는 [j]와 [w]를 합하면 24개가 된다. 이들을 유성음과 무성음으로 대비시켜 도표를 만들어 본다.

*[j]와 [w]를 자음으로 취급하는 이유는 「j+자음」, 「w+자음」처럼 독립적으로 모음 구실을 못하고 마치 자음처럼 他 모음에 결부되어 단순히 과도음(過渡音)으로만 성음작용[聲音作用]을 하기 때문이다.
(예) yes[jes], dew[djuː], year[jiɚ, jəː]; wine[wain], queen[kwiːn], one[wʌn]……

※ 모음은 모두 유성음이다.

※ [r]음은 미음(美音)에선 반모음에 속한다. 따라서 자음으로 취급하는 영음(英音)에선 혀끝을 윗니 뒤쪽에 접근시켜 진동시키면서 내는 가벼운 마찰음으로서, 다음에 모음으로 시작되는 말이 연속될 때에만 쓰이며 (<보기> here[hiə]→ Here is[hiəriz]…), 표준음에선 park[pɑːk], arm[ɑːm]처럼 자음 앞과, father[fáːðə], fire[faiə]처럼 어미의 r, re의 [r]음은 소리가 나지 않는데 비하여, 미음에선 혀끝을 뒤로 당기고 혀를 입천장에 접근시켜 입술을 오므려 발음하는 혀굴림 소리(rolling sound; 소리가 한곳에 머물지 않고 미끄러짐)라는 차이가 있다. 그런즉, 가령 rain의 경우에도 영음과 미음 사이엔 발음의 차이가 있게 된다.

(유성음)	(무성음)	(유성음)	(무성음)	(유성음)	
[b] —	[p]	[v] —	[f]	[m]	콧소리
[d] —	[t]	[ð] —	[θ]	[n]	콧소리
[g] —	[k]	[z] —	[s]	[ŋ]	콧소리
		[ʒ] —	[ʃ]		
		[ʤ] —	[ʧ]		
			[h]		
		[l]			
		[w]			
		[r]			
		[j]			

2) 어미의 -s, -es, -'s의 발음

명사의 복수형의 어미 -s나 -es, 명사의 소유격 및 독립소유격의 어미 -'s, 3인칭 단수 현재시제의 동사형 어미 -s나 -es의 발음을 말한다.
(-s가 붙는 복수 명사의 소유격 -s'도 같이 적용됨)

(1) 발음기호의 마지막 음이 무성음이면 [s]로 발음한다.

○ book[buk] — books[buks]

○ cat[kæt] — cats[kæts] /cat's[kæts]

○ roof[ru:f] — roofs[ru:fs]

○ jump[ʤʌmp] — jumps[ʤʌmps]

○ wife[waif] — wife's[waifs]

○ write[rait] — writes[raits]

○ hope[houp] — hopes[houps]

(예외) bath[bɑ:θ/bæθ] — baths[bɑ:ðz/bæðz]

mouth[mauθ]— mouths[mauðz]

△youth[ju:θ]— youths[ju:θs/ju:ðz]

△cloth[klɔ(:)θ]— cloths[klɔ(:)θs/klɔ(:)ðz]

(2) 발음기호의 마지막 음이 유성음이면 [z]로 발음한다.

○ friend[frend]— friends[frendz]

○ hole[houl]— holes[houlz]

○ boy[bɔi]— boys/boy's[bɔiz]

○ love[lʌv]— loves[lʌvz]

○ song[sɔ(:)ŋ]— songs[sɔ(:)ŋz]

○ cab[kæb]— cabs[kæbz]

○ go[gou]— goes[gouz]

○ tomb[tu:m]— tombs[tu:mz]

○ taxi[tǽksi]— taxi(e)s[tǽksiz]

○ bear[bɛə/bɛə*r*/bɛɚ]— bears[bɛəz/bɛə*r*z/bɛɚz]

○ hero[hí:rou/híərou]— heroes[hí:rouz/híərouz]

(cf.) wife[waif] — wives[waivz](단수에선 무성음으로 끝나나 복수에선 유성음화 철자로 바뀌었기 때문에 [z]로 발음)

(3) 발음기호의 마지막 음이[s]·[z]·[ʃ]·[ʒ]·[ʧ]·[ʤ]이면 [iz]로 발음한다. (이 경우엔 단어에 한 음절이 늘어난다)

○ bus[bʌs] — buses[bʌ́siz]

○ garage[gərɑ́:ʒ/gǽriʤ] — garages[gərɑ́:ʒiz/gǽriʤiz]

○ gaze[geiz] — gaze[géiziz]

○ rose[rouz] — rose[róuziz]

○ bench[benʧ] — bench[bénʧiz]

○ judge[ʤʌʤ] — judges/judge's[ʤʌ́ʤiz]

○ bush[buʃ] — bush[búʃiz]

○ Charles[ʧɑ:(*r*)lz] — Charles's[ʧɑ́:(*r*)lziz]

○ Keats[ki:ts] — Keats's[kí:tsiz]

○ fox[fɔks/fɑks] — foxes[fɔ́ksiz/fɑ́ksiz]

○ James[ʤeimz] — James's[ʤéimziz]

[예외] house[haus] — houses[háuziz]

(4) 단수일 때 철자가 -is에서 복수형에선 -es로 변하는 명사의 복수어미 -es는 [i:z]로 발음한다.

○ oasis — oases[ouéisi:z/óuəsi:z]

○ basis — bases[béisi:z]

○ crisis — crises[kráisi:z]

○ axis — axes[ǽksi:z]

[cf.] index[índeks] — indices[índisi:z]

(이와 같은 단어들은 복수형 자체가 불규칙 변화이기 때문에 규칙·예외 운운할 것 없이 그대로 암기하는 것이 최선일 뿐이다)

3) 규칙동사의 과거 · 과거분사형의 어미 -d, -ed의 발음

(1) 발음기호의 마지막 음이 무성음이면 [t]로 발음한다.

○ like[laik] — liked[laikt]

○ stop[stɑp/stɔp] — stoped[stɑpt/stɔpt]

○ touch[tʌʧ] — touched[tʌʧt]

○ pass[pæs/pɑ:s] — passed[pæst/pɑ:st]

○ vanish[vǽniʃ] — vanished[vǽniʃt]

(2) 발음기호의 마지막 음이 유성음이면 [d]로 발음한다.

○ love[lʌv] — loved[lʌvd]

○ bathe[beið] — bathed[beiðd]

○ beg[beg] — begged[begd]

○ judge[ʤʌʤ] — judged[ʤʌʤd]

○ gaze[geiz] — gazed[geizd]

○ call[kɔ:l] — called[kɔ:ld]

○ show[ʃou] — showed[ʃoud]

○ listen[lísn] — listened[lísnd]

(3) 발음기호의 마지막 음이 [t]나 [d]이거나, 단어의 철자가 t나 d로 끝나면 [id]로 발음한다.

(이와 같은 동사들은 과거 및 과거분사형에서 한 음절이 더 늘어난다)

○ test[test] — tested[téstid]
○ wed[wed] — wedded[wédid]
○ wait[weit] — waited[wéitid]
○ fade[feid] — faded[féidid]
○ hate[heit] — hated[héitid]
○ pat[pæt] — patted[pǽtid]
○ pad[pæd] — padded[pǽdid]

4) 사일런트(묵음 ; 묵자 ; 묵음자)

단어의 철자 중에서 발음되지 않는 글자를 말하는데, mute라고도 한다. 그런데, 일각에선 모음에 있어서도 silent가 있다는 것을 약간 기술하고 있으나, 본서에선 사일런트는 일반적으로 자음에서 볼 수 있는 현상임을 명기한다.

사일런트도 발음의 한 부분이므로 항목에 넣었는바 기존 설명은 Part II를 참조하기 바란다. 영어의 묵음현상엔 일정한 법칙이 있는 것도 아니고 그러한 어휘들이 꽤 많으므로 꾸준히 학습을 통해 그대로 하나하나 숙지하는 길 뿐이다.

다음 각 단어의 이탤릭체자가 그 단어의 묵음자이다.

dou*b*t bom*b* *mus*c*le *vi*c*tuals s*c*ience ya*ch*t han*d*some We*d*nesday *ha*l*f*penny *ha*lf*pence si*g*n paradi*g*m dau*gh*ter *h*onest *h*our *k*nife *k*now ha*l*f ta*l*k **m*nemonic(s) autum*n* hym*n* *p*sychology recei*p*t i*s*land cor*ps* (단수) *vi*s*count lis*t*en *w*res*t*ling *w*rite ……

* 'r'는 미어에선 발음되나, 영어에선 모음과 자음 사이, 어미, 어미의 -re(모음과 모음 사이)까지도 묵음현상이 일어난다.
그렇다고 사일런트는 아니다. 발음엔 작용하고 있기 때문이다. 바꿔 말해서 'r'이 없으면 spelling이 달라지거나 틀리는 엉뚱한 단어가 되어 버리기 때문이다.
결국 사일런트란 영 · 미어에서 공통적으로 발음되지 않는 단어의 철자를 말한다.
(예) fa*r*m ca*r*p siste*r* sta*r* mo*r*e su*r*e … …

2. 영문읽기

1) 음절(syllable)과 강세(accent ; stress)

음절이란 어원(語源)이나 발음을 근거로 단어의 분절[분철]에 의한 발음의 단위를 말한다. 단어를 정확하게 분절한다는 것은 쉬운 일이 아니므로 필요시엔 사전을 이용함이 좋다. 그러나 어떤 단어가 몇 음절어인가를 알기란 쉬운 일이다 — 발음기호상의 모음을 음질의 단위로 하며 重모음도 1개의 모음으로 취급함은 물론이되, 그 단어의 발음기호상의 모음의 수효가 곧 음절의 수효라고 생각하면 되는 것이다.

eg.) school[sku:l] : 모음이 1개, 곧 1음절어
name[neim] : 모음이 1개, 곧 1음절어
schoolboy[skú:lbɔi] : 모음이 2개, 곧 2음절어
beautiful[bjú:təfəl] : 모음이 3개, 곧 3음절어
America[əmérikə] : 모음이 4개, 곧 4음절어
university[jù:nivə́:rsəti] : 모음이 5개, 곧 5음절어
piano[pi ǽnou] : 모음이 3개, 곧 3음절어
radio[réidi ou] : 모음이 3개, 곧 3음절어

○ piano, radio의 [iæ], [iou] 따위의 발음은 중모음의 종류에 없다. 즉, pi·an·o, ra·di·o로 분절된다.

○ lion[lái ən]은 2음절어이다. 장모음 혹은 2중모음을 나타내는 철자 다음엔 분절되기 때문이다.
그러므로 lion의 [aiə]를 중모음으로 착각해서는 안 된다.

○ 사전에 따라서 분절과 발음기호의 표기엔 차이는 있으나 음절의 수에는 차이가 있을 수 없다.

※ 어미의 「자음+l/m/n」의 경우엔 1음절로 간주한다. 그래서 사전을 보면 다음과 같은 단어들은 2음절어가 되어 강세가 붙는다.

ta·ble[téi bl]　　cas·tle[kǽ sl]
cot·ton[kά tn]　　of·ten[ɔ́(:)fn]
lit·tle[lí tl]　　pri·sm[prízəm/prí zm]

강세는 2음절 이상의 말에 붙는다. 강세부호에는 제 1강세 [주강세]와 제2강세 [약강세]가 있는데, 우리가 보통 줄여서 말하는 강세란 전자를 말한다.
그런데 강세에는 단어강세 외에 문장강세가 있다는 점이다. 단어강세는 2음절 이상의 말에 붙되 변함이 없으나, 문장강세는 상황(situation)에 따라 여러모로 달라진다. 단어 강세와 문강세와의 차이점이 바로 그것이다.

문(장)강세란 한 문장중의 어느 단어를 다른 단어보다 특히 강하게 읽는 것을 말하기 때문에 1음절어에도 강세가 붙게 된다.

(1) 기능어엔 일반적으로 강세가 붙지 않는다. 관사 · 전치사 · 인칭대명사의 주격 · 소유격 · 목적격 · 관계사 · 접속사가 이에 속한다. 그밖에 조동사 · be동사 · have동사 · There[Here] + be~ ·명사대용어로서의 one도 강세가 붙지 않는다.
※ isn't, haven't, doesn't, himself··· 는 단어 강세어이기는 하나 문 강세어는 아니다. 그럼 이런 말들은 문장중에서 강세가 붙지 않는다는 뜻이지만 대비나 강조를 나타낼 때에는 강세를 붙인다.
※관계대명사를 제외한 모든 대명사는 내용어이다.

(2) 내용어엔 일반적으로 강세를 붙인다. 명사 · 형용사 · 동사 · 부사 · 지시사 · 의문사가 이에 속한다. 그밖에도 수사 · 강조용법의 재귀대명사 · 인칭대명사의 독립소유격 · 부정(不定)대명사 · 복합관계사 · 감탄사는 강세가 붙는다.

보통의 경우에 있어서 대충 예를 들어본다.

1. She declåres that she líkes ráts, dóesn't she?
2. I don't imágine you can succéed in a búsiness venture.
(명사+명사 즉, 복합명사는 앞말에 강세를 붙임)
3. In an hóur it will be réady to turn óver to you.
(it는 강세가 붙지 않으며, 관용구로서의 동사+부사는 부사에 강세가 붙는다)

4. Thís réd róse is to be plánted hére.

5. He éats thrée fúll méals éach dáy.

(3) 비교 · 대조를 나타낼 땐 상관되는 말에 강세를 붙인다.

I thínk he wás smárter than he ís.
(과거와 현재가 비교 · 대조되고 있다)

Is it ón the cábinet or ín the cábinet?
(on과 in이 대조되고 있다)

(4) be동사 · 조동사 · have동사 · 전치사도 문미에선 강세를 붙인다.
(단, 생략어(구)가 있을 경우)

A : Are you háppy?
B : Yés, I álways ám.

A : Do you thínk he will succéed?
B : I hópe he wíll.

You may gó hóme if you wánt tó.

(5) be동사 · 조동사 · have동사도 부가의문문에선 강세를 붙인다.
She lóves you, dóesn't she?
He isn't a góod bóy, ís he?

(6) 어구의 의미에 따라 강세의 위치가 달라진다. 즉, 「명사나 동명사+명사」 혹은 「형용사+명사」 따위로 이뤄진 복합명사는 앞 말에 강세를 둔다. 이 경우는 다음의「형용사나 현재분사+명사」의 수식 관계와는 뚜렷한 대조를 이룬다.

○ Énglish teacher 영어 선생(a teacher who teaches English)
English téacher 영국인 선생(a teacher who is English/an Englishman)

○ bláckboard 흑판(a board(which is) used for writing with chalk)
black bóard 검은 판자(a board which is black)

○ Whíte House 백악관(미국 대통령 관저 - the presidential residence of the United States)
white hóuse 흰집(a house which is white)

○ glásshouse① 유리공장, 유리가게 ; ②온실
(① a place where glass is made, or sold)
(② a warm building(which is used) for growing plants)
glass hóuse 유리로 지은 집(a house(which is) built of glass)

○ dáncing girl 무희(a girl whose job is 'dancing')
dancing gírl 춤추는 소녀(a girl who is dancing)

○ smóking room 끽연실(a room(which is)used for smoking)
smoking róom 연기나는 방(a room which is smoking)

○ rácing car 경주용 자동차(a car used for racing)
racing cár 질주하고 있는 차(a car which is racing)

○ sléeping car 침대차(a railway car with beds for sleeping)
sleeping cár 잠자고 있는 차, 즉 고장난 차(a car which is sleeping=a car which is out of order)

○ wáshing machine 세탁기(a machine used for washing clothes)

○ sléeping bag 침낭(a bag used for sleeping)

○ wálking stick 지팡이, 단장(a stick used for walking)

○ ríding horse 승용마(a horse used for riding)

○ walking díctionary(비유적 표현)산 사전, 즉 박식한 사람(a dictionary which is walking=a man who is very learned[lə́ːrnid]=a very learned man)
cf. wálking díctionary(부록 참조)

○ They are rácing horses.
그 말들은 경주마이다.
They are racing hórses.
그들은 말들을 경주시키고 있다.

그러나 다음 것들은 의미가 통하지 않을뿐더러 현재분사로서도 불가하다.

washing machine : a machine which is washing(×)

sleeping bag : a bag which is sleeping(×)

walking stick : a stick which is walking(×)

riding horse : a horse which is riding(×)

물론 walking dictionary도 a dictionary which is used for walking이란 있을 수 없기 때문에 walking은 동명사로는 불가하다.
지금까지의 다소의 예에서 본 바와 같이, 소위 구강세에서 동명사와 현재분사는 뚜렷이 구별된다. 동명사는 풀이에서 보듯 사람의 경우엔 직업 내지는 신분을, 사물의 경우엔 용도·목적을 나타내고, 현재분사는 상태나 동작[행위]을 나타내어 명사를 수식하게 되는 형용사의 성질을 갖는다.

(7) 문장중의 어느 말에 중점을 두느냐, 즉 어느 말을 강조하느냐에 따라, 1)·2)항의 규칙에 상관없이 강조하고자 하는 말에 강세를 둔다.

○ 강조어 외의 내용어는 상대적으로 발음이 약하여 약강세(`)를 붙이게 되나, 그마저 표기를 무시하면 결국 강조어에만 주강세가 붙게 된다.

eg.) I said **á**[éi] man, not **thé**[ðíː] man.
나는 어떤 사람이라고 말했지, 그 사람이라고 말하지는 않았다. (관사를 강조)

eg.) I sáw her in a párk yésterday.(보통의 경우)

① **Í** saw her in a park yesterday.
(딴 사람이 아니라)바로 내가 어제 (어느) 공원에서 그녀를 보았다./ 어제 공원에서 그녀를 본 사람은 (바로) 나였다.

② I **sáw** her in a park yesterday.
나는 어제 공원에서(그녀와 다른 일이 있은 게 아니라 가벼운 대화 정도로) 그녀를 그저 보기만 했다. (saw 앞에 only를 함축함)

③ I saw **hér** in a park yesterday.

내가 어제 공원에서 본 사람은 (다른 사람이 아니라) 바로 그녀였다.

④ I saw her **in a párk** yesterday.

내가 어제 그녀를 본 곳은 (다방이 아니라) 공원에서였다.

⑤ I saw her in a park **yésterday**.

내가 공원에서 그녀를 보았던 때는 바로 어제였다.

eg.) Did you búy thís bóok yésterday? (보통의 경우)

당신은 어제 이 책을 샀습니까?

① Did **yóu** buy this book yesterday?

바로 당신이 어제 이 책을 샀습니까?

No, **my bróther** did.

아니오, 내 동생이 샀습니다.

② Did you **búy** this book yesterday?

당신은 어제 이 책을 (빌린 게 아니고) 샀습니까?

No, I **bórrowed** it. [= No, I **díd** borrow it] (강조를 표시)

아니오, 빌렸습니다.

③ Did you buy **thís** book yesterday?

당신은 어제 **이** 책을 샀습니까?

No, I bought **thát** book yesterday.

아니오, 난 어제 **저** 책을 샀습니다.

(답) { Yés, I díd.
Nó, I dídn't

cf.) Did you buy this **bóok** yesterday?

당신이 어제 산 것은 이 **책**입니까?

No, I bought this **mágazine** yesterday.

아니오, 내가 어제 산 것은 이 **잡지**입니다.

①도 똑같이 응용할 수 있다 :

{ Did your **bróther** buy…?
No, my **síster** did.

{ Did **yóur** brother buy…?
No, **hís** brother did. 처럼 상대방이 강조하는데 따라 얼마든지 적용하면 된다.

○ 긍정(Yes,…)으로 응답하려면 모든 경우에, 상대방이 강조하는 부분에 따라 그대로 강조해서 대답하면 된다. 위의 물음에 대한 대답은 각각 다음과 같다.

① Yes, **Í** did.

② Yes, I **bóught**…(훔친 따위가 아니라 정말 샀다)

③ Yes, I bought **thís** book[**ít**].

cf) Yes, I bought this **bóok**[**ít**].

Yes, my **bróther**[**hé**] did.

Yes, **mý** brother[**hé**] did.

④ Did you buy this book **yésterday**?

당신은 이 책을 **어제** 샀습니까?

No, I bought it **the dáy before yésterday**.

아니오, **그저께** 샀습니다.

cf) Did you buy this book **on a stréet**?

당신은 이 책을 **길거리에서** 샀습니까?

No, I bought it **at a bóokstore**.

아니오, **서점에서** 샀습니다.

※ 문강세에서 강조어(구)를 나타낼 경우 말하거나 글을 읽을 땐 발음을 세게 하고, 글로 쓸 땐 고딕체로 쓰기 · 밑줄 긋기 · 강세부호 따위로 표시하고, 인쇄에선 보통 이탤릭체로 구별하기도 하나, 강조어(구)는 문법수단으로 강조법의 하나인 It…that~강조구문을 써서 나타내는 것이 보통이다. 그럼 앞의 예문들을 It…that~강조구문에 적용해 보자. It is (원문의 시제가 과거이면 was)와 that 사이에 강조어(구)를 넣기만 하면 된다.

(원문) I saw her in a park yesterday.

① I was *I* that saw her in a park yesterday. (I를 강조)

② I *díd see* her in a park yesterday.

(saw를 강조) - 동사를 특별히 강조할 때에만 일반동사에 한해서 do · does · did를 사용한다.

(주의) 강조구문에서 특별히 동사를 강조할 때엔 앞의 예와 같이 할지라도 보통문장에서 그렇게 하면 문법상의 오류로 간주하여 틀린다.

③ It was *her* that I saw in a park yesterday. (her를 강조)

④ It was *in a park* that I saw her yesterday. (in a park를 강조)

⑤ It was *yesterday* that I saw her in a park. (yesterday를 강조)

(註) It…that~ 강조구문에 적용될 수 있는 것은 주어, 목적어 및 주로 때 · 장소 · 이유 · 원인 · 수단 · 방법 · 목적 등을 나타내는 부사구(≠to 부정사)와 부사(때), 부사절(때 · 이유)로 요약할 수 있다.

(원문) Did you buy this book yesterday?

① Was it *you* that bought this book yesterday?

②Was it *this book* that you bought yesterday?

③Was it *yesterday* that you bought this book?

(8)「동사+전치사」는 동사에 강세를 둔다.

arríve at / gét to / thínk of

(9) 상관접속사구에 붙는 말에는 강세를 붙인다. 상관접속사구란 both…and, either…or, neither…nor, not only…but(also), as well as처럼 한 쌍의 어구가 연관되어 접속작용을 하되, 등위접속사에 상당하는 기능을 갖는 접속사를 말한다.

Yóu as well as hé are wróng.(※문법상으론 맞으나 널리 쓰이는 표현은 아니다)

⇒ Both he and you are wrong

⇒ Not only he but you are also wrong

(10) 감탄문에서 감탄사 다음의 형용사, such 다음의 형용사는 특별히 강하게 읽는다.

Whát a béautiful lády she is!

○ 'is'가 문미에 있음에도 강세가 붙지 않는 것은 그 다음에 생략어가 없기 때문이다.

I have néver séen súch a bíg whále!

= I have néver séen só bíg a whále!

○ 평서문[서술문]의 such ~ that, so ~ that구문에서도 마찬가지다.

It is súch a dífficult bóok that I can't comprehénd it.

= It is só dífficult a bóok that I can't comprehénd it.

(11) 예외적인 것들을 제외한 거의 모든 동사는 내용어이기 때문에 강세를 받는다. 그러나 관용구로 쓰이는「동사 + 전치사적 부사」의 소위 이어동사(二語動詞 ; two-word verb)의 경우에는 예외적으로 부사에 강세를 붙인다.

Whát are you putting ón? (타동사 + 전치사적 부사)

Turn óff the rádio, pléase.

(cf.) Whát are you lóoking at? (at는 전치사이며, what 앞에 놓을 수 있다.)

=At whát are you lóoking?

○ 위에서 on은 부사이기 때문에 what 앞에 둘 수 없다.

○ come soon[quickly] 따위는 이어동사가 아니다.

(12) 먼저 인사말을 건넬 때의 How áre you?는 대체로 are에 강세가 붙는다.

2) 문의 억양(sentence intonation)

강세가 단어에 있어서 음의 강약을 나타내는 것이라면 억양은 음의 고저를 나타낸다. 이처럼 한 문장내의 각 단어는 소리의 강약·고저를 지니기 때문에 영문(英文)은 마치 음악의 악보나 혹은 파도처럼 리듬이 있어, 훌륭한 발음은 듣는 이로 하여금 무용과 같은 율동미를 느끼게 하고, 시 낭송이나 악곡을 감상하는 기분을 자아내게도 하는 것이다.

억양에 대해서 좀 더 부연한다면, 글을 읽거나 말을 할 때의 음조(音調 ; tone)로서 상황에 따라 문중의 어느 부분을 올려 읽거나/말하거나, 혹은 내려 읽는/말하는 것을 말한다.

○ 억양에 대하여 알아 둘 점

(1) 강세와 억양이 일치하는 것은 아니다. 그런데 한 문장의 높은 음조는 보통의 경우 그 문장의 마지막 문장강세와 대개 일치한다. 구나 절의 경우에도 마찬가지다.

Cóme to séе me.

Shall we páint it réd, púr ple, or gréen?

Cóme hére, Wíl liam, I wánt to spéak to you.

It's tíme for the cláss to énd.

(2) 억양의 표시 방법 — 말소리의 높낮이를 나타내는 데는 1)과 같이 음조곡선[억양곡선](intonation contour ; intonation curve), 아라비아 숫자, 음악의 악보식, 혹은 문중의 일정한 곳엔 →, 문미엔↗ 나↘ 식의 화살표로 나타낸다.

(음조곡선 및 숫자 표시 법)

③
Where are you go ing?
② ② ② ①

○ 숫자로 표시할 경우 같은 음조의 단어엔 반복해서 표시하지 않음. 고로 이 문장은②-③-①음조를 이룬다고 말한다. 즉, 상승-하강조이다(보통음조인 ②는 무시한다). 그런데, 억양은 문

미부분이 매우 중요한 구실을 하기 때문에 문미의 음조가 1선으로 내려갈 때 특히 문미를 중시하여 '상승 - 하강조'를 흔히 '하강조'라고 한다.

※<소리 높낮이의 4단계(pitch levels)>

1線=낮음(low) : 하강조에서 문미에 또는 긴 휴지(long pause)를 취하는 : 과 ; 이 있는 문중에 사용.

2線=보통(normal) : 문두에서 사용. 2선을 기준선(mid)이라고도 함.

3線=높음(high) : 문장 중의 어느 부분을 강조할 때 사용.

4線=아주 높음(extra-high) : 감탄문 중에서도 강한 감정(공포·놀람 따위)을 표시할 때 쓰이나, extra-high tone[note ; pitch]은 좀처럼 쓰이지 않는 편이다. 강한 감정을 표현할 때에도 3선으로 표시해도 된다.

(화살표식)

On weekdays →we go to school→, but on Sunday→we stay at home↘ .

(하강조는 ↓, # 로도 표기함)

Are you going there↗ ?(상승조는 ↑, ‖ 로도 표기함)

Where are you going↘ ?

○ 화살표로 억양[음조]을 표시할 경우엔 문중의 콤마(,)앞, 끊어 숨쉬는 곳, 문미에 다 음조에 따라 표시한다. →[| 로도 표기함]는 보통음조를 표시함인데, speaker의 말이 지속됨을 뜻하는 것이다. 이와 같이 보통음조로 읽을 때의 억양을 평탄조(sustained intonation)라고 부른다. 숫자식으로 표시하면 2-3-2음조를 이룬다.

이상의 억양 표시 방법에 있어서 보편적인 방식은 음조곡선이나, 가장 이해하기 쉽고 간편한 방식은 화살표로 표시하는 것이다.

(3) 음조곡선에 의한 하강조의 표시법.

하강조에는 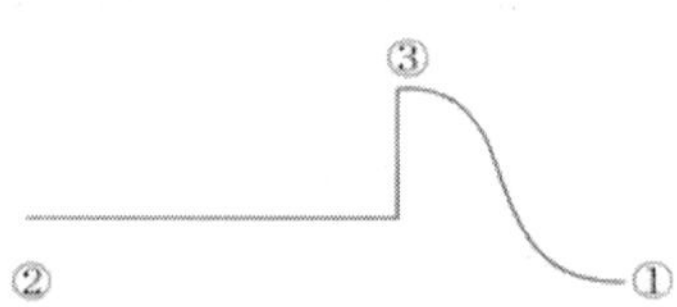

과 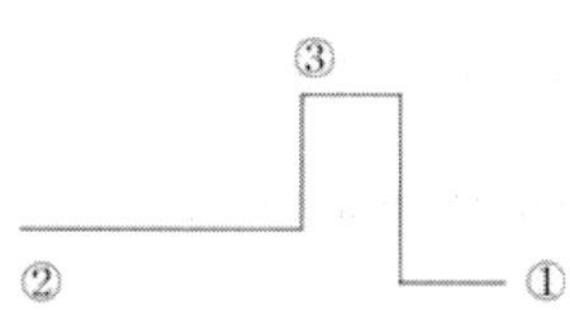

(A型) : 곡선형 (B型) : 수직선형

이 있는데, 어떤 경우에 A형으로 나타내고 B형으로 나타내느냐 하는 것이다. A형은 앞의 예문에서 본 바와 같이 그 문장의 끝말(=내용어를 말함)이 단음절어(=1음절어)일 경우이다. 또한, 2음절어 이상이라도 끝음절에 강세가 있으며 문미에 오는 경우에는 역시 A형, 즉 곡선형이 된다.

What time did you call?

I can't play the gui tar. (강세가 있는 음절에서 선을 올려 그음)

What a beau tiful day ! {(2-3)-2-3-1}

B형, 즉 수직선형으로 나타내는 경우 — 2음절어 이상의 말로 끝나되 끝음절에 강세가 붙지 않을 때이다 — 음조를 올리고 내릴 때의 수직선의 표시는 음절과 직결된다.

We have no school in the af ternoon.

He is always a little care less.

Please stop playing the pi a no.

또한, 문미의 말이 기능어(들)이면 수직선형이 된다.

I've said I can't hear you.

Don't worry about it.

(4) 억양의 종류

① 문미의 음조에 따라(이에 대하여 구구한 명칭들이 있으나) 하강조(falling intonation)와 상승조(rising intonation)로 나뉜다. 하강조의 문장들은 wh-의문문, 감탄문, 서술문, 명령문, 기원문일 때이다. 하강조란 2-<u>3-1</u> 음조, 즉 <u>rising-falling</u> tone으로서 앞의 예문들에서 보듯이 문미의 음조가 뚝 떨어지는 것을 말한다. 상승조란 2-<u>3-3</u>음조, 즉 <u>rising-rising</u> tone으로서 문미의 음조가 2선에서 3선으로 올라가 그대로 끝나는 것을 말한다.
상승조의 문장은 yes-no question, 즉 응답으로서 yes나 no를 필요로 하는 의문문이다.

③ ③
Is it time for the class to end?
②

③ ③
Can you play the gui tar? (강세를 받는 음절에서 올라간다)
②

그런데, 서술문이라 할지라도 흔히 회화체에서 쓰이는 바, 문미에 의문부호를 붙여서 상승조를 나타내기도 한다.

③ ③
It's time for the class to end?
②

③ ③
You've got some money?
②

② 앞에서 설명한 하강조와 상승조가 문미억양(final intonation)이라면, 강조 · 대조 · 강한 감정 · 긴장감(suspense)의 유발 등의 경우엔 기능어 · 내용어에 상관없이 문두나 문중의 어느 말을 3선[high note]으로 음조를 높이거나, 또는 구문 · 의미 등의 변화에 따라 음조가 달라지는 문두-문중에서 일어나는 일체의 억양의 형태는 문미 이전(文尾 以前)의 억양(nonfinal intonation)이라고 한다.

그럼, 억양의 종류를 다시 정리하여 본다.

- 억양
  - 문미 억양
    - 하강조: 2−3−1 음조형
    - 상승조: 2−3−3 음조형
  - 문미 이전 억양(=문두 · 문중 억양)

○ 평탄조는 nonfinal의 무수한 음조 중에서 문중의 음조가 2-3-2型일 때에 한하여 특별히 붙여진 개념이다.

문미 이전의 억양은 강조 · 대조 · 강한 감정 · 긴장감(suspense)의 유발, 구문 · 의미 등 상황에 따라서 다를 수 있기 때문에 문장강세에서와 마찬가지로 불변의 원칙이나 법칙이 정해져 있는 것은 아니다. 그런데, 유의할 점은 nonfinal의 경우에도 final의 원칙은 지킨다는 것이다.

③ ③
What do you know about pol itics?
② ② ①

(너 따위가 정치에 대해서 뭘 안다고 하느냐?)

(보통의 경우)
③
What do you know about pol itics?
② ①

(너 정치에 대해서 뭐 좀 아느냐?)

③ ③
I think that is a good i de a!
② ② ①

((무릎이라도 탁 치면서)그것 참 좋은 생각이야!)

(보통의 경우)
③
I think that is a good i de a.
② ①

③ ③
What do you want me to help you with?
② ①

(내가 너한테 도와주길 원하는 게 도대체 뭐야?/
도대체 뭘 내가 너한테 도와주었으면 하느냐 말이야?)

(보통의 경우)
③
What do you want me to help you with?
② ①

(내가 너한테 도와주길 원하는 게 뭐지?)

※ 비교(comparison)이나 대조(contrast)를 나타내는 두 말이 한 문장에 있을 땐 둘 다 높은 음조가 된다. 물론, 이러한 경우에도 non-final이 적용된다.

The Korean Youth soccer team is as good as the Korean Olympic one.

(한국 청소년 축구팀도 한국 올림픽 축구팀만큼 훌륭하다)

You sing better than I do.[···than I.]

The town is increasing, not decreasing in population.

[cf.] It is not on the table, but under the table.

(※ 비교 · 대조 구문에서 문미의 말이 내용어 일지라도 반복되는 경우는 음조를 ①로 내린다)

※ 문장 강세에서 강조어(구)는 물론 음조를 높인다. 그런데 강조의 경우엔, 특히 평서문에서 대화의 상황에 따라 ① 문미의 음조가 보통 문장처럼 상승→하강이 될 수도 있고, ② 강조어에서 높은 음조로 올렸다가 그 다음에는 끝까지 낮은 음조로 내리기도 한다. (보통은 이 형태임)

○ (보통) You told me a lie. (2-3-1 음조)

(강조) You told me a lie. (3-2-3-1 음조)

(강조) You told me a lie. (3-1 음조)

이를 It ~ that 강조구문으로 각각 표시해 본다.

It was you that told me a lie.

It was you that told me a lie.(보통은 이 형태임)

그러면 ①, ②가 되는 것은 각각 어떤 경우일까? 우선 다음 예문들을 보자.

A : Who took the new car?

③
B : I took the new car.
①

A : Did you take the new car, or leave it?

③
B : I took the new car.
② ①

A : Did you take the new car, or the old one?

③
B : I took the new car.
② ①

비교·대조구문에서도 언급된 바 있지만 위의 예문들에서 보듯이 대화자들의 사이에서 이미 언급된 말이 되풀이 되는 경우에는 강조 혹은 중점을 두는 말에서 높은 음조로 올렸다가 그 다음에는 끝까지 낮은 음조로 내린다. 그렇지 않은 경우에는 강조어의 음조[억양]와 상관없이 문미부분은 final intonation의 원칙에 따라 상승-하강음조가 된다. 이 후자의 경우는 앞의 예문들에서도 보았듯이 평서문과 wh-의문문에서 흔히 볼 수 있다.

You told me a lie 의 음조 곡선이면,
(우리가 어떤 사이인데 나를 속이려고)
네가 나한테 감히 거짓말을 했어(하고 성냄 · 놀람 등의 말투가 된다)

He has an un u sual number of friends이면,
그에게는 친구가 「말할 수 없을 만큼」 많다는 뜻이 된다.

What do you want with a car? 이면,
차를 가지고 「도대체 무얼」 하겠다는 거야 ?는 말투이다.

※ yes-no question에서 어느 부분을 강조할 땐 강조어에서 계속 상승조가 된다.

(보통의 경우) Did you compose the poem?

(강조의 경우) Did *you* compose the poem?

Was it *you* that composed the poem?

(그 시를 쓴(지은) 사람이 바로 너야?)

Will *you* drive to the office tomorrow?

(운전사는 뭣 하길래) 네가 손수 차를 몰고 가겠다는 말이냐?

Will you *drive* to the office tomorrow?

(걸어가지 않고 차를 몰고 가려고?

Will you drive to the *office* tomorrow?

(다른 곳에 가지 않고) 사무실에 갈꺼야?

Will you drive to the office *tomorrow?*

(오늘 가지 않고) 내일 가려고?

※ colon(:)이나 semi-colon(;) 앞에선 음조를 1선으로 내린다. 이유는 ,와 비교하여 :과 ;에서는 period(·)의 성질을 함께 지니고 있기 때문이다.

I will tell you the truth : I have loved you.

(사실을 말씀드리고자 합니다: 지금까지 당신을 사랑하고 있습니다)

I don't want to walk ; it's too far.

※ comma(,)가 없어도 어구의 끊어 읽는 곳이나 ,앞에선 대개 2선[보통음조]으로 읽는다. 이는 speaker의 말이 끝나지 않았으며 지속됨(sustained)을 나타낸다.

In spite of diligence and sin cer ity, he didn't succeed in life.

(근면 · 성실했음에도, 그는 출세를 못했다)

He was diligent and sin cere, but didn't succeed in life.

Though he was diligent and sin cere, he didn't succeed in life.

I called her, but she didn't an swer.

※ 이름 · 경칭 따위의 호칭[호격]에 대한 억양은 ②-③ / ①-② / ②-② / ③-② / ①-① / ③-③등 상황과 학자에 따라 구구하나 고찰 결과 ②-③ / ①-②형만 취급한다.

My friend, I am glad to see you.

What are we having for din ner, Mother?

My friend, I am glad to see you.

Moth er, what are we having for din ner?

(호격, How?, What?, Yes, No, one, two, three…와 같이 독립적으로 쓰일 때의 단어의 억양을 숫자로 표시할 경우엔 시작과 끝 음조만 표시한다)

I am glad to see you, my friend.

(※ 하강조의 문장, + 호격일 땐 ,앞이라도 낮은 음조가 된다)

③ ③
What are we having for din ner, Mother?
② ② ① ②

③ (③) ③
What are we having for din ner, my honey?
② ① ②

(여보, 우리 저녁 식사로 뭘 해요?)

③ ③ (③) ③
Do you love sports, Miss Gim?
② ②

③ ③ (③) ③
Do you love me, Miss Gim?
② ②

(me가 인칭대명사로서 문장강세를 받지 않기 때문에 love에서 음조가 올라간다. 말하자면, yes-no question에서는 마지막 문강세가 있는 단어나 음절부터 음조가 올라간다)

※ Wh-의문문이라도 상대방이 묻는 것을 잘못 알아듣거나 확인하기 위하여 되묻거나 놀람 따위를 나타낼 땐 상승조가 적용된다. 이때 음조의 상승은 보통 의문사에서 시작된다.

③
A : When is he com ing? (보통의 경우)
② ①

③ ③
B : When is he com ing?
②

③
He's coming at two o' clock.
② ①

(cf.) When is he coming? 처럼 문미부분에서 높은 음조로 올리는 이들도 있다.

③
A : I'm going to cross the Pacific in a ca noe.
② ①

(카누를 타고 태평양을 횡단하려고 해)

③
B : How? (뭐, 어떻게 카누를 타고 태평양을 횡단한다고?)
②

(이때 How의 음조는 보통의 경우라면 How?가 된다. 아주 흔히 볼 수 있는 것이지만, 이와 같이 같은 말이라 할지라도 음조에 따라 여러 가지로 의미가 달라진다. 혹은 그 반대로 사람에 따라, 또 묻는 말의 요점에 따라 음조가 달라지기도 한다)

※ non-final intonation에 있어서도 다음과 같은 구문들은 억양이 대개 일정하다.

ⅰ) or를 써서 둘이나 셋 이상 중 하나를 선택할 경우에 or 앞은 상승조, or 다음은 하강조(2—3—1)음조가 된다. or는 보통 음조.

Would you have coffee or tea?

(cf.) 화살표식 : Would you have coffee↗ or tea↘ ?

(유의)

Would you have coffee or tea?

(커피나 차나 뭘 좀 드시겠습니까?)

Is he an American or an Englishman?

We have meals at a drugstore, a cafeteria, or a restaurant.

Which would you have, coffee or tea?

Which is better, this or that?

ii) And를 써서 연속적으로 열거할 때에도 or의 경우와 같다.

I went to the bank and the post office.

He speaks English, Italian and French.

One, two, three, four, five and six.

You're hungry, aren't you?

(의 음조곡선은 1음절어를 보통음조에서 높은 음조로 올려 읽을 때 표시 방법이다)

iii) 부가 의문문에선 상승조와 하강조 둘 다 사용되는데, 의문의 뜻일 땐 상승조, 동의(同意)를 기대할 땐 하강조가 적용된다. 두 경우 모두, 앞에선 낮은 음조가 된다.

You're hungry, aren't you?

의문을 나타내는 경우이기 때문에 응답으로서 Yes, I am. 또는 No, I'm not 가 될 수 있다.(※ be동사는 기능어이나 be동사 다음에 생략어가 있을 때엔 강세는 물론 높은 음조가 된다)

You're hungry, aren't you?

동의를 기대하는 경우이므로 응답으로서 Yes, I am이 된다.

○ 부가의문문의 응답 요령은 「부가의문문」에서 상세히 설명.

※ yes-no question이 反語的 의미(ironical meaning)를 가지면 서술문처럼 2-3-1 음조를 이룬다.

A : Do you know him?

③

B : Do I know him? (내가 그를 아느냐고?)

② ①

He is my brother. ((허허)) 내 동생이네)

○ **반어법**: 사실과 반대되는 표현으로 사실을 더욱 강조하는 어법. 그러므로 B의 첫 말에는 의문(물음)의 뜻보다는 몰라서가 아닌 반문(反問)하는 것으로서 사실을 진술(statement of fact)하되, '그를 안다'고 하는 사실을 더욱 강조하기 위하여 'Yes, I know him'이라고 표현하는 대신에 위와 같이 '반문-사실의 진술'이라는 표현형식을 흔히 쓰기도 한다.

※ 상대방의 말에 대하여 반박하거나 반론(contradiction)을 제기할 때에는 그 요점이 되는 말은 높은 음조로 발음한다. 그 이하는 낮은 음조가 된다.

A: He is not working hard.

B: Yes, he is working hard. (아니야, 현재 열심히 하고 있어)

○ 'be' 동사의 음조가 높은 것은 위 글이 현재진행형임에 유의할 것.

○ 이런 경우의 Yes의 억양은 보통의 yes 의 억양과 다르다.

A: Johnny will bring it to you.

B: I want you to bring it to me.

(네가 가져오란 말이야)

※ 동사를 강조할 때 나타내는 do(does, did)에 높은 음조가 된다.

③

But we dó believe you.

② ①

※ 앞의 억양을 그대로 반복하는 경우 — 인용문의 중간이나 끝에 오는 "~라고 (누가)말했다"에 해당하는 부분이다.

"Are you going?" he asked.

"I'm through." he said. ("통화 끝났습니다."하고 그가 말했다)

(cf.) You're through. 전화가 연결됐습니다. (교환수의 말)

※ 특히 중문과 복문에선 같은 문장일지라도 문중 휴지(nonfinal pause)부분의 억양의 형태는 문법적 구문이나 논리(logic)에 의하기 보다는 화자(speaker)의 태도에 따라 변화할 수도 있기 배문에 어느 것이 옳고 다른 것은 틀렸다고 싹 말할 수는 없다.

말하자면, 앞에서도 설명한 바와 같이 구문 및 논리적 관점에선 보통 음조이나, 가령 다음 예와 같이 화자가 상대방에게 기대 · 설렘 · 조바심 · 궁금증 · 불안과 같은 suspense를 유발시키고자 하는 의도로 말한다면 높은 음조가 된다는 것이다.

When I come báck, I'll give you a prés ent.

If you wánt to léarn chémistry , you've gót to wórk.

cf. If you wánt to léarn chém istry , you've gót to wórk. (보통의 경우)

(참고 문헌) 『A Handbook of English Grammar』(時事英語社 刊)

Manual of AE Pronunciation(3rd ed.) by Prator,Jr & Robinett

3) 휴지(休止)와 호흡군(呼吸群)

휴지(pause)란 문장의 요소요소를 끊어 그곳에서 한번 숨쉬는 것을 말함인데, 그러면 문장을 정상적으로 읽을 때 일정한 의미를 이루는 한숨에 읽어지는 부분을 호흡군(breath group) 또는 의미군이라고 한다. 쉬운 말로 흔히 '끊어 읽기' 또는 '끊어 숨쉬기'라고도 한다. 휴지도 문강세, 억양처럼 상황(situation)에 따라 달라질 수 있다. 즉 사람(에 따라 길게 또는 짧게 읽기), 문장의 의미나 문법적 구조 등에 따라 달라질 수 있다. 휴지의 보편적 기준은 다음과 같다.

(1) 호격(부름말) 다음에 끊는다.

That, my boy, / is your duty.

My boy, / that is your duty.

호격이 문미에 있으면 앞으로 붙여 읽는다.

Be ambitious, boys! (ambitious를 boys보다 더 강하게 읽음)

(cf.) Be ambitious boys! (boys를 ambitious보다 더 강하게 읽음)

(2) 문중의 짧은 어구는 앞으로 붙여 읽고 그 다음에 끊는다.

This letter, I think, / is for you.

This is, however, / rather difficult.

"Alas," he said, / "I have failed again!"

He said, "No," / and went away.

(3) 중문과 복문은 절과 절 사이에서 끊는다.

There was a pause / before he spoke again.

He said / that he would return by noon.

This is the letter / which I received from her.

I want to know / who is that tall, handsome man.

요컨대, 접속사 · 의문사 · 관계사 앞에서 끊는다.

(4) 주문(主文)과 인용문 사이에서 끊는다.

I said to her, / "Let's have a coffee break."

(5) 어구가 생략된 곳에서 끊는다.

To know is one thing ; / to teach, / another.

(6) 주어 · 보어 · 목적어가 길면 동사를 중심으로 끊는다.

That two-story house on the hill / is ours.

(7) 부언적(附言的)표현으로 쓰인 삽입구[절]는 앞뒤로 끊는다. (2)항과 잘 구별할 것)

You are, / so far as I have known, / much richer than he.

He is, / so to speak, / a Mr. Know-all.

(8) 명사구 · 부사구는 (문중의 위치에 따라) 앞 또는 뒤에서 끊는다.

To live long / is the desire of all men.

I think it impossible / to persuade him.

I am sorry / to trouble you.

Despite hunger and fatigue, / we carried out the task.

I shook hands with her, / smiling at her.

I am very glad / to hear that my son has passed the exam.

(이 문장은 구문이나 의미상 that 보다는 to 앞에서 끊는 것을 우선으로 함)

이상으로 영문읽기에 있어서 3요소에 대하여 알아보았다. 영어 공부에 있어서는 우선 읽기가 기본임을 생각할 때, 3요소에 대한 충분한 지식을 갖고서 문장을 읽어 나간다면 아주 유려(流麗)한 reading이 되어 악곡처럼 훌륭한 리듬효과를 갖게 될 것이다. 그렇다면 영문읽기에 있어서 3요소가 얼마나 중요한 것인가를 새삼 깨닫게 되리라 믿는다.

4) 구두점의 용법

문장을 구두(口頭)로 표현할 때는 휴지나 억양이 뜻을 명확히 하지만 글로 써서 표현할 때는 여러 가지의 句讀點(punctuation marks)이 뜻이나 문맥(글의 전후 관계)을 명확하게 한다.

◦ 구두점도 작가나 필자에 따라서 다를 수 있기 때문에 뚜렷한 경우를 제외하고는 일반적인 표준에 따른다.

▮ 종지부(full stop *or* period)

1. 서술문 · 명령문의 끝에 사용

◦ 명령문에서 뜻을 강조하기 위해 감탄부호를 사용하기도 한다.

2. 약어나 두문자어(acronym)에 사용.

Prof., B.C., Mon., Jan., etc., et al., V.I.P., M.C.(사회자; master of ceremony) 등

cf. V.I.P. = 흔히 VIP(귀빈; very important person)로 표기함

◦ 두문자어라도 c/o (…씨댁) · TV · UFO · AIDS · ID(card) · NICS(newly industrialized countries 신흥공업국들) · MVP …처럼 보통 · 를 쓰지 않는 것들이 있는가 하면, 요즘엔 명사(Mr, Mrs…) · 국가명 · 국내외 기구 · 단체명 할 것 없이 · 를 생략하는 경향이므로 · 를 두는 것들과의 구별은 사전 따위를 통해서 그때그때 익힌다.

3. 문두 · 문중에 생략되었음을 나타낼 때에는 …로 표시한다. 생략과 함께 문장이 끝날 때는 ….로 표시한다. 서술문의 끝이 약어이면 He is a Prof.처럼 한번만 찍는다.

4. 인명의 middle name이나 주소지의 어느 부분을 initial로 표기할 때, 화폐를 logo와 숫자로 표시할 때, 수치를 소수(decimal)로 나타낼 때 등에 쓴다.

eg) John B. Stocker/S. Gyeongsang Province(=Gyeongsangnam-do)

* 주소에서 '…씨 댁'이라든가 성명과 국명을 넣을 경우엔 다음과 같다.
특히 수신인의 성명 앞에는 성인이면 Mr. / Prof. / Dr. /관직명을 붙이거나, 혹은 John B. Stocker, Esq.로 하여 영국에선 일반인에게 널리 쓰인다.

Mr. John B. Stocker
(c/o) Mr & Mrs V. Massie
19 Timbertop Court,
Mooroolbark, 3138
Australia

$ 6.10 (six dollars and ten cents)
£ 6.10 (six pounds and ten pence)
Queen Elizabeth Ⅱ(.) (Queen Elizabeth the Second로 읽음)

◦ 아들이 아버지의 이름을 그대로 땄을 경우엔 제왕의 호칭과는 달리 Jr.를 붙인다.
eg) Vernon Hall, Jr. (Vernon Hall, Junior 버넌 홀 2세)

의문부호(question mark)

1. 의문문의 끝에 사용.
◦ 둘 이상의 의문문이 and로 연결될 때는 끝에 한번만 붙인다.
Who is he, and what is he?

2. 평서문이라도 물음의 뜻을 가질 때.

You're working late tonight?
You're wrong, then?
이런 경우는 대화체에서 많이 쓰이며 반의문문이라고 한다.

3. 의문 · 불확실성을 나타낼 때.

In the year 1340? Chaucer was born.

Chaucer was born in the year 1340(?).

◦ 여기서 ( )는 생략을 뜻하는 것이 아님.

▒ 코머(comma)

(특히 ,의 경우 다음의 1·4·7·9·13 항은 절대적 기준이나 원칙은 아니다. 요컨대, 뜻이나 문법적 구문의 차이가 없는 한 ,의 유무에 구애받지 말 것이다)

1. 부사절(종속절)이 주절 앞에 놓이고 주·종(속)절의 주어가 다를 때.

When I got up, she had already left her room.

◦ 부사절이 주절 뒤에 놓일지라도 강한 부가적 의미를 부여할 때 ,를 둔다.

He is loved by all, because he is good and kind.

2. 계속적 용법의 관계사 앞에.

I met him, who said that he would go abroad to study next year.

3. 삽입구[절]의 앞뒤에 ,를 둔다.

He is, as it were, a walking dictionary.

cf. He is what is called a walking dictionary.

She is what we call a 'pin-up girl'.

(그녀는 소위 핀업 걸이다. (=벽장식용의 모델 사진의 미인))

4. 중문에서 접속사 앞에. 그러나

◦ 주어가 같고 동사가 and로 연결될 땐 보통 ,를 두지 않는다.

He went and came back at once.

◦ 주어가 달라도 두절이 짧으면 ,를 보통 두지 않는다.

The work was pleasant and the hours were short.

5. 결과를 나타내는 부사절 앞에.

I got up early, so that I could catch the first train.

6. 동격의 명사 또는 or 앞에.

botany, or the science of plants

Seoul, the capital of Korea

7. 셋 이상의 동등한 단어 [구, 절]를 열거할 때.

◦ 뜻의 오해가 없을 땐 A, B and C로, 오해가 있을 경우엔 A, B, and C로 표시함.

They are brown, white and black cats.

그들은 갈색 고양이와 얼룩 고양이들이다.

They are brown, white, and black cats.

= They are brown and white and black cats.

그들은 갈색 고양이, 흰 고양이, 검은 고양이들이다.

She was kind, honest and beautiful when young.

cf. She was a kind, honest, beautiful woman when young.

He is a proud, dignified little man. (하나의 명사로 간주)

cf. He is proud, dignified and little. (×)

8. 독립 부정사에 ,를 둔다.

To tell the truth, I like Miss Gim better than Miss Yi.

9. 일반적인 어순을 바꿀 때.

That he will keep his promise, I am sure.

* 주어가 길다하여 동사 앞에 ,를 찍지 말 것.

The man over there in the corner is obviously drunk.

cf. Whatever she does, does not concern me.
(같은 말이 연속될 때는 혼동을 피하고자 ,를 둔다)

10. 문중의 위치에 따라 호칭의 뒤 · 전후 · 앞에 ,를 찍는다.
Are you available tomorrow, Mr Ahn?
(Mr Ahn, 내일 시간 있으세요?)

11. 분사구문도 위치에 따라 뒤 · 전후 · 앞에 ,를 찍는다.
Getting up late this morning, I haven't read today's paper yet.

12. 인용문의 앞 또는 뒤에.
He said, "A beggar was frozen to death."
"I don't care for the matter," was his reply.

13. 생략된 곳에 ,를 두기도 한다.
To know is one thing; to practice(,) another.
One bedroom was very large, and the other(,) quite small.

14. Yes와 No의 다음에.
"Are you married?" "No, not yet."

15. 감탄사(Well, Why, Oh 등)가 대답의 일부로 쓰일 때.
Why, it's you! (어머, 너로구나!)

16. 이름을 반대 순서로 쓸 때, 또 이름 다음에 경칭을 쓸 때.
Mill, John Stuart (존 스튜어트 밀)
J. Smith, Esq. (J. 스미스 귀하)

17. 주소 · 날짜에.
Mon., Nov 19(th), 2018

18. 천 이상의 자연수는 셋째 자리마다 ,로 끊는다.

19. 때 · 장소 · 이유/원인 · 방법 등을 나타내는 부사어구들이 ,를 대체적으로 붙이지 않는다면, 이들 외의 뜻을 갖는 부사어구들은 문중의 위치에 따라 뒤 · 전후 · 앞에 대개가 ,를 붙이고 있다.

◦ 이러한 경우에 언급되는 부사구란 to + Root 형태의 부사구를 말하는 것이 아니다. 그 수효는 보통 관용구[숙어]로 간주되는 것들로서 이루 헤아릴 수가 없다.

20. 두 낱말 이상이 한 말과 공통관계에 있을 때(=공통어구) ,를 둔다.

She is a close friend to, and a supporter of, the candidate.

You can, and indeed must, help the poor.

감탄부호(exclamation mark)

1. 감탄문의 끝에.

2. 부르는 말이나 명령문 뒤에 붙여서 강한 감정을 나타낸다.

John! Come here! (cf. John, come here.)

Make haste! / Get out!

3. 감탄사 및 그 상당어구 뒤에.

Good heavens! / By Heavens!

Heaven forbid! / Hurrah!

◦ 감탄부호는 감탄사 뒤에 또는 문미에 붙인다.

"Alas!" was all he could say.

Ah, he is no more!

(아아, 그는 이미 이 세상 사람이 아니구려!)

◦ 기쁨 · 슬픔 · 기원 · 놀람 · 근심 · 후회 · 원망 · 동정 · 경멸 · 공포 ·강한 명령 · 주의 등의 강함 감정을 나타내는 경우에는 얼마든지 사용할 수 있다.

▒ 세미콜런(semicolon)

1. 중문으로서 등위접속사를 사용하지 않을 때 사용.
이런 경우에 ;은 문맥에 따라 ,and / ,but / ,for / ,so (= ,and so)의 뜻을 가진다.

,and <그리고 ; 그리고서 (=,and then) ; 그러자>

I am a Korean; I will live and die a Korean.

I said goodby to her; we parted from each other.

The rain has stopped; she's gone for a walk.

A railwayman waved a flag; our train began to move.

,but <전후의 내용이 불일치하거나 반대나 대조를 이룰 때>

United we stand; divided we fall. — 이승만 대통령

우리는 뭉치면 살고[일어서고], 헤어지면 죽는다[분열되면 무너진다].

Ask not what your country can do for you;

Ask what you can do for your country. — 미국 제35대 대통령 John F. Kennedy

The rain hasn't stopped; she's gone for a walk.

He's tall; his wife is small.

,for <…인 까닭은, …이기 때문에 ; 왜냐하면>

She's gone for a walk; the rain has stopped.

He felt no fear; he was very brave.

그는 놀라지 않았다. 왜냐하면 퍽 용감했기 때문에.

cf. He felt no fear because he was very brave.

그는 퍽 용감했기 때문에 놀라지 않았다.

,for는 문두에 사용불가. 접속사일 때는 꼭 ,를 붙여야 하며 사후에 생각난 이유를 말하는 것이라고 한다면, because는 종속접속사인데다 문두에도 둘 수 있으며 처음부터 생각하고 있은 이유를 말한다.

,so <그래서>

The rain has stopped; she's gone for a walk.

He ate too much for dinner; he got ill the next day.

2. 접속부사(therefore · otherwise · however · thus · besides · nevertheless · moreover · then · accordingly 등등)가 절을 연결할 때 ;을 붙인다.

He did me many kindnesses; therefore I am always thankful to him.
I think; therefore I am.
He worked hard in youth; otherwise he wouldn't be rich now.

° 그러나 ,를 붙이거나 혹은 접속부사 앞뒤에 각각 ;과 ,를 붙인 경우도 흔히 보인다.

3. Yes · No 다음에 물음에 대한 대답 외의 말을 부언할 때.

A: Have you been to Gyeongju? (경주에 갔다 왔어?)
B: No, I haven't been there. (아니오, 가지 않았습니다)
No; I have been to Pohang. (아니오; 포항에 다녀왔어요)

° No; → No, I haven't been there.

4. 둘 이상의 항목들을 열거할 때 동격을 나타내는 말인 namely · that is (to say) · ie 를 넣으면 ;을 사용하고, 넣지 않으면 :를 사용한다.

There are four seasons in a year; namely, spring, summer, fall and winter.

cf. There are four seasons in a year: spring, summer, fall and winter.

콜런(colon) – 등위접속사를 사용할 수 없는 경우에 쓰인다는 점에 유의할 것.
(:과 ;은 공통으로 쓰이는 경우도 있으나 :의 대체적인 용법을 말한다)

1. 앞의 4항에서 보듯 항목을 열거할 때 '즉'의 뜻으로 쓰인다.

The club members are as follows: Mr. A, Miss B, Mr. C and Miss D.
(요즘엔 USA와 같은 약자는 물론, Mr와 같은 축약형에도 .를 찍지 않음)

2. 뒷부분이 앞부분의 내용에 대하여 부언 설명할 때. 이러한 경우는 앞부분에 대하여 뒤 부분이 동격관계에 있으며 :은 역시 '즉'의 뜻을 가진다.

I've just had some good news: I've been offered a job in a law firm.
동 격

3. 인용문이라도 인용부호를 붙이지 않거나, 인용문이 동사의 목적어가 되지 않을 때.
Once while hearing a young lady praised for her beauty, I asked: What kind of beauty do you mean?
He spoke as follows: "I haven't come to trouble you."

cf. 인용문이 동사의 목적어이면 보통 ,를 사용한다.
He said, "I haven't come to trouble you."

4. 대화문에서 발언자와 발언 내용 사이에 사용.
A: What's new?
B: Nothing in particular.

5. 시각과 경기의 스코어를 숫자로 나타낼 때.
I missed the 9:30 KTX for Busan.

◦ 영국에선 시와 분 사이에 period(·)을 사용.

A: What's the score?

B: It's 3:4 (three to four).

6. 편지나 연설문에서 호칭 뒤에 사용.

Ladies and Gentleman:

Dear Mr(.) Wilson:

◦ 미어(American English)라도 격식을 차리지 않거나, 영어(British English)에선 ,를 사용한다.

▒ 대쉬(dash)

1. 삽입어구의 앞뒤에 ,대용으로 혹은 ( )와 같은 뜻으로 쓰인다.

◦ 삽입어구의 전후엔 주로 ,를 쓴다.

The other man — D. Johnson — refused to make a statement.

= The other man(D. Johnson) refused to make a statement.

2. 어조(語調)나 화제를 갑자기 바꿀 때.

Keep silent, please! I will explain the — what are you laughing at?

3. 앞에 말한 것을 정정할 때.

She loves — or has loved — you, I guess.

4. 뜻을 강조할 때.

I shall never forget the lesson — never, never, never!

The two foes met at last — in a prison.

5. 총체적인 어구나, 열거한 항목을 요약할 때.

◦ 항목을 열거할 때 마지막에선 and대신에 ,를 쓰기도 함.

Health, friends, position — all are gone.
head, hands, heart, health — the 4-H club.
the government of the people, by the people, for the people — democracy.

* 민주주의의 이념을 잘 나타낸 이 명언을 미국의 제16대 Lincoln 대통령이 주창한 것으로 알려져 있는데, 14C 때 영국의 저명한 성직자 John Wycliffe(1320-1384)의 영역판(英譯版) 구약성서의 서문에 씌어져 있는 구절을 노예제도 폐지에 앞장섰던 미국의 D. Webster, T. Parker 같은 이들이 인용했던 말을 링컨이 또 그 유명한 Gettysburg 연설에서 인용한 것이 어떻게 된 까닭에서인지 그가 주창한 말로 와전(訛傳)된 것이다. 아마 다른 사람들보다는 세계적 인물이다 보니 Lincoln이 힘을 더 얻은 것 같다. 참고로 그 전문은 “The government of the people, by the people, for the people shall not perish from the earth.”이다.

6. 부언하거나 이해를 쉽게 할 목적 따위로 어구를 되풀이 하여 부연할 때.
We had a great time at Christmas tide — the kids really enjoyed it.
He is a Mr. Baseball — a very good player of baseball.

7. 주저 · 말 막힘 · 말더듬을 나타낼 때.
Is he — er — the lover of yours?
그이가 — 저어 — 바로 당신의 애인입니까?
I — er — don't know.
나는 — 에에 — 모르겠는데.

8. 인용문 뒤에 발언자의 이름을 나타낼 때.
The pen is mightier than the sword. — Lytton

9 . 문자 · 숫자를 생략하거나 장소나 사람의 이름을 밝히지 않을 때.
Was he born in the year 19 — ?

。Mr. — (이럴 경우에는 보통 Mr. So-and-so로 나타낸다)

Mr. — 는 Mr. So-and-so로 읽는다.

10. 전화번호를 나타낼 때: 273—5563

하이픈(hyphen)

1. 복합어[합성어]를 표시할 때.

① 한 단어로 통용되지 않는 복합어

touch-me-not (봉선화)
well-to-do (부유한)
forget-me-not (물망초)
pay-as-you-earn (원천과세)
good-for-nothing (무가치한 ; 아무짝에도 쓸모없는 [사람 · 것] ; 반편이)
kiss-me-quick (이마에 늘어뜨린 애교머리 ; 야생 팬지)
the have-nots (못 가진 자들[나라들])
(opp.) the haves

◦ 하이픈이 없으면 어색한 형태나 뜻이 달라지는 등의 다른 현상들이 일어난다.

② 제2요소가 부사인 복합명사[합성명사]

runner-up break-in

③ 제2요소가 -ed나 -ing 형태인 복합 형용사 (사전엔 -을 붙이지 않은 말도 있음)

cold-blooded habit-forming well-bred

cf. a carefully written report와 같이 -ly로 끝나는 부사가 분사 앞에 있으면 그 사이엔 하이픈을 붙이지 않는다.

④ 두 요소가 대등한 관계(=같은 품사)를 이루는 복합어

English-Korean dictionary
educational-industrial complex (산학협동)

Parent-Teacher Association (사친회)
student-teacher relationship (사제관계)

⑤ 제1요소가 단 하나의 대문자로 표기된 복합어
H-bomb[éitʃbɑ̀m] U-turn N-powers(핵무기 보유국들)

⑥ -in-law로 끝나는 복합어
mother-in-law brother-in-law

⑦ 제1요소가 great-로 시작되는 혈연관계를 나타내는 복합어
great-nephew(조카의 아들) great-grandparents

2. 공포 · 추위 · 주저 따위로 인해서 더듬거리는 말을 문자로 표현할 때.
"P-p-p-please t-t-try," he said.

3. 길게 발음된 모음을 문자로 표현할 때.
"He-e-elp!" she cried.

4. 분수와 숫자(21-99)를 나타낼 때.
two-ninths ninety-nine.

5. 같은 모음자가 중복되거나 같은 자음이 三重될 때.
anti-intellectual re-enter bell-like

◦ 하이픈의 용법에 있어서, 일정한 접두사 외에는 미어에서는 영어에 비해서 접두사 다음에 하이픈을 거의 사용하지 않는 편이다.
◦ 하이픈의 사용 여부는 사전에 따라서도 꼭 같지 않은데, 영어와 미어의 차이점 때문일 것이다.

6. 일정한 접두사, 즉 ex- / half- / quasi- / self- / all- / 및 접미사 -elect는 하이픈으로 연결한다.

ex-husband half-caste quasi-cholera all-star president-elect

cf. co-worker(예외), 그러나 이외의 co-로 시작되는 어휘들은 하이픈의 유무에 상관없이 표기한다.

co-op / coop / coöp

co-operate / cooperate / coöperate

co-ed / coed

7. 뒤의 단어가 대문자로 시작되거나 숫자일 때.

anti-American pay-TV post-1984(1984년 이후의)

8. 하이픈의 유무에 따라 뜻이 전혀 다른 경우.

proverb	recover	reform
pro-verb	re-cover	re-form\

recreate	recollect	recount
re-create	re-collect	re-count

9. 복합어가 명사 앞에서 부가적으로 쓰일 때(=명사를 수식하는 형용사의 구실을 할 때).

small-claims court 소액 재판소(court for small claims)

well-established fact 확고부동한 사실

cf. The fact is well established.

on-the-spot investigation 현장조사

cf. The investigation was made on the spot.

그 조사는 현장에서 행해졌다.

post-office box 사서함(cf. post office)

a nine-year-old boy(=a boy of nine)

a 100-won coin(100원짜리 동전)=a hundred-won coin

cf. two 100-won coins(100원짜리 동전2개)

two 1,000-won notes(1,000원짜리 지폐2장)

10. 여백이 부족하여 한 낱말의 일부를 그 다음 행으로 바꿔 쓸 때.

(이럴 때 유의할 점은 사전에 표기된 분절 원칙을 따를 것)

11. from ~ to-를 가리킬 경우에.

He spent the school year 1938—1942 at Harvard.

그는 하버드(대학)에서 1938년부터 1942년까지의 학년을 보냈다.

12. 단어의 철자를 표기할 때.

A : How do you spell ‘guitar'?

B : It is spelt ‘g-u-i-t-a-r'.

어포스트러피(apostrophe;생략부)

1. 문자 · 숫자(연호)가 생략된 축약형에.

don't / o'clock / e'er / June 25, ’50 / ‘flu(=flu) / goin’

2. 문자 · 숫자 · 기호 · 단어의 복수형에.

There are too many if's(=ifs) in your sentences.

당신의 글에는 if(가정, 조건)가 지나치게 많습니다.

The three R's(=Rs) are ‘reading, writing, arithmetic'.

3R이란 ‘읽기, 쓰기, 셈하기’를 말한다.

There are two 5's(=5s) in my phone number.

우리 집 전화번호에는 5가 2개 있다.

There are two p's(=ps) in ‘apple’.

‘apple’에는 p가 2개 들어있다.

two M.P.'s(=MPs / M.P.s) ← two military policemen

또는 two members of Parliament (2명의 영국의회의원)

1990’s(=1990s) 1990년대(nineteen nineties로 읽음)

◦ 근래에는 ’나 · 을 붙이지 않고 표기하는 경향이 높다.

3. 명사의 소유격에.

today's paper(오늘 신문) / ass's[ǽsiz] ears

◦ 복수형이 -s로 끝나는 명사의 복수형의 소유격은 ’만 붙인다.

a girls’ high school in Ulsan(울산 모 여자고등학교)

그러나 불규칙 복수형의 소유격은 's를 붙인다: Ewha Women’s University.

◦ 인명에는 -s로 끝나든 않든 ’s를 붙이는 것이 보통이나, 고전적 인명들엔 ’만 붙인 예도 있으니 보는 대로 외울 수밖에 없다.

Charles's / James's / Denis's

[ʧάːrlziz] [ʤéimziz] [dénisiz]

Venus' beauty / Socrates' wife

▒ 인용부호(quotation marks)

이중 따옴표(“ ”)와 단일 따옴표(‘ ’)가 있다. 전자는 미어에서, 후자는 영어에서 주로 쓴다.

1. 어구풀이, 주의의 환기, 강조, 문장내용의 혼동이나 난해성의 우려가 있을 때, 외국어의 삽입, 정기간행물·신문·서적·소설 등 출처의 일부분(즉, 기사의 제목이나 chapter 따위)의 명시 등 어떤 말을 특별히 지칭하고자 할 때 쓴다.
   (단, 이 경우는 수서(手書) 및 타자체에서 대개 인용부호를 사용함을 말하는 것이며, 인쇄의 경우는 이탤릭체 등 다르다)

The word ‘go-stop’ is expressed as ‘stop-go’ in Britain. **(영)**
(cf) (미) “go-stop” / “stop-go”

The word ‘lie’ originally meant ‘to go against one's conscience’. **(영)**
We must resent having been ‘the Japanese colony’ for about 36 years. **(영)**

2. 말이나 글을 인용할 때.
   “Time is money,” is a well-known proverb.
   “You are just in time,” she said[said my mother].
   Marco Polo says, “Corea is the Land of Morning Calm.”
   The sign says, “No Passage.” **(영어식으론 ‘ ’)**

◦ 미어에서는 모든 경우에 . 나 , 를 반드시 인용부호 안에 넣는다.

The three Rs are ‘reading, writing, arithmetic’. **(영)**
The three Rs are “reading, writing, arithmetic.” (미)

3. 인용어구가 이중(二重)일 때 인용부호의 사용은 다음과 같다.
   이런 경우엔 미어식이 더 낫다.

'I heard "keep out" being shouted,' he said. (영)

"I heard 'keep out' being shouted," he said. (미)

4. 서적, 잡지, 선박, 희곡, 항공기, 신문, 서적의 chapter, 시 · 영화 · 노래 · 수필 · 연설 · 강의의 제목 따위를 표시할 때. (' '를 써도 무방함)

Have you ever read "The Story of Helen Keller"?

"*Gone with the Wind*" is the only novel by Margaret Mitchell.

* 인용부호중 어느 것을 사용하느냐는 영 · 미의 인쇄소에 따라 크게 좌우된다고 하나 남의 말과 글을 인용한 경우가 아니면 홑[작은] 따옴표를, 인용의 경우엔 겹[큰] 따옴표를 쓰는 것이 영 · 미어를 둘 다 존중할 뿐 아니라 인용부호의 구별이 정확하다고 본다.

괄호의 종류 및 용법

괄호의 용법도 구두법에 속한다.

parenthesis : ( )
brace : { }
bracket : [ ]

} 문장에서는 보통 3가지가 쓰인다.

우리말로는 편의상 소괄호, 중괄호, 대괄호로 칭한다.

1. ( )의 용법

① 삽입구문을 ,나 —대신으로 나타낼 때.

He(My brother) is a man of great character.

② 인용구문의 출처를 밝힐 때.

To be, or not to be: that is the question. (Shakespeare: *Hamlet* Ⅲ.)

죽느냐 사느냐(←존재하느냐 하지 않느냐): 그것이 문제로다.
(cf) : 대신 ;으로 표기해 놓은 사전도 있다.

A little learning is a dangerous thing. (Pope: *The Alps*)
어설픈 지식은 위험한 것이다.
(혹은) 선무당이 사람 잡는다.

③ 생략할 수 있는 것을 표시할 때.
A: Which do you like better, spring or fall?
B: I like spring better (than fall).

④ 참고사항 · 지시사항 따위를 말할 때.
I am not to clearly understand his words. (p.18, II 참조)
There is (not) enough money.

2. { }의 용법
항목을 묶을 때 한다.

{ you your you yours — 현재
thou thy thee thine — 고어 · 시어(詩語) }

We have { plenty of / a lot of / lots of } time.

3. [ ]의 용법
① 설명이나 주석을 문장 가운데 삽입할 때.
It is a little over 250miles [about 400 kilometers] from Busan to Seoul.

② 생략된 어구나 정오(正誤) · 비평 등을 삽입할 때.
This is Teacher Yi [whom] I spoke of to you.
Kites are made of [from] paper.

③ 단어의 발음기호를 나타낼 때.

highest[hάiest] / tallest[tɔ́:ləst]

* 본인의『해외어학연수영어』(백산출판사)에도 발음과 관련하여 호주에서 겪었던 일을 언급해 놓은 바, 최상급 어미 -est의 발음은 원급의 끝 음이 모음으로 끝나느냐, 자음으로 끝나느냐에 따라 달라진다.

o 괄호를 중복할 땐 [{( )}]처럼 ( )→{( )}→[{( )}] 순으로 한다.

<大尾>

3. 용어 찾아보기

<ㅈ>